초보자도 쉽게 배우는

자바 for 안드로이드 프로그래밍

조효은 지음

기초 자바를 통해
안드로이드 앱 개발에
도전한다!

java

정보문화사
Information Publishing Group

초보자도 쉽게 배우는
자바 for 안드로이드 프로그래밍

초판 1쇄 인쇄 | 2017년 06월 10일
초판 1쇄 발행 | 2017년 06월 15일

지 은 이 | 조효은
발 행 인 | 이상만
발 행 처 | 정보문화사

책 임 편 집 | 최동진
편 집 진 행 | 노미라

주   소 | 서울시 종로구 대학로 12길 38 (정보빌딩)
전   화 | (02)3673-0037(편집부) / (02)3673-0114(代)
팩   스 | (02)3673-0260
등   록 | 1990년 2월 14일 제1-1013호
홈 페 이 지 | www.infopub.co.kr

I S B N | 978-89-5674-743-9

오늘날 스마트폰과 스마트 기기(태블릿PC, 시계)는 통화는 기본이고, 음악, 인터넷, 메신저, 사진 촬영 및 전송 등의 서비스를 앱을 통해 사용자가 원할 때 바로 제공한다. 대다수 스마트폰의 운영체제는 안드로이드이며 해당 앱 시장의 규모는 계속 확대되고 있다. 스마트폰 앱은 화면을 터치하거나 조작하면 바로 반응하므로 일반 어플리케이션보다 쉽게 확인하면서 더 재미있게 개발할 수 있다.

안드로이드 앱 개발에는 자바가 사용된다. 자바 어플리케이션은 개발 목적과 개발자의 스타일에 따라 다양하고 풍부한 패턴을 사용해 개발할 수 있으나, 안드로이드 앱은 사용 목적에 맞는 개발 패턴을 적용하기 때문에 개발 스타일이 상당히 비슷하다. 변수 또는 메서드 이름만 다를 뿐, 개발용 소스도 고정적인 편이어서 개발자가 원하는 로직에 따라 구성만 하면 된다. 구글에서 제공하는 안드로이드 예제 소스만 잘 연결해도 멋진 앱이 나올 수 있다고 해도 과언이 아닐 정도로 목적에 맞는 코드가 거의 정해져 있다.

그러나 이렇게 제한된 범위 내에서 앱을 구현하기 위해 깊게 파고 들어가는 특성도 있기 때문에 개발 스타일의 소스가 복잡하고 어려운 문법을 사용하는 경우가 많아 초보자에게 어렵게 느껴질 수 있다. 반면 문법과 안드로이드의 특징을 잘 익혀서 조금만 응용해도 원하는 앱을 만들 수 있다.

이 책은 초보자들도 익숙해질 수 있도록 자바 문법부터 소개한다. 2장의 기본 문법과 3장의 객체지향 문법, 그리고 5장의 안드로이드 필수 문법을 여러 번 학습해서 잘 익혀두자. 그리고 4장 기본 문법 응용과 6장 안드로이드 기본 앱을 따라하면서 2장, 3장, 5장을 반복해서 참고하면 도움이 된다. 7장은 앞에서 배웠던 모든 내용의 종합판으로, 사실 2장~6장의 소스는 7장을 위해 개발한 예제 소스의 일부이다. 필수 및 응용사항이 책 전체에 걸쳐 반복해서 설명되므로 '진짜로 작동하는 안드로이드 앱'을 만들 수 있다.

이 책에서 배운 내용을 비탕으로 해시 독자가 민들고 싶은 앱의 기획과 설계, 응용력을 활용하면 멋진 앱을 만들 수 있을 것으로 기대한다.

조효은

대상 독자
이 책의 주요 독자는 다음과 같습니다.
- Java의 기본 구문을 알고자 하는 입문자
- Android 앱 개발자나 초보자 탈출을 목표로 하는 개발자
- 앱 개발 경험이 있거나 Android 앱을 직접 설계/구현하고 싶은 분

이 책의 특징
- 안드로이드 앱 개발에 사용되는 주요 자바 문법을 자세히 익힐 수 있으므로 이 책에서 다루는 문법만 알아도 안드로이드 앱을 개발할 수 있다.
- Chapter 7의 완성된 앱의 소스를 앞 장에서도 사용해 문법을 설명하므로 자연스러운 반복 학습이 가능하다.
- 실제로 사용되는 환율, 바이오리듬, 빌보드 차트, 지진 정보, 구글맵 등을 활용해 앱을 만들므로 앱 개발 응용력을 키울 수 있다.
- Chapter 6과 Chapter 7은 개발 단계에 따라 확장되도록 구성해 체계적인 학습이 가능하다.
- 단편적인 구성요소 설명에 그치지 않고, 구성요소 간의 관계 및 활용 방법 등도 습득할 수 있게 했다.
- 인터넷을 통해 제공되는 외부 자원과 안드로이드 앱을 효율적으로 결합해 필요에 맞는 앱을 개발하는 방법을 배울 수 있다.

실행 환경
이 책은 다음과 같은 동작 환경에서 확인하였다.
- Windows 10
- Eclipse 4.4.1
- JDK 1.8.0_131
- Android Studio 2.3.1

이 책의 포인트
안드로이드 앱 개발에 필요한 자바 문법과 안드로이드의 구조적 특징을 이해하여 안드로이드 앱을 쉽게 개발하는 방법을 알려준다. 또한 많은 예제를 통해 쉬우면서도 완성도 있는 앱을 개발하도록 도와준다.

▲ 오늘 날짜 구하기

▲ 온도 환산하기

▲ 바이오리듬을 위한 생일 입력받기

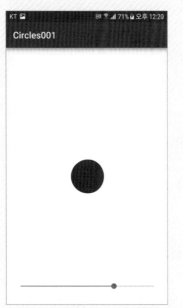

▲ 지진의 크기를 알려주는 원 그리기

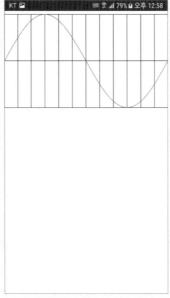

▲ 싸인 곡선 그리기

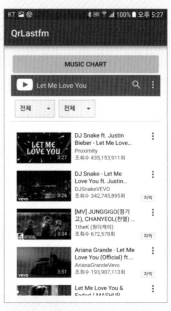

▲ QR 코드를 이용하여 음악 듣기

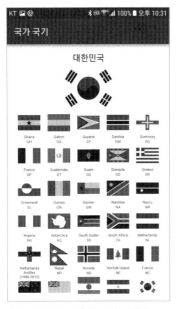

▲ 그리드뷰를 이용해 국기 이미지
　보여주기

▲ 리스트뷰를 이용해 여러 도시의
　시간 보여주기

▲ 구글맵을 이용해 여러 도시의 시간
　보여주기

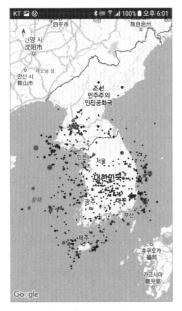

▲ 구글맵을 이용해 지진 정보
　보여주기

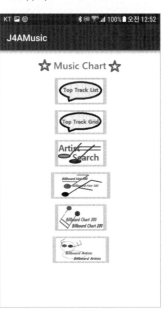

▲ 빌보드 차트와 LastFM, 유튜브를 이용해 음악 정보 제공 앱 만들기

Contents

자바 및 안드로이드 개발 소프트웨어 설치

안드로이드를
위한
자바 기본 문법

객체지향 프로그래밍

기본 문법 응용

안드로이드 필수 문법

안드로이드 기본 앱

자 바
F O R
안드로이드

Chapter **1**

자바 및 안드로이드
개발 소프트웨어 설치

안드로이드 프로그래밍을 하려면 자바 JDK와 안드로이드 Studio를 설치해야 한다. 자바 JDK는 자바 소스를 컴파일하고 실행시키는 데 필요한 개발 환경을 제공한다.

1.1.1 JDK 다운로드

http://www.oracle.com으로 가서 [Downloads] 탭에서 Java SE 메뉴를 선택하거나 아래 경로에서 JDK
를 다운로드한다.

http://www.oracle.com/technetwork/java/javase/downloads/index.html

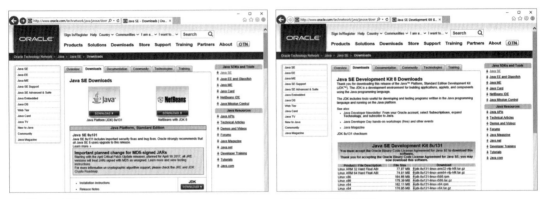

▲ 다운로드 경로   ▲ JDK 8 다운로드하기

개발자는 자신의 OS(운영체제와 프로세스)에 맞춰 JDK를 다운로드해야 한다. 필자는 윈도우 기반
X64프로세서를 사용하므로 'jdk-8u131-windows-x64.exe'를 다운로드했다.

◀ OS(운영체제와 프로세스)에 맞춰 다운로드하기

1.1.2 JDK 설치

1 jdk-8u131-windows-x64.exe를 더블클릭
해 설치를 시작한다.

2 [Change]를 선택하여 JDK의 설치 위치를
수정한다. 특수문자나 공백, 한글이 있으면
오작동할 수 있으니 주의하자.

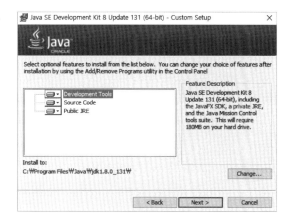

3 필자는 C:₩Java₩jdk1.8.0_131₩에 설치
했다.

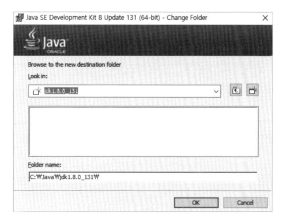

4 JDK 저장 위치를 수정했다면 [Next] 버튼을 클릭하여 다음 단계로 이동한다.

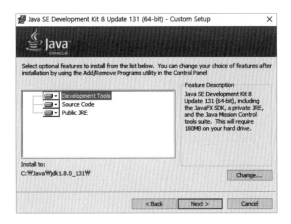

5 JRE는 변경하지 않아도 된다.

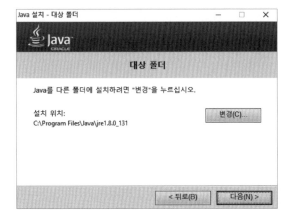

1.1.3 자바 환경설정

1 내 PC에서 마우스 오른쪽 버튼을 클릭하여 [속성]을 선택한다.

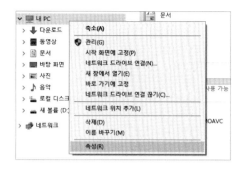

2 [속성]에서 [고급 시스템 설정]을 선택한다.

3 [시스템 속성]의 [고급] 탭에서 [환경 변수] 버튼을 클릭한다.

4 [환경 변수]에서 [시스템 변수]–[새로 만들기] 버튼을 클릭한다.

5 시스템 변수 편집에서 변수 이름에 JAVA_HOME, 변수 값에는 설치하기에서 입력했던 JDK 설치 경로(필자는 C:₩Java₩jdk1.8.0_131)를 입력한다.

6 Path를 입력하자. 패스는 JDK에 있는 실
행 툴(java, javac, javadoc, javap, …)을 어디서든
지 사용할 수 있게 한다. [시스템 변수]에서
[Path]를 찾는다.

7 [Path]를 더블클릭하면 [환경 변수 편집]
이 나온다. [새로 만들기] 버튼을 클릭하여
%JAVA_HOME%\bin을 입력한다.

1.1.4 정상 실행 확인

명령 프롬프트 창에 다음 명령어를 하나씩 입력하고 [Enter]를 누른다.

javac [Enter]

java [Enter]

javap   java.lang.Object [Enter]

"실행할 수 있는 명령어가 아니다" 또는 "이런 명령어는 없다"라는 문구가 나오지 않는다면 정상적으로 설치된 것이다.

```
명령 프롬프트                                                    —    □    ×

Microsoft Windows [Version 10.0.14393]
(c) 2016 Microsoft Corporation. All rights reserved.

C:\Users\컴퓨터3>javap java.lang.Object
Compiled from "Object.java"
public class java.lang.Object {
  public java.lang.Object();
  public final native java.lang.Class<?> getClass();
  public native int hashCode();
  public boolean equals(java.lang.Object);
  protected native java.lang.Object clone() throws java.lang.CloneNotSupportedException;
  public java.lang.String toString();
  public final native void notify();
  public final native void notifyAll();
  public final native void wait(long) throws java.lang.InterruptedException;
  public final void wait(long, int) throws java.lang.InterruptedException;
  public final void wait() throws java.lang.InterruptedException;
  protected void finalize() throws java.lang.Throwable;
  static {};
}

C:\Users\컴퓨터3>
```

▲ 실행 확인

1.2 이클립스 설치

1.2.1 이클립스 다운로드

1 https://www.eclipse.org/downloads/에서 이
클립스 다운로드를 선택한다.

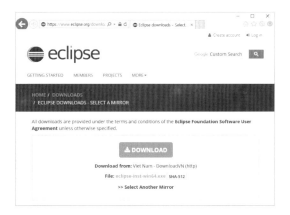

2 [eclipse installer]에서 [Eclipse IDE for java
Developers]를 선택한다.

1.2.2 이클립스 설치

1 설치 경로를 선택한다.

2 이클립스를 쉽게 찾도록 [시작 메뉴]에 추가
한다.

3 처음으로 이클립스를 실행하면 이클립스에서 작성할 소스의 위치(workspace)를 입력해야 한다. 디렉토리 이름에 공백, 특수문자, 한글이 포함되지 않게 주의하면서 입력하고, 뒤에 ₩workspace를 붙인다.

4 처음으로 열리면 기본화면이 [Welcome]으로 되어 있다. [Welcome]의 x표시를 클릭한다.

1.2.3 이클립스를 이용한 간단 프로그래밍

· 클래스 만들기

1 오른쪽 상단의 Open Perspective 아이콘을 클릭한 후 Java를 선택하고 [OK] 버튼을 클릭한다.

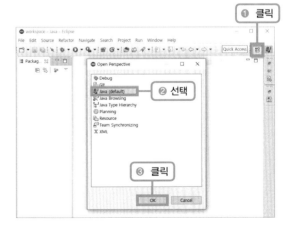

2 [Package Explorer]에서 마우스 오른쪽 버튼을 클릭하고 [New]-[Java Project]를 선택한다.

3 [Project name]에 프로젝트 이름(hello)을 입력하고 [Finish] 버튼을 클릭한다.

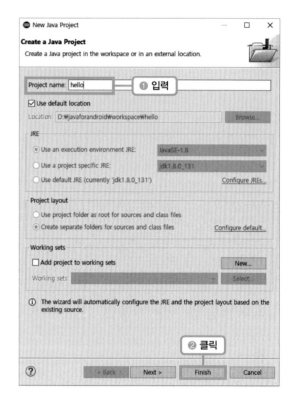

4 프로젝트(hello)에서 마우스 오른쪽 버튼을 클릭하고 [New]-[Class]를 선택한다.

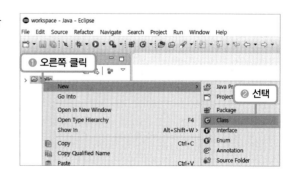

5 패키지[Package]에 com.infopub.j4android. hello, [Name]에 "Hello"를 입력하고 메인 메서드 추가([public static void main(String[ ] args)])를 선택한다. [Finish] 버튼을 클릭한다.

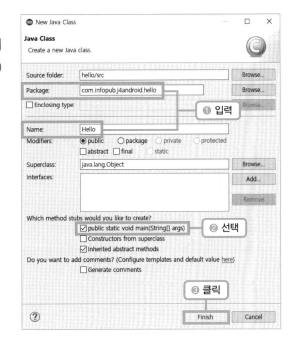

6 메인 메서드에 System.out.println("java4android");를 입력한다.

[Hello.java]

```java
package com.infopub.j4android.hello;
public class Hello {
        public static void main(String[ ] args) {
        System.out.println("java4android");
        }
}
```

1.2.4 자바 프로그래밍 실행

Hello.java를 선택하고 마우스 오른쪽 버튼을 클릭하여 [Run As]−[Java Application]을 선택하여 실행한다. 오른쪽 상단은 소스를, [Console]에서는 결과를 보여준다.

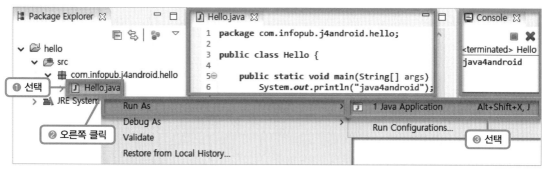

▲ 안드로이드에서 프로그래밍 실행하기

1.3 안드로이드 스튜디오

1.3.1 안드로이드 스튜디오 다운로드

아래 경로에서 다운로드한다.
https://developer.android.com/studio/index.html

다운로드 시 웹브라우저는 MS 엣지 또는 구글의 크롬을 권장한다. MS 익스플로러에서 다운로드가 원활하지 않을 수도 있다.

1.3.2 안드로이드 스튜디오 설치

1 설치를 시작한다. [Next] 버튼을 클릭한다.

2 안드로이드 SDK를 설치한다. [Next] 버튼을 클릭한다.

3 라이선스 사용에 동의한다. [I Agree] 버튼을 클릭한다.

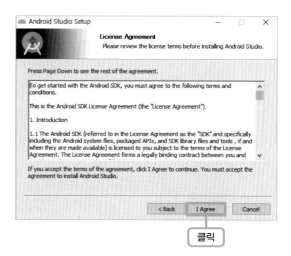

4 다음 주의사항을 참고해 안드로이드 스튜디오와 SDK의 설치 경로를 선택한다.

- C 또는 D 드라이브 바로 밑에 설치
- 설치 경로의 폴더명에 한글이나 공백이 있으면 안된다.

바른 예) C:₩Android₩AndroidStudio
　　　　 C:₩Android₩sdk

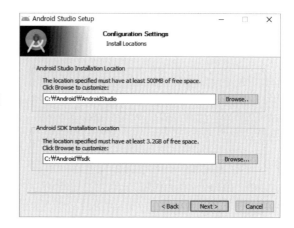

5 스튜디오 시작 메뉴를 등록한다.

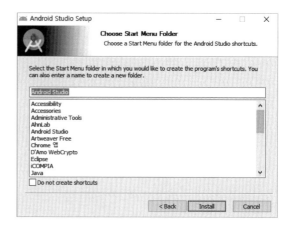

6 설치한 적이 없다면 [I do not]을 선택한다.

7 [Next] 버튼을 클릭한다.

클릭

8 Standard를 선택하고 [Next] 버튼을 클릭한다.

① 선택

② 클릭

9 설치 결과를 확인한다. [Finish] 버튼을 클릭한다.

1.3.3 안드로이드 환경설정

1 웰컴 화면의 오른쪽 하단에서 Configure를 클릭한다.

2 Android SDK를 클릭하고 필요한 안드로이
드 버전만 선택한다. 필자는 6.0, 5.1, 5.0,
4.4를 선택했다. API Level은 안드로이드
버전에 맞추어 지정되어 있다. 마지막으로
[OK] 버튼을 클릭한다.

클릭

3 설치가 시작되고, 그림과 같은 화면이 나타
나 설치 상황을 보여준다. 설치가 끝나면
[Finish] 버튼을 클릭한다.

클릭

이제 안드로이드가 개발용 스마트폰을 인식할 수 있게 설정하자. 삼성 스마트폰을 사용한다면 다음
경로에서 삼성 통합 USB 드라이버를 컴퓨터에 다운로드해 설치한다.

http://local.samsung.com/comLocal/support/down/kies_main.do?kind=usb

- **삼성 스마트폰에서 다음과 같이 '개발자 옵션'을 활성화한다.**
  ① [설정]–[디바이스 정보]–[소프트웨어 정보]–[빌드번호]
  ② [빌드번호]를 7번 터치하여 [개발자 옵션]을 활성화한다.
  ③ [개발자 옵션]에서 [USB 디버깅]을 켜고 'USB 디버깅 허용'을 확인한다.
  ④ [소프트웨어 정보]에서 해당 스마트폰의 안드로이드 버전도 확인한다.

통합 USB 드라이버 설치 및 개발자 옵션 활성화를 마친 후에는 반드시 컴퓨터와 스마트폰을 커넥터로 연결하고 스마트폰에서 '연결 허용'을 해주어야 한다.

LG 스마트폰을 위한 LG USB 드라이버는 아래 주소에서 다운로드해 설치한다.

http://www.lge.co.kr/lgekor/download-center/downloadCenterList.do
https://www.skyneel.com/download-latest-lg-usb-driver-with-installation-guide

LG 스마트폰에서는 [휴대전화 정보]-[빌드번호]로 활성화한다.

1.3.4 안드로이드 프로그래밍

Hello Android 앱을 만들어보자.

1 [File]-[New]-[New Project], 어플리케이션 이름과 저장 위치를 선택한다.
- 어플리케이션 이름: Hello
- 회사 도메인: j4android.jungbo.com

2 SDK를 선택한다.

사용하는 기기에 맞추어 최신 버전을 선택
한다. 필자는 API Level 23을 선택했다.

3 [Empty Activity]를 선택한다.

4 Activity 이름: MainActivity

기본 MainActivity 소스는 다음과 같다.

```
package com.infopub.j4android.hello;
import android.os.Bundle;
import android.support.v7.app.AppCompatActivity;
public class MainActivity extends AppCompatActivity {
    @Override
    protected void onCreate(Bundle savedInstanceState) {
        super.onCreate(savedInstanceState);
            setContentView(R.layout.activity_main);
    }
}
```

1.3.5 안드로이드 프로그래밍 실행

- **Android Hello를 실행하자.**

1 Android Studio를 실행한 다음, 왼쪽 상단의 Project를 클릭한다. 그리고 [app] - [java] - [com. jungbo.j4android.hello]를 클릭해 [MainActivity.java]를 오른쪽에 띄운다.

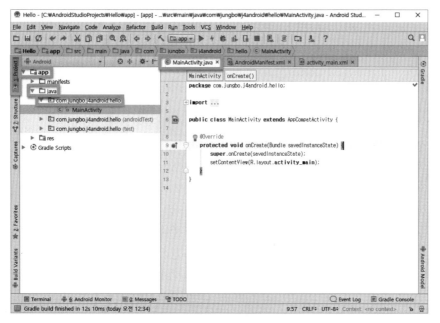

2 개발자 옵션이 활성화된 안드로이드 스마트폰을 컴퓨터에 연결하고, 하단의 Device 표시를 확인한다.

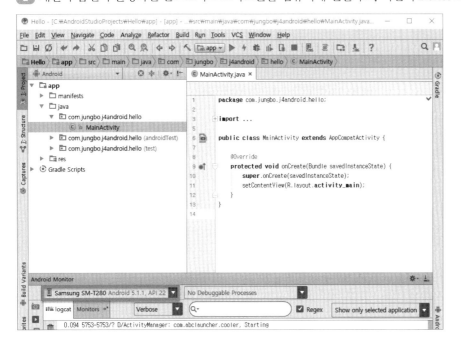

3 [app] – [res] – [layout] – [activity_main.xml]을 클릭해서 연 다음, [design] 탭을 클릭하고 안드로이드 아이콘 옆의 API 버전을 확인한다. API 버전이 기기의 API 버전과 같거나 그 이하여야 정상적으로 실행된다.

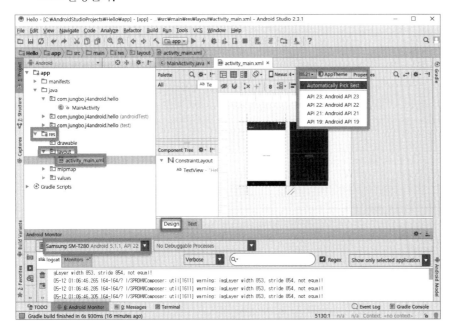

4 메뉴에서 [Run] – [Run]을 클릭한다.

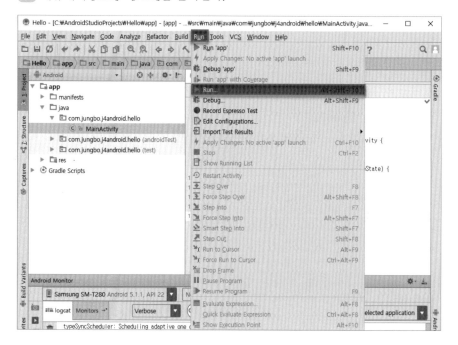

5 [Select Deployment Target] 창에서 실행할 기기를 선택하고 [OK] 버튼을 클릭한다.

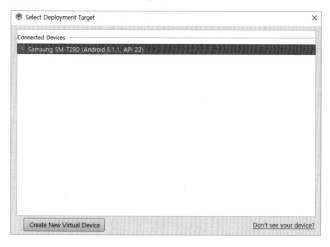

6 스마트폰에서 앱이 실행되어 Hello World! 화면이 나타난다.

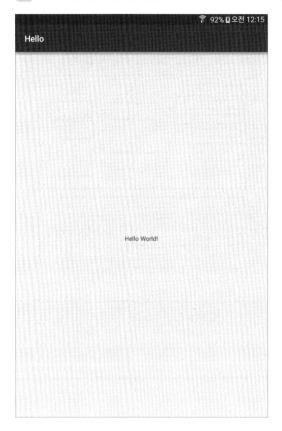

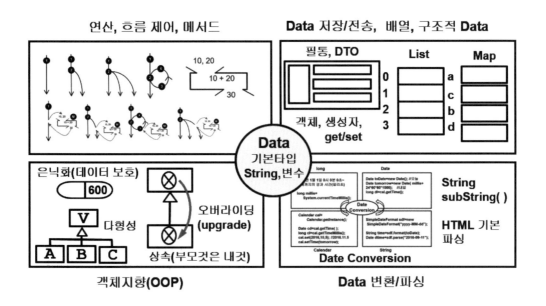

▲ Data를 저장·가공·변환하기 위한 자바 문법

자바의 기본타입과 변수의 개념에 대한 이해가 안드로이드 앱 프로그래밍의 출발점이다. 안드로이드는 자바를 사용하므로 자바를 이해하면 안드로이드도 쉽게 이해할 수 있다.

1.4.1 자바 문법의 네 가지 관점

이 책에서 안드로이드 프로그래밍을 위해 배우는 자바 문법은 다음의 네 가지 관점으로 나눠볼 수 있다.

1 연산, 흐름 제어, 메서드

크기와 성질에 따라 정수, 실수, 문자, 불린(boolean-true/false)을 사용한다. 문자열은 기본타입만큼 많이 사용하는 참조타입으로, 문자열을 저장하거나 가공하는 데 많이 사용한다. 특히 문자열은 이런 문자열을 가공하는 메서드를 제공한다. 기본타입과 문자열을 가공하거나 연산하는 흐름을 제어(조건, 반복)하고 메서드를 만들어 흐름을 간단하게 만든다.

기본타입과 문자열을 저장하는 객체를 만든다. 객체와 중요 데이터인 멤버변수를 만들고 초기화하는 방법을 익힌다. 여러 개의 객체를 저장하고 전달하기 위해 배열과 배열보다 편리한 리스트, 맵의 사용법을 익힌다.

3 객체지향(OOP)

객체지향적 프로그래밍 방법을 익힌다. 데이터 보호를 위한 은닉화, 부모 멤버를 물려받는 상속, 부모의 메서드가 자식의 종류에 따라 다양한 형태로 나타낼 수 있는 다형성, 부모의 메서드보다 더 업그레이드된 자식 메서드 만들기(오버라이딩)를 익힌다. 관련 내용으로 인터페이스와 추상 클래스도 배운다.

4 Data 변환/파싱

데이터 변환에 대하여 배운다. 안드로이드에서는 데이터 변환이 많이 발생하기 때문에 자세히 살펴본다. 문자열 메서드를 이용하여 문자열과 웹에서 얻은 HTML을 파싱해서 원하는 정보를 얻는 방법도 익힌다.

1.4.2 안드로이드 프로그래밍의 세 가지 관점

안드로이드 프로그래밍은 View(뷰), Data(데이터), Processing(데이터 처리)의 세 가지 관점으로 나눌 수 있다.

1 뷰(View) 관점

목적한 화면(주어진 역할 또는 일을 하는 화면)을 보여주는 작업을 하는 액티비티, 화면을 구성하는 UI 컴포넌트(버튼, 텍스트뷰, 에디트 텍스트 등), 화면의 윤곽을 잡아주는 레이아웃으로 구성된다. 화면을 누르거나 터치하면 발생하는 이벤트와 이런 이벤트를 처리하는 행위(이벤트 처리)가 필요하다. 또한 정해진 뷰 외에 사용자가 정의하는 사용자정의뷰가 있다. 액티비티에서 다른 액티비티로 이동할 때 중간에서 메신저 역할을 하는 인텐트, API 레벨과 시스템 레벨 사이에서 액티비티의 정보를 관리하는 컨텍스트 등을 이해해야 한다.

2 데이터(Data) 관점

UI 컴포넌트에 데이터를 전달하기 위한 객체(DTO)와 여러 객체들을 선형(List)이나 맵으로 저장하거나 전송하는 방법을 제공한다. 데이터를 레이아웃에 매칭시켜 보여주는 어댑터, 서브 쓰레드에서 메인 쓰레드의 화면에 데이터를 반영시키기 위한 UI 쓰레드도 필요하다.

3 프로세싱(Processing) 관점

데이터를 인터넷 등 외부에서 가져오기 위해 IO를 이용하거나, 데이터를 동시 처리하기 위한 쓰레드, 요청에 대한 처리를 하기 위한 핸들러, 쓰레드와 핸들러를 이용하는 동기 처리와 이를 더 쉽게 처리하기 위한 비동기(AsyncTask) 작업을 이해해야 한다. 또한 인터넷의 여러 리소스(HTML, JSON, XML, Image)를 필요한 데이터로 변화시키는 파싱도 잘 알아두어야 한다.

세 가지 관점 외에 안드로이드 메니페스트에 사용하려는 액티비티 등록과 퍼미션 등록 방법도 익혀야 한다.

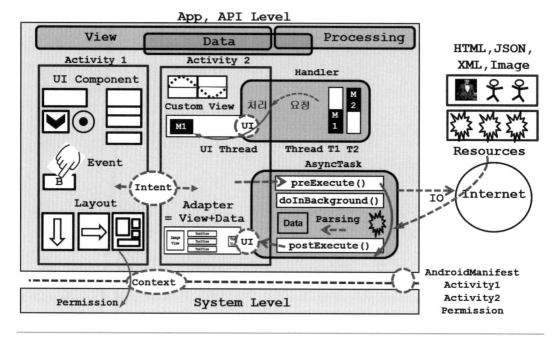

▲ 안드로이드 프로그래밍의 세 가지 관점

1.4.3 앱 디렉토리 구조

◀ 안드로이드 App 디렉토리 구조

안드로이드 앱은 [app]에서 시작한다.

[app]−[AndroidManifest.xml]
화물이나 승객의 목록이라는 의미로 안드로이드 App에 대한 기본 환경 정보를 갖고 있다. 퍼미션(허가), 액티비티, 서비스 정보를 저장한다.

```xml
<?xml version="1.0" encoding="utf-8"?>
<manifest>
  <uses-permission android:name="android.permission.INTERNET" />
  <application>
    <activity android:name=".MusicMainActivity"
              android:screenOrientation="portrait">
      <intent-filter>
        <action android:name="android.intent.action.MAIN" />
        <category android:name="android.intent.category.LAUNCHER" />
      </intent-filter>
    </activity>
    <activity android:name=".TopTrackListActivity"
              android:screenOrientation="portrait" />
    <activity android:name=".TopTrackGridActivity"
              android:screenOrientation="portrait"/>
  </application>
</manifest>;
```

- [app]-[java]: 안드로이드 앱 프로그램 소스
- [app]-[res]: 안드로이드에 필요한 자원(resources)을 저장한다.
- [app]-[res]-[drawable]: 이미지 저장 디렉토리

"kr.png"를 저장하면 자원에 자동으로 등록된다. 사용할 때는 "kr.png"의 고유번호(자동으로 할당받는 정수) "R.drawable.kr"로 사용한다.

- [app]-[layout]: 액티비티나 리스트뷰, 그리드뷰의 아이템에 대한 레이아웃을 저장한다.
- [app]-[menu]: 보통 액티비티 상단의 오른쪽에 위치하는 선택 버튼 역할을 한다.
- [app]-[values]: 색상, 문자열, 스타일을 XML로 저장한다.

앞으로 공부할 내용

- 2장

안드로이드 프로그래밍을 위한 자바 기본 문법을 다룬다. 데이터를 가공해서 UI 컴포넌트에 대입하고, 액티비티를 보여주는 것이 안드로이드 프로그래밍의 기본이다. 이를 위해서 데이터의 크기와 성질에 따라 기본타입을 사용하는 방법과 변수에 저장해서 사용하는 방법, 연산하는 방법, 문자열을 다루는 방법, 반복과 복잡한 소스를 간단하게 만드는 메서드 사용 방법, 배열을 사용하는 방법을 익힌다.

- **3장**

세 부분으로 나눠 객체지향 프로그래밍 방법을 익힌다. 첫 번째, 객체의 기본적인 특징을 익힌다. 객체는 데이터를 저장 위주로 사용하는 객체와 데이터를 가공하는 로직 관련 객체로 분류할 수 있다. 두 번째, 데이터 가공 · 전송을 위한 객체 생성, 초기화, 자료 구조를 익힌다. 세 번째, 이런 데이터를 가공하는 로직 및 파싱 과정에 관련된 내용이다.

- 참조타입의 특징인 객체지향의 기본을 익힌다. 객체의 설계도인 클래스를 선언하는 방법, 사용 용도별 클래스를 분류하는 패키지, 객체의 중요한 데이터 멤버변수(멤버필드), 객체를 생성하는 방법과 생성자를 익힌다.
- 데이터를 저장하거나 전송하는 객체, 객체를 여러 개 저장하는 방법(선형, 맵)을 익힌다.
- 데이터를 가공하거나 로직을 주로 담당하는 객체의 상속, 다형성, 쓰레드, IO를 익힌다.

- **4장**

여러 예제를 통하여 기본 문법과 객체의 특징을 응용해서 문제를 해결하는 방법을 익힌다. 여러 특징과 문법을 종합적으로 판단해서 흐름을 잡고 해결하는 것이 프로그래밍이다.

- **5장**

안드로이드에서 필요한 필수사항들을 접하게 된다. 안드로이드 프로그래밍은 화면에 관련된 프로그래밍으로, 화면을 누르거나 터치하면, 이런 행위에 대한 반응(처리)이 필요하다. 이 때문에 이벤트 처리를 반드시 이해하고 넘어가야 한다. 이벤트를 처리하는 여러 방법 중 한 컴포넌트에 제한된 행위를 한정하기 위해 익명 내부 클래스를 많이 사용한다. 화면에 많은 데이터를 보여주려는데 레이아웃은 같고 데이터만 다른 경우에는 어댑터를 사용한다. 쓰레드를 사용할 때 요청과 처리를 분리시켜서 편리하게 해주는 핸들러를 익힌다. 인터넷에서 제공하는 자원(HTML, JSON, XML)의 구조와 파싱하는 방법, 요청을 하고 처리를 기다리는 동안 아무 일도 할 수 없는 동기보다 요청 후 다른 작업을 하면서도 처리 통보를 받을 수 있는 비동기가 편리할 수 있다. 액티비티에서 액티비티로 이동할 때는 메신저 역할의 인텐트를 사용한다.

- **6장**

5장에 살펴본 내용을 이해하고 응용하는 안드로이드 앱을 개발한다. 간단한 날짜 구하기와 온도 환산에서 사용자정의뷰, 핸들러와 쓰레드 사용법 등을 익히고 비동기를 이용하여 환율을 얻는다.

- **7장**

5장과 6장을 더 발전시킨 앱을 만든다. 주로 리스트뷰와 그리드뷰를 화면으로 하고 비동기와 IO를 이용하여 웹에서 제공하는 자원(HTML, JSON, Image)을 가져와 필요한 데이터로 파싱하고 목록(List)으로 만들고 어댑터를 이용하여 화면에 반영한다.

자 바
F O R
안드로이드

Chapter **2**

안드로이드를 위한 자바 기본 문법

안드로이드에서도 사용되는 자바의 기본 문법을 자세히 살펴보자. 안드로이드 프로그래밍은 기본적으로 데이터 가공, UI 컴포넌트 대입, 액티비티 보여주기라는 세 부분으로 나눌 수 있다. 안드로이드는 자바를 사용하므로 자바를 이해하면 안드로이드도 쉽게 이해할 수 있다.

이 장에서는 기본적인 데이터 가공을 위한 데이터의 기본 특징, 변수 저장법, 연산 방법, 문자열 다루기, 단순화를 위한 메서드 사용법, 배열 사용법을 익힌다.

2.1 타입

2.1.1 기본타입

1 정의

기본타입은 산수 및 수학에서 사용하는 데이터이자 값 그 자체다.

2 선언 방법

저장할 때 용도를 구분하고 표시하기 위해 타입(type, 형)을 앞에 선언한다. 선언 형식은 다음과 같다.

```
타입 변수=값;
int year=2016;
```

3 기본타입 종류 및 용도

- boolean 타입: 참이나 거짓 저장
- char 타입: 문자(한 글자) 저장
- int 타입: 정수(소수점이 없는 수) 저장
- double 타입: 실수(소수점이 있는 수) 저장
- String 타입: 문자열(여러 문자) 저장

다음은 위의 다섯 가지 기본타입의 예이다.

```
boolean isL=false;
char sult='H';
int year=2016;
int month=6;

double latitude=37.52127220511242;
double longitude=127.0074462890625;

String card="H8";        // 문자열
```

2.1.2 변수

1 정의

변수는 데이터를 임시로 저장하는 공간이다.

```
double latitude=37.52127220511242;
double longitude=127.0074462890625;
```

위 코드는 서울의 위도와 경도를 실수형 변수로 표시한 것이다. 위치를 나타내는 위도와 경도는 소수점이 있는 실수이므로 double 타입을 사용했다. double 뒤의 'latitude'와 'longitude'는 변수로, = 기호 다음에 입력된 값을 변경하면 다른 도시의 위치를 나타낼 수 있다.

이를 커피에 비유해서 살펴보면 위도·경도값은 커피, 위도·경도라는 '변수'는 커피컵이라고 볼 수 있다. 커피는 컵에 담겨야 마실 수 있는 것처럼, 정수·실수(기본타입 데이터)는 반드시 변수에 저장되어야 프로그래밍에 사용될 수 있다.

2 특징

기본타입은 2016, 6, 37.5처럼 데이터 자체다. 데이터를 저장하거나 옮기려면 반드시 도구가 있어야 한다. 앞에서도 말했듯이 데이터 자체는 물이나 커피로 볼 수 있는데, 이를 마시거나 사용하려면 반드시 '변수'인 컵이 있어야 하며, 크기에 따른 컵의 구분은 '타입'이라고 할 수 있다.

변수는 크기와 종류에 따라 각각 다른 타입(다른 크기의 컵)을 사용하게 된다. 내가 마실 커피의 양에 따라 컵의 크기가 달라지듯, 데이터 성격에 따라 타입을 선택해서 사용한다.

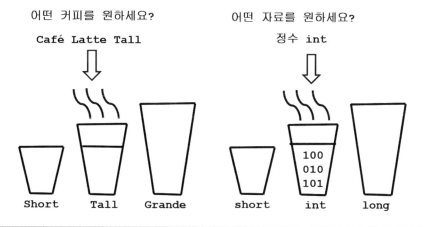

▲ 변수의 크기와 특징을 설명하는 타입

한 예로, int는 '−2,147,483,648~2,147,483,647'까지의 정수를 저장할 수 있다.

3 기본타입의 크기

정수는 int, 실수는 double을 주로 사용한다. 다음 표는 기본타입의 종류에 따른 선언 방법과 데이터의 저장 범위를 보여준다.

	타입 종류	선언 방법	저장 범위
정수	byte	byte b=100;	−128~127
	short	short s=100;	−32,768~32,767
	int	int i=100;	−2,147,483,648~2,147,483,647 (최대 2,000,000,000 정도로 암기하면 편하다)
	long	long l1=100L; long l2=100l;	−9,223,372,036,854,775,808~9,223,372,036,854,775,807 (long은 = 기호 다음에 오는 값 뒤에 L을 반드시 붙여야 하며, 대·소문자를 모두 쓸 수 있으나 대문자를 권장한다.)
실수	float	float f1=10.234F; float f2=10.234f;	• 소수점이 없는 경우 최대 크기는 총 39자릿수로 표시된다. 예) 34028235⋯000000 • 소수점만 있는 경우 최소 크기는 소수점 아래에 45자릿수까지 표시할 수 있다. 예) 0.0000000000⋯00014 (float는 =기호 다음에 오는 값 뒤에 F와 f를 모두 쓸 수 있다.)
	double	double d=10.234;	• 소수점이 없는 경우 최대 크기는 총 309자릿수로 표시된다. 예) 17976931348623157⋯000000 • 소수점만 있는 경우 최소 크기는 소수점 아래로 총 325자릿수까지 표시할 수 있다. 예) 0.00000000000000000000000000⋯00049
참/거짓	boolean	boolean isS=true;	참이면 true, 거짓이면 false
문자	char	char c='A';	0~65,571에 해당하는 문자 참고로 각 문자의 아스키코드 값은 다음과 같다. 'A' 64, 'B' 65, ⋯, 'a' 97, 'b' 98 '0' 48, '1' 49, ⋯

2.1.3 데이터타입(형)

데이터타입은 '기본타입'과 기본타입을 묶어서(group) 사용하는 '참조타입'이 있다.

1 기본타입

산수, 수학에서 사용하는 데이터이자 값 자체다. 정수, 실수, 문자, 불린(Boolean)이 있다.

2 참조타입

여러 기본타입을 묶어서 사용한다.

기본타입과 참조타입의 관계는 기본타입을 연필이나 책으로, 참조타입을 필통으로 보면 쉽게 이해할 수 있다. 참조타입(필통)에 기본타입(연필)을 여러 개 담을 수 있고, 더 큰 참조타입(가방)에는 여러 기본타입이 포함된 참조타입(필통)과 다른 기본타입(책) 등 여러 참조타입과 기본타입을 저장할 수 있다.

> **주의** ▶ 문자열(String)은 참조타입이지만, 기본타입처럼 사용한다.

3 기본타입과 참조타입의 차이점

기본타입은 타입을 선언하고 바로 값을 저장할 수 있다. 아래 예에서 **year**는 정수를 저장하는 **int** 타입으로 선언되었다.

```
int year=2016;
```

참조타입을 사용하려면 **new**를 이용하여 객체를 생성한 후 사용한다. 참조타입을 주고받으면 해당 참조타입에 포함된 기본타입 여러 개를 한 번에 전달할 수 있다. 아래 예는 Geo 객체를 생성하고 **latitude**와 **longitude**의 값을 대입한다. 따라서 Geo 객체는 두 개의 기본타입 정보를 갖고 있다.

```
Geo geo1=new Geo( );
geo1.latitude=37.5;
geo1.longitude=127.0;
```

2.1.4 기본타입의 연산과 타입 변환

1 연산

실수와 정수는 기본적으로 5칙연산을 사용한다. 정수끼리 연산하면 결과도 정수다. 그리고 실수와 정수를 연산하는 경우, 결과는 실수가 된다는 점에 주의하자.

먼저 5칙연산(+, -, *, /, %)을 익히자. 정수의 /(나눗셈)은 몫이고, 정수의 %(모듈러스)는 나머지다.

기본 연산자	의미	연산 예	연산결과
+	더하기	5+6	11
−	빼기	5−6	−1
*	곱하기	5*6	30
/	몫	5/6	0
%	나머지	5%6	5

2 비교 연산

정수(byte, short, int, long), 실수(float, double), boolean, char 타입과 같은 모든 기본타입의 값을 비교할 때 비교 연산을 사용한다.

비교 연산자	의미	연산 예	연산결과(맞으면 true, 아니면 false)
〉	크다	6〉5	true
〈	작다	6〈5	false
〉=	크거나 같다	7〉=6	true
〈=	작거나 같다	7〈=6	false
==	같다	7==6	false
!=	다르다	7!=6	true

주의	"= ="나 "! ="처럼 중간에 공백이 들어가면 안된다.

3 타입 변환

기본타입의 크기는 종류별로 이미 정해져 있는데, int 〈 long 〈 float 〈 double 순이다. 따라서 작은 타입은 큰 타입에 바로 대입할 수 있지만, 큰 타입을 작은 타입에 대입하려면 데이터가 넘치는 문제가 발생할 수 있으므로 대입할 수 있는 양만 붓는 방법인 '캐스팅(casting)'을 사용한다.

예를 들어, 다음 그림에서 톨(int)은 그란데(long)에 부을 수 있지만, 그란데(long)를 톨(int)에 부을 때는 '넘칠 수 있으니까 넘치지 않는 범위에서만 붓겠다'라고 선언(캐스팅)하는 것이다.

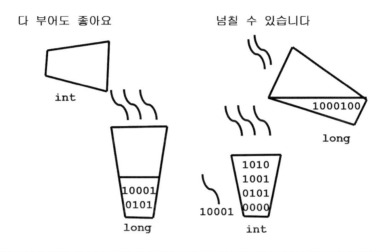

▲ 타입 변환(형변환)

작은 타입은 큰 타입으로 자동 변환되지만, 큰 타입을 작은 타입으로 변환할 때는 '(변환하려는 타입)' 형식으로 타입 변환해서 사용한다. 다음 예제는 double을 (int)로 캐스팅한 것이다.

```
double yourLatitude=37.5;
int myLatitude=(int) latitude;
```

타입 변환이 일어나는 대표적인 예를 살펴보자.
• 정수는 실수보다 작기 때문에 정수는 실수로 자동 변환된다. 다음의 예에서 '6371'은 정수이고, double은 이를 담을 수 있으므로 자동 변환되는 것이다.

```
double earthR = 6371;      // km
```

- 실수는 정수로 변경하기 위해 타입 변환한다. 다음 예제는 0~9 사이의 정수를 반환한다.

```
int makeOne=(int)(Math.random( )*10);
```

Math.random은 double 타입을 반환한다. double은 int 보다 커서 바로 받을 수 없으므로 (int)로 타입 변환하는 것이다. double Math.random( )은 자주 사용하는 메서드다.

메서드	설명(API)
double Math.random( )	0.0 <= 실수값 < 1.0 0.0을 포함, 1.0을 포함하지 않은 임의의 실수를 반환한다.

- 숫자형 문자를 정수로 변환할 때 다음과 같은 방법을 사용한다.

```
int num= '9'-'0';                            // 57-48 = 9, '0'은 48, '9'는 57이다.
int a=Character.getNumericValue('9');        // 9
int b=Character.digit('9', 10);              // 9
```

- ASCII에 해당하는 문자를 숫자로 변환한다.

```
int alpha = 'A';                             // 65
char cAlpha = (char)97;                      // 'a' → (int)'a' =97
```

- 다음은 정수 연산으로, 결과도 정수이다. 최종 연산기호 '/'은 몫을 구한다.

```
int a=10
int b=11
int c=13
int average=(a+b+c)/3;
```

a, b, c, 3이 모두 정수이므로 결과도 정수가 된다. 10, 11, 13의 평균은 11.33...인데 정수 연산은 정수만 반환하므로 평균은 11이다.

- 화씨를 섭씨로 변환해보자.
변환 공식은 5/9 * (fahrenheit-32)인데, 5/9는 5를 9로 나눈 몫을 구하므로 결과는 정수 0이 된다. 이 상태로는 어떤 수를 곱해도 0이 되기 때문에 최종목표인 double로 표시하려면 실수인 5.0/9로 변경해야 한다. 결과가 실수일 때는 실수를 앞쪽에 붙인다.

```
public static double toCelsius(double fahrenheit) {
        return 5.0/9 *(fahrenheit-32);
}
```

- 작은 타입으로 변환할 때 캐스팅한다. `System.currentTimeMillis()`는 1970년 1월 1일부터 현재까지의 경과 시간을 `long` 타입으로 제공하도록 정해져 있으므로, int 타입으로 받으려면 타입 변환을 해야 한다.

```
long days=System.currentTimeMillis( );
int day=(int)(days/1000/24/60/60);
```

- 그래픽 좌표는 소수점 넷째 자리까지만 써도 충분하므로 float로 변환한다. 안드로이드에서 View에 도형을 그릴 때 좌표에 관련된 것은 모두 `float` 타입을 사용한다. 따라서 Double이 들어오면 float 타입으로 타입 변환한다.

```
public void showCircle(Canvas canvas,float width,float height,
                       double magnitude, Paint paint, int color) {
        paint.setColor(color);
        canvas.drawCircle(width, height, (float)magnitude, paint);
}
```

4 상수

상수는 한 번 값이 결정되면 변경할 수 없다. 자바에서는 final 키워드를 사용해서 선언한다. 상수는 변수와 구분하기 위해 전체 대문자로 선언된다.

```
final int PHYSICAL = 23;
final int EMOTIONAL = 28;
final int INTELLECTUAL = 33;
```

상수를 클래스의 static 멤버로 선언할 때는 static final로 선언한다.

```
public class SwitchMain {
    public static final int PHYSICAL = 23;
    public static final int EMOTIONAL = 28;
    public static final int INTELLECTUAL = 33;
}
```

참고 ▶ API로 제공되는 파이값(Math.PI=3.14)과 자연지수(Math.E=2.718)는 상수로 선언되어 있다.

2.2 자바 프로그래밍의 기본

2.2.1 프로그램 실행 순서

• 프로그램은 위에서 아래로 순차적(sequence)으로 실행된다.
• 프로그램의 순서를 제어하기 위한 조건문에는 if, switch, 삼항연산자(?:)가 있다.
• 프로그램의 특정 부분을 반복시키는 반복문에는 for, while, do~while이 있다.

특징

순차적	흐름 제어(조건, 분기)	흐름 제어(조건, 분기)	흐름 제어(반복)
위에서 아래로	원하는 조건으로	원하는 값에 따라	조건을 만족시키면 반복
	if, 삼항연산자	switch	for, while, do~while

▲ 순차, 제어, 반복문

프로그램은 기본적으로 위에서 아래로 순차적으로 실행된다. 상황에 따라 조건을 선택하기도 하고, 조건을 만족시키는 동안 반복하면서 실행 순서가 복잡해진다. 이렇게 조건문과 반복문을 이용해 여러 문제를 해결하는 것을 '알고리즘'이라고 한다.

2.2.2 주석

주석은 프로그래밍에 영향을 미치지 않으면서 설명 등을 알려주거나 표시하는 방법이다. //는 한 줄 주석, /* */는 여러 줄 주석에 사용한다.

- (예) 한 줄 주석

```
int makeOne=(int)(Math.random( )*10);     // 0~9 사이의 임의의 정수
```

- (예) 여러 줄 주석

```
/*
0.0<= 실수값 <10.0을 (int)하면 정수만 반환한다.
그래서 0~9 사이의 임의의 정수를 반환한다.
*/
```

2.2.3 조건문

참, 거짓 여부에 따라 다른 문장을 실행하는 `if~else`와, 정수값에 따라 다양한 문장을 실행하는 `switch~case`가 있다.

1 if(조건식) { }
조건식에서 동일 여부나 대소비교를 한 후 조건식을 만족시키면 true, 만족시키지 않으면 false 구문이 실행된다.

▲ 조건문

if를 이용한 예를 살펴보자.

- v를 2로 나눈 나머지가 0인지 판단한다. 0이면 if 구문이 실행되어 짝수를 출력하고, 0이 아니면 홀수를 반환한다.

```
int v=100;
if(v%2==0) {                          // 2로 나누었을 때 나머지가 0이면 짝수이다.
    System.out.println("짝수");
} else {                              // 짝수가 아니면 홀수이다.
    System.out.println("홀수");
}
```

• else 구문에 if~else를 붙일 수 있다.

```
if(magnitude >= 8.0) {
} else if (magnitude >= 7.0) {
} else if (magnitude >= 6.0) {
} else {
}
```

• 간단한 if~else는 삼항연산으로도 표현할 수 있다. 바로 아래 소스는 if~else, 그 다음은 동일한 내용을 삼항연산으로 표현한 것이다.

```
int temp=99;
if(temp%2==1) {        // 99 → 홀수
    temp=temp*3+1;
} else {
    temp=temp/2;
}
```

? 바로 앞의 조건식(temp%2==1)을 실행해서 조건식을 만족하면 앞 temp*3+1을 temp에 대입하고, 조건식을 만족시키지 않으면 temp/2를 temp에 대입한다.

```
int temp=99;
temp = (temp%2==1) ? temp*3+1 : temp/2;
```

2 switch~case

주어진 값에 따라 분기할 때는 switch~case를 사용한다.

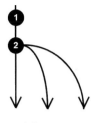

▲ switch~case

정확히 정수(int), 문자(char), 문자열(String)에 해당되는 case 부분을 실행한다. if와 달리 대소비교를 할 수 없다.

```
public static int toNum(char c) {
    int tot=0;
    switch(c) {
      case 'A': tot=1; break;
      case 'T': tot=10; break;
      case 'J': tot=11; break;
      case 'Q': tot=12; break;
      case 'K': tot=13; break;
      default : tot=c-'0'; break;          // '9'-'0'
    }
    return tot;
}
```

만약 c='A'라면 tot에 1이 저장된다. 'T'라면 10, 'J'라면 11, 'Q'라면 12, 'K'라면 13이 저장된다. 이외의 문자는 숫자형 문자이므로 '0'을 빼서 나온 정수를 tot에 저장한다.

> **참고** tot='1'-'0'=1, tot='2'-'0'=2, ..., tot='9'-'0'=9 이다.

- 입력받은 주기에 따라 지수 종류와 바이오리듬 값을 반환할 때에도 switch~case를 사용한다.

```java
public static String generateTextInformation(int index, double value) {
    String result = "";
    switch(index) {
      case 23 : result = "신체지수: "; break;
      case 28 : result = "감정지수: "; break;
      case 33 : result = "지성지수: "; break;
    }
    return result + (value*100);
}
```

2.2.4 반복문

반복적인 조건을 만족하는 한 계속 반복되고, 조건을 만족하지 않으면 종료된다.

1 for문

"for(초기 ; 조건 ; 스텝){ 반복 }" 형태로 사용하며, 초기1 (조건2 반복3 스텝4) (조건2 반복3 스텝4) …. 조건2 end(5) 순으로 실행한다. 조건을 만족시키면 (조건2 반복3 스텝4)이 반복된다.

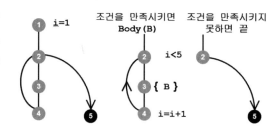

▲ 반복문의 실행 과정

```java
int s=0;
for(int i = 1; i <= 100; i++) {
        s=s+1;
}
System.out.println(s);
```

i++은 i=i+1로 1씩 증가시킨다는 의미이다. "반복 한 번에 1증가"를 스텝이라고 한다. 위 소스에서 for문이 실행되는 과정을 추적해 보면 다음과 같다.

초기	i값과 조건	s
i=1	1 1<100 조건 만족	s=0+1
	2 2<100 조건 만족	s=0+1+2
	3 3<100 조건 만족	s=0+1+2+3
	...	...
	100 100<=100 조건 만족	s=0+1+2+3+...+100
	101 101<100 불만족 끝	

경우에 따라, 끝나는 조건이 명확하지만 초기값이나 스텝이 없을 수도 있다. 이를 확인하기 위해서 2345의 각 자리의 합을 구해보자. 2345는 2+3+4+5로 각 자리의 합이 14인데, 이를 for문을 사용해 다음과 같이 작성할 수 있다.

```
int n=2345;
int tot=0;
for( ; n>0 ; ) {
    tot=tot+n%10;
    n=n/10;
}
System.out.println(tot);
```

for문을 보면 n>0이라는 조건만 있을 뿐, 앞쪽 ; 앞의 초기값, 뒤쪽 ; 뒤의 스텝은 없다. 따라서 조건과 { }안의 연산만 실행되어 출력된다.

과정을 추적해 보면 다음과 같다.

n	n%10 (나머지)	tot	n/10 (몫)
초기x 2345>0 조건 만족	5	tot=0+5	234
234>0 조건 만족	4	tot=5+4	23
23>0 조건 만족	3	tot=5+4+3	2
2>0 조건 만족	2	tot=5+4+3+2	0
0>0 불만족 끝			

2 while문

조건이 명확할 때는 while( )을 사용하는 것이 좋다. while( )은 for( )와 동일하지만 조건만 같고, 초기와 스텝은 없을 수도 있다. 결국 스텝이 명확하면 for( )가 좋고, 조건이 명확하면 while( )이 편할 뿐 결과는 동일하다. 아래 예제는 앞에 나온 for문을 while문으로 변경한 것이다.

```
int n=2345;
int tot=0;
while(n>0) {
    tot=tot+n%10;
    n=n/10;
}
System.out.println(tot);
```

> **참고** while과 동일하지만 적어도 한 번 실행할 때는 do~while을 사용한다.

2.2.5 연산관용어구

조건문과 반복문을 함께 쓸 때 습관적으로 쓰는 코드가 있다. 필자는 연산관용어구라고 부르며 익혀 두면 매우 편리하다. 아래 표는 자주 사용하는 연산자와 비교연산의 예다.

연산관용어구	연산자	연산 예	의미
나누어 떨어진다.	%(나머지)	A%3==0	A는 3으로 나누어 떨어진다. 나머지가 0이다.
배수			A는 3의 배수다. 3%3==0, 6%3==0, 9%3==0
약수			3은 A의 약수다. 3%3==0, 6%3==0, 9%3==0
짝수		A%2==0	짝수는 0으로 나누어 떨어진다. 모든 짝수는 2의 배수다.
홀수		A%2!=0, A%2==1	짝수가 아니면 홀수다.
일의 자리		A%10	10으로 나눈 나머지. 156%10의 일의 자리는 6이다.
자릿수를 줄인다.	/(몫)	A/10	123/10은 12(몫)다. 3자리에서 2자리로 줄인다.

- 10의 약수를 구하면서 다시 한 번 살펴보자.

```
System.out.print("[1,");
for(int i = 2; i < n; i++) {
    if(n%i==0) {
        System.out.printf("%d,",i);
    }
}
System.out.println(n+"]");
```

과정은 다음과 같다.

i값과 조건	n%i
2 초기 2〈10 조건 만족	10%2==0 2는 10의 약수
3 3〈10 조건 만족	10%3
4 4〈10 조건 만족	10%4
5 5〈10 조건 만족	10%5==0 5는 10의 약수
…	…
9 9〈10 조건 만족	10%9
10 10〈10 불만족 끝	

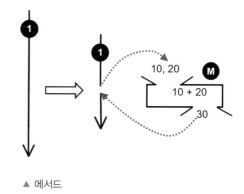

▲ 메서드

결과는 [1,2,5,10]이다.

2.2.6 메서드

프로그래밍은 기본적으로 순차적(위에서 아래로)으로 진행된다. 같은 소스가 반복되거나 너무 복잡하다면 반복되거나 복잡한 소스를 잘라서 하나의 덩어리로 만들고, 이름을 붙여준다. 이렇게 이름이 붙은 소스 덩어리를 '메서드'라고 한다. 메서드를 호출하면서 값을 대입(10, 20)하면 ❶ 연산(10+20)을 하고 ❷ 결과(30)를 반환하고 ❸ 원래 위치로 돌아와서 진행을 마치고 끝낸다.

❶ 선언과 호출
메서드는 '선언'과 '호출'로 나눌 수 있다.
- 선언: 인자(파라미터)의 타입과 개수, 메서드 이름, 결과 반환 타입을 선언하고, 구체적인 로직이 있는 곳이다.
- 호출: 인자 타입과 개수에 맞는 값을 넣고 결과를 받는 것이다.

```
double phyval = getBioRhythmValue(16649, 23, 100);
public static double getBioRhythmValue(long days, int index, int max) {
    return max * Math.sin((days % index) * 2 * 3.14 / index);
}
```

다음 그림과 같이 인자의 위치에 맞게 값들이 대입되고 계산된 후 결과로 반환된다.

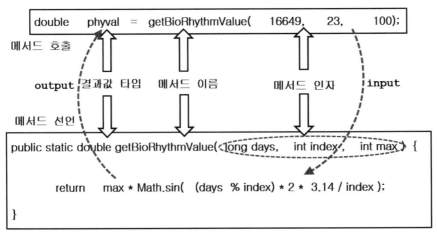

▲ 메서드 선언과 호출

2 특징

메서드는 흐름을 쉽게 만든다. 순차, 분기, 반복 흐름과도 같이 사용되면서 더 많은 효과(반복 줄이기, 복잡성 줄이기)를 만들 수 있다.

순차적	흐름 제어(분기)	흐름 제어(분기)	반복
위에서 아래로	원하는 조건으로	원하는 값에 따라	조건을 만족시키면 반복
	if, 삼항연산자	switch	for, while, do-while

▲ 여러 종류의 흐름과 메서드

• 순차 흐름과 메서드

```
int days=16649;
int index=23;
int max=100;
double phyval = getBioRhythmValue(days, index, max);
```

- 조건 흐름과 메서드

```java
if(index == 23) {
    phyval = getBioRhythmValue(days, index, max);
} else if(index==28 ) {
    emotion = getBioRhythmValue(days, index, max);
}
```

- 반복 흐름과 메서드

```java
for(int iday = days - 10 ; iday < days+10 ; iday++) {
    double phyval = getBioRhythmValue(iday, index, max);
}
```

2.2.7 문자열(String)

char(문자)는 한 글자다. 한 개 이상의 문자를 붙여서 한 단어, 한 문장과 같은 문자의 묶음을 만들 수 있다. String(문자열)은 new 키워드를 사용하지 않고 생성할 수 있는 참조타입(객체, 개체)으로, 기본타입처럼 대입연산자를 사용한다. 단, 기본타입처럼 사용하지만 참조타입이기 때문에 메서드를 갖고 있다는 점에 주의하자.

```java
String city1="Asia";                           // ❶ 문자열
String city2="Europe";
city2=city1;                                    // ❷ 값이 복사되므로 city2="Asia"
System.out.println(city1.length( ));           // ❸ 문자열의 길이를 구한다.
String city4=String.format("%s-%s", city1,city2); // ❹ 원하는 포맷 만들기
```

2.2.8 배열

같은 타입의 나열을 '배열'이라고 한다. 예를 들어, 무궁화반 학생들은 이름이 있지만 출석부 상에서 무궁화반 1번, 2번, 3번으로 호칭되듯이 로또 6개 번호는 lotto[0], lotto[1], lotto[2]식으로 호칭해서 사용한다.

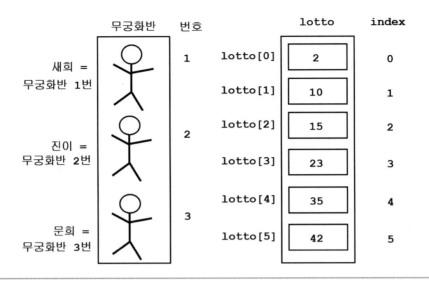

▲ 배열

배열을 만드는 방법은 두 가지인데 new를 사용하지 않는 배열(결정된)은 다시 생성, 다시 초기화가 불가능하다.

```
int[ ] nums2={1,2,3};      // 크기가 결정된 배열
// nums2={1,2};            // 다시 초기화 불가능 [중요]
```

new로 생성한 배열(동적)은 언제든지 길이도 변경할 수 있고, 다시 생성, 다시 초기화가 가능하다.

```
int[ ] lotto=new int[6];   // {0,0,0,0,0,0} 0으로 초기화
lotto [0]=-1;              // set 넣기 -1
int a=lotto[0];           // get 가져오기 a=-1
lotto =new int[ ] {2,3,4,5};  // 다시 초기화 가능
```

타입은 모두 배열이 가능하다. 기본타입은 물론, 참조타입(객체)도 배열할 수 있다.

```
String[ ] myNum = new String[ ] {"2016-08-17", "2016-09-17", "2016-03-17"};
String[ ] myNum2 = {"2016-08-17", "2016-09-17", "2016-03-17"};
```

> 참고 ▸ new로 생성한 기본타입의 배열은 "멤버변수의 자동 초기화"처럼 초기화가 발생되어 0에 관련된 값(0, 0L, 0.0F, 0.0, '₩u0000', false)으로 초기화된다.

2.2.9 문자열 처리 중요 메서드

자바에서는 문자열을 많이 사용하므로 이와 관련해 주로 사용하는 중요 메서드를 쉽게 참고할 수 있
도록 표로 정리하였다. 잘 파악해두자.

> **주의** ▶ 배열과 String의 기본 위치(index)는 0부터 시작한다.

메서드	사용 예	값, 설명
char String.charAt(int index)	String text=" Hello Java4Android"; char c=text.charAt(2);	index번째 한 개의 문자(char) c='e'
String String.concat(String s);	String t=text.concat("s");	+과 동일, 문자열을 가장 뒤에 붙인다. t="Hello Java4Androids"
boolean String.contains(String s);	boolean b=text.contains("And");	"And" 문자열을 포함하고 있는가? b=true를 포함하고 있다.
boolean String.equals(String s)	String text=" Hello Java4Android"; String com=" HEllo Java4Android"; boolean b= text.equals(com);	두 문자열이 같은가? b=false 다르다.
boolean String.equalsIgnoreCase (String s)	boolean b=text.equalsIgnoreCase (com);	대소문자 구별하지 않고 두 문자열이 같은가? b=true 같다.
int String.indexOf(Stirng s) int String.indexOf(char s)	int index=text.indexOf("a");	문자열(또는 문자)이 처음 발견된 위 치(없으면 -1) index=8
int String.lastIndexOf(Stirng s) int String.lastIndexOf(char s)	int index=text.lastIndexOf("a");	문자열(또는 문자)이 가장 뒤쪽에서 발견된 위치(없으면 -1) index=10
void String.trim( )	String s=text.trim( );	가장 앞쪽과 뒤쪽의 공백을 제거 s="Hello Java4Android"
int String.length( )	int t=text.length( );	문자열의 길이, 공백의 개수도 포함 t=19
String String.substring(int index1)	Ctring s=text.substring(7);	index1번째 이후의 문자열들을 잘라 서 반환(index1번째 이후의 문자열 들을 버린다) s="Java4Android"
String String.substring(int index1, int index2)	String s=text.substring(7,11);	index1부터 (index2-index1)자를 잘라서 반환(7번째부터 (11-7)자) s="Java"
String String.replace(String old, String new) String String.replaceAll(String old, String new)	String s=text.replace(" ","-");	old 문자열(또는 char)을 new 문자 열로 변경 s="-Hello-Java4Android"

메서드	사용 예	값, 설명
String String.toUpperCase( )	String s=text.toUpperCase( );	모두 대문자로 변경 s="HELLO JAVA4ANDROID"
String String.toLowerCase( )	String s=text.toLowerCase( );	모두 소문자로 변경 s="hello java4android"
String[] String.split(String del)	String[] sp=text.split(" "); for(int i=0; i<sp.length; i++) System.out.println(sp[i]);	del 문자열을 기준으로 잘라서 배열로 만든다. sp={"","Hello","Java4Android"}

자 바
F O R
안드로이드

Chapter **3**

객체지향
프로그래밍

각 도시의 위치, 시간 등의 자료는 안드로이드 앱에서도 상당히 많이 활용된다. 위치는 위도와 경도 두 가지, 시간은 연, 월, 일, 시, 분, 초라는 여섯 가지 정보를 가져와야 하는데 이런 데이터 를 한 번에 저장하고 활용하는 방법이 바로 '객체'다. 이와 관련된 소스를 이 장을 통해 살펴보면 서 객체지향 프로그래밍에 대해 자세히 알아보자.

3.1 객체의 특징

3.1.1 클래스

클래스는 참조타입(객체타입)을 만들고 사용하기 위한 '설계도'이다. 참조타입은 반드시 클래스가 있어야 한다. 클래스 선언은 "public class 클래스명{ }"으로 시작한다.

```
public class Geo {
}
```

3.1.2 패키지

패키지는 클래스의 목적과 역할을 구분하기 위해 만든다. 위에서 'Geo'라는 클래스를 선언했는데, 프로그래밍을 하다보면 같은 이름의 클래스를 여러 개 만들 수도 있다. 이런 클래스들을 다른 클래스와 구별하기 위해 패키지는 소문자로 만든다.

예를 들어, "홍길동"이란 사람은 많이 있지만, 한양 홍판서네 아들 홍길동과 울산 홍부네 홍길동은 다른 홍길동이다.

아래 소스의 package "kr.co.infopub.j4android"를 보면, infopub.co.kr에서 j4android를 위해 만든 클래스라는 점을 알 수 있다.

```
package kr.co.infopub.j4android;
public class Geo {
}
```

> **참고 ▶ 자주 쓰이는 패키지**
> - java.lang 자바 언어의 가장 중요한 클래스
> - java.util   java.lang을 도와주거나 편리하게 해주는 클래스
> - java.io   IO에 관련된 클래스

3.1.3 멤버(멤버필드, 멤버변수)

클래스에서 가장 중요한 데이터를 멤버변수(멤버, 변수필드)라고 하며, 클래스 내부의 위쪽에 선언한다.

```
package kr.co.infopub.j4android;
public class Geo {                  // ❶ Geo 클래스를 선언한다. 설계도
    public double latitude;         // ❷ 위도 멤버 → 중요한 데이터
    public double longitude;        // ❷ 경도 멤버 → 중요한 데이터
}
```

Geo는 위도·경도값을 저장하기 위해 위도와 경도를 멤버변수로 선언한다.

❶ Geo 클래스를 선언한다. 참조타입은 public class로 시작한다. 클래스는 "설계도"이다.

❷ 위도·경도값은 소수점(.)이 있으므로 double 타입을 사용하여 저장한다. "멤버변수"라고 부른다.

3.1.4 멤버변수의 자동 초기화

클래스에 멤버변수를 선언하면, 초기화 작업을 따로 하지 않아도 앞에서 선언한 이 코드는

```
package kr.co.infopub.j4android;
public class Geo {
    public double latitude;
    public double longitude;
}
```

아래의 예시처럼 0에 관련된 값으로 자동 초기화된다.

```
package kr.co.infopub.j4android;
public class Geo {
    public double latitude=0.0;
    public double longitude=0.0;
}
```

3.1.5 객체 생성

아파트에서 살려면 설계도대로 만들어진 아파트가 필요하다. 클래스는 설계도, 생성된 객체(인스턴스, instance)는 아파트에 해당한다.

앞에서 만든 Geo 클래스를 메모리에 올려서 사용하려면 new 키워드를 이용한다.

```
package kr.co.infopub.j4android;
public class GeoMain {
    public static void main(String[] args) {        // ❸ 프로그래밍 시작

        Geo geo1=new Geo() ;                         // ❹ 객체 생성
        geo1.latitude=37.52127220511242;            // ❺ 위도값을 객체의 멤버에 대입 setter
        geo1.longitude=127.0074462890625;           // ❺ 경도값을 객체의 멤버에 대입
        System.out.printf("위도:%f, 경도:%f\n", geo1.latitude, geo1.longitude);
                                                     // ❻ 객체의 멤버값 가져오기 getter
```

```
        Geo geo2=geo1;                              // ❼ 객체 주소 넘기기
        System.out.printf("위도:%f, 경도:%f\n", geo2.latitude, geo2.longitude);
                                                    // ❽ 멤버값 가져오기
    }
}
```

❸ 프로그램을 시작한다.

❹ Geo 객체를 생성한다. "new" 키워드를 이용한다. Geo 설계도(아파트 설계도)대로 객체(아파트)를 짓는다.

❺ 위도·경도값을 객체의 멤버에 대입(저장)한다.

❻ 저장된 위도·경도값을 가져와서 출력한다.

❼ 위도·경도값을 한 번에 전달할 수 있다. 이렇게 하면 멤버가 많아도 한 번에 전달할 수 있다. 박카스D 10병 낱개(기본타입)보다 한 박스(객체타입)가 들고 가기에 편한 것과 마찬가지다.

❽ 전달받은 위도·경도값을 가져와서 출력한다.

3.1.6 은닉화와 접근제한자

가장 중요한 데이터를 멤버변수로 선언했지만, 위와 같은 방식이라면 위도·경도값이 외부에 너무 쉽게 노출된다. 멤버필드를 감추기 위해 노출이 가장 심한 public에서 노출이 전혀 없는 private으로 변경한다. 이때 public과 private을 '접근제한자(access modifier)'라고 한다.

```
package kr.co.infopub.j4android;
public class Geo {                          // ❶ Geo 클래스를 선언한다.
    private double latitude;                // ❷ 외부에 노출되지 않는다.
    private double longitude;               // ❷ 외부에 노출되지 않는다.
}
```

접근제한자를 사용하면, 이 Geo 클래스로 객체를 생성해도 멤버변수(위도, 경도)에 전혀 접근할 수 없다. 그래서 메서드를 사용하여 멤버변수에 값을 넣거나(setter), 멤버변수의 값을 가져오는(getter) 메서드를 public으로 만든다.

```
package kr.co.infopub.j4android;            // ① Geo 클래스를 선언한다.
public class Geo {                          // ② 외부에 노출되지 않는다.
    private double latitude;                // ② 외부에 노출되지 않는다.
    private double longitude;

    public double getLatitude() {           // ③ 멤버변수를 외부에 노출시킬 때 getter
        return latitude;
    }
    public void setLatitude(double latitude) {   // ④ 멤버변수에 값을 넣을 때 setter
        this.latitude = latitude;
    }
    public double getLongitude() {
        return longitude;
    }
    public void setLongitude(double longitude) {
        this.longitude = longitude;
    }
}
```

멤버변수를 보호하기 위해 private 멤버변수 선언과, public 메서드를 만들어 사용하는 방법을
은닉화(중요한 멤버 숨기기)라고 한다. 이런 은닉화를 통해서 public 메서드만 사용하게 만들 수 있다.

```
package kr.co.infopub.j4android;
public class GeoMain {
    public static void main(String[] args) {
        Geo geo1=new Geo() ;
        geo1.setLatitude(37.52127220511242);
        geo1.setLongitude(127.0074462890625);
        System.out.printf("위도:%f, 경도:%f\n",geo1.getLatitude( ), geo1.getLongitude( ));
        Geo geo2=geo1;        // 주소 가져오기
        System.out.printf("위도:%f, 경도:%f\n",geo2.getLatitude( ), geo2.getLongitude( ));
    }
}
```

3.1.7 레퍼런스 this

'this'는 생성된 객체 자신의 주소를 참조하는 레퍼런스(reference)다. 'this.'은 멤버(멤버변수, 멤버메서드)를 의미한다. 메서드 인자와 멤버이름이 같은 경우에는 메서드 인자가 우선이다. 따라서 아래 소스에서 메서드 인자 'latitude'와 멤버이름을 구분하기 위해 멤버는 'this.latitude'로 사용한다. 인자가 없을 때는 구분이 되기 때문에 getLatitude()처럼 latitude에 'this.'을 붙이지 않아도 된다.

```
public double getLatitude() {          // ❶ 멤버변수는 latitude 뿐이므로 this가 필요하지 않다.
    return latitude;
}
public void setLatitude(double latitude) {    // ❷ 인자가 latitude다. 멤버변수 this.latitude다.
    this.latitude = latitude;          // 인자값을 멤버변수값에 대입한다.
}
```

> **주의** ▸ 객체 내부에서 사용할 때만 'this'를 사용한다. 예를 들어, '가나다 아파트'는 외부에서 보면 '가나다 아파트'이지만, 이 아파트 거주민들은 '우리 아파트'라고 부르는 것과 마찬가지다.

3.1.8 생성자

객체를 생성하면서 멤버변수에 값을 넣고 싶을 때 생성자를 사용한다. 생성자는 new 키워드에 의해서만 호출되는 메서드다. 지금까지는 set 메서드를 통해서만 위도·경도값을 멤버변수에 대입할 수 있었다. Geo 객체를 생성하는 동시에 위도·경도값을 대입할 수 있게 하려면 생성자를 이용한다.

예를 들어, 아파트가 만들어졌다고 바로 들어가서 살 수 있지는 않다. 거주할 수 있는 최소한의 준비 (청소, 변기, 싱크대, 가구)가 되어야 하듯이, 생성자도 가장 먼저 호출되어 기본적인 준비(자동 초기화)를 하는 '리턴없는(void) 메서드'다.

> **주의** ▸ 생성자와 클래스는 이름이 같아야 한다. 개발자가 생성자를 선언하지 않으면 생성자 1개가 자동으로 만들어지며, 이를 기본(디폴트, default) 생성자라고 한다.

• 기본 생성자: 'new Geo( )'처럼 ( )에 인자가 없는 생성자

```java
package kr.co.infopub.j4android;
public class Geo {
    private double latitude;
    private double longitude;
    public Geo(double latitude, double longitude) {
                                            // 생성자 선언 → 기본 생성자가 만들어지지 않는다.
        this.latitude = latitude;           // 생성되면서 위도와 경도가 멤버변수값으로 대입된다.
        this.longitude = longitude;
    }
    public double getLatitude() {           // getter
        return  latitude;
    }
    public void setLatitude(double latitude) { // setter
        this.latitude = latitude;
    }
    public double getLongitude() {
        return longitude;
    }
    public void setLongitude(double longitude) {
        this.longitude = longitude;
    }
}
```

인자가 2개인 생성자만 있기 때문에 기본 생성자를 호출(new Geo( ))할 수 없다.

```java
package kr.co.infopub.j4android;
public class GeoMain {
    public static void main(String[ ] args) {
        // Geo geo1=new Geo( ) ;                                        // 예외 – 기본 생성자가 없다.
        Geo geo1=new Geo(37.52127220511242, 127.0074462890625);        // 인자가 2개인 생성자

        System.out.printf("위도:%f, 경도:%f\n",geo1.getLatitude( ), geo1.getLongitude( ));
        Geo geo2=geo1;                                                  // 주소 가져오기
        System.out.printf("위도:%f, 경도:%f\n",geo2.getLatitude( ), geo2.getLongitude( ));
    }
}
```

3.1.9 생성자 오버로딩(중복 정의)

인자가 없는 생성자로 객체를 생성할 수 있게 하려면 기본 생성자를 개발자가 만들어야 한다. 이름이 같고 인자의 개수나 타입이 다른 것을 오버로딩(중복정의)이라고 한다. "생성자가 있는데 더 만들겠다"라는 선언이다.

```java
package kr.co.infopub.j4android;
public class Geo {
    private double latitude;
    private double longitude;
    public Geo(double latitude, double longitude) {
        this.latitude = latitude;
        this.longitude = longitude;
    }
    public Geo() {                              // 기본 생성자
    }
    public double getLatitude() {               // getter
        return latitude;
    }
    public void setLatitude(double latitude) {  // setter
        this.latitude = latitude;
    }
    public double getLongitude() {
        return longitude;
    }
    public void setLongitude(double longitude) {
        this.longitude = longitude;
    }
}
```

기본 생성자를 호출했기 때문에 double 타입의 초기값 0.0으로 초기화된다. 출력을 해보면 위도와 경도 모두 0.0이다.

```java
package kr.co.infopub.j4android;
public class GeoMain {
    public static void main(String[] args) {
        Geo geo1=new Geo() ;
        System.out.printf("위도:%f, 경도:%f\n", geo1.getLatitude(), geo1.getLongitude());
```

```
        Geo geo2=geo1;      // 주소 가져오기
        System.out.printf("위도:%f, 경도:%f\n", geo2.getLatitude( ), geo2.getLongitude( ));
    }
}
```

3.1.10 this 생성자

기본 생성자를 호출했을 때 멤버변수값을 서울의 위도와 경도로 하고 싶다면 기본 생성자에서 this( ) 생성자를 이용한다. this(37.5, 127.0)는 오버로딩된 생성자 중에 인자가 2개이면서 모두 double인 생성자를 호출한다.

```
package kr.co.infopub.j4android;
public class Geo {
    private double latitude;
    private double longitude;
    public Geo(double latitude, double longitude) {
        this.latitude = latitude;
        this.longitude = longitude;
    }
    public Geo( ) {                     // 기본 생성자 → Geo(37.5, 127.0) 호출
        this(37.5, 127.0);
    }
}
```

이제 출력을 해보면 서울의 위도와 경도가 출력된다.

```
package kr.co.infopub.j4android;
public class GeoMain {
    public static void main(String[ ] args) {
        Geo geo1=new Geo( ) ;
        System.out.printf("위도:%f, 경도:%f\n", geo1.getLatitude( ), geo1.getLongitude( ));
        Geo geo2=geo1;                  // 주소 가져오기
        System.out.printf("위도:%f, 경도:%f\n", geo2.getLatitude( ), geo2.getLongitude( ));
    }
}
```

데이터 저장과 처리

3.2.1 전달 객체(VO, DTO)

지금까지 만든 **Geo** 객체는 데이터를 저장하거나 전달하기 위한 목적으로 만들어졌다. 이런 용도의 객체를 VO(Value Object: 값 객체) 또는 DTO(Data Transfer Object: 전달 객체)라고 한다. **Geo** 객체 하나에 한 도시의 위도와 경도 등 2개의 정보를 저장하고 전달할 수 있다. 이런 전달 객체에 멤버변수가 여러 개 있다면 더 많은 데이터를 한 번에 전달할 수 있다.

```
Geo seoul = new Geo(37.5670, 126.9807);        // 서울 위도·경도 설정
Geo austria = new Geo(47.01, 10.2);            // 오스트리아 위도·경도 설정
Geo newyork = new Geo(40.714086, -74.228697);  // 미국 뉴욕 위도·경도 설정
Geo mexico = new Geo(19.42847, -99.12766);     // 멕시코 멕시코시티 위도·경도 설정
Geo china = new Geo(39.9075, 116.39723);       // 중국 상하이 위도·경도 설정
Geo russia = new Geo(55.75222, 37.61556);      // 러시아 모스크바 위도·경도 설정
```

3.2.2 유동성 인자(…, variable arguments, Var args)

6개 도시를 1도시, 2도시, …, 6도시의 인자로 받는 메서드를 만들려면 6개의 오버로딩 메서드가 필요하다. 복잡한 오버로딩의 수를 줄일 수 있는 방법이 바로 Var args(…)이다.

Var args(…)는 배열처럼 동작한다. 인자 개수에 관계없이 메서드 하나만 있으면 모든 경우에 대해 실행된다. 심지어 인자가 하나만 있어도 되고, 배열이어도 가능하다.

```
public static void main(String[] args) {

Geo seoul = new Geo(37.5670, 126.9807);
Geo austria = new Geo(47.01, 10.2);
Geo newyork = new Geo(40.714086, -74.228697);
Geo mexico = new Geo(19.42847, -99.12766);
Geo china = new Geo(39.9075, 116.39723);
Geo russia = new Geo(55.75222, 37.61556);

    showGeo(seoul, seoul, newyork);            // 3개 인자
```

```
        showGeo(seoul, seoul, newyork, mexico, china, russia);    // 6개 인자
    }
    public static void showGeo(Geo ...goose) {                     // 인자가 여러 개 와도 된다.
        for(Geo gg: goose) {
            System.out.printf("위도:%f, 경도:%f\n", gg.getLatitude( ), gg.getLongitude( ));
        }
    }
```

3.2.3 객체 배열

객체도 배열로 표현해서 사용할 수 있다.

6개 도시의 정보를 표시하려면, 우선 6개의 도시이름이 필요하다. 타입이 동일하므로 배열로 바꾸면, 하나의 이름으로 사용할 수 있다. 하나의 이름에 인덱스를 사용하면 6개 이름을 일일이 사용하는 것보다 편하다. 기본타입의 배열과 달리, 반드시 new를 사용해 객체를 생성해야 한다는 점에 유의하자.

```
Geo[ ] geo=new Geo[ ] {
new Geo(37.5670, 126.9807), new Geo(47.01, 10.2),
new Geo(40.714086, -74.228697), new Geo(19.42847, -99.12766),
new Geo(39.9075, 116.39723), new Geo(55.75222, 37.61556) };

// 6개의 객체가 생성되지는 않는다.
Geo[ ] geo1 = new Geo[6];
geo1[0] = new Geo(37.5670, 126.9807);                    // 드디어 생성, 인덱스는 0부터 시작
geo1[1] = new Geo(47.01, 10.2);
geo1[2] = new Geo(40.714086, -74.228697);
geo1[3] = new Geo(19.42847, -99.12766);
geo1[4] = new Geo(39.9075, 116.39723);
geo1[5] = new Geo(55.75222, 37.61556);

System.out.printf("위도:%f, 경도:%f\n", geo[0].getLatitude( ), geo[0].getLongitude( ));
System.out.printf("위도:%f, 경도:%f\n", geo1[0].getLatitude( ), geo1[0].getLongitude( ));
```

주의	배열, 문자열, List 계열의 인덱스는 0부터 시작한다.

3.2.4 향상된 for

스스로 인덱스를 만들어서 실행되기 때문에 개발자가 인덱스를 붙일 필요가 없는 편리한 for문이다. 출력 전용이므로 값을 변경하려면 예외가 발생한다. 향상된 for는 배열과 List 자료 구조에서 사용된다.

```
for(int i=0; i<geo.length ; i++) {
        System.out.printf("위도:%f, 경도:%f\n", geo[i].getLatitude( ), geo[i].getLongitude( ));
}


for(Geo gg: geo) {
        System.out.printf("위도:%f, 경도:%f\n", gg.getLatitude( ), gg.getLongitude( ));
}
```

3.2.5 List 자료 구조(java.util.ArrayList)

배열을 바탕으로 배열보다 쉽고 강력하게 사용할 수 있는 방법이 바로 List 자료 구조이다. 배열 구조를 이용한 리스트 순서대로 인덱스가 생긴다. 메서드 몇 개만 알아도 List 자료 구조를 편리하게 사용할 수 있다. 객체(필통)를 ArrayList(가방)에 저장해서 전달하면, 한 번에 많은 자료를 전달할 수 있다.

메서드	설명
void clear( )	리스트의 모든 내용을 제거(청소)한다.
int size( )	리스트에 저장된 객체의 수
void add(T)	객체를 리스트에 넣는다.
T get(index)	리스트에 index번째의 객체를 반환한다.

ArrayList인 geolist에 add(T)하면 위에서 아래로 0, 1, …, 5와 같이 자동으로 인덱스가 붙으면서 저장된다. geolist.get(1)은 index 1의 Geo를 반환한다.

```
ArrayList<Geo> geolist=new ArrayList<Geo>( );
geolist.clear( );                                       // 내용 지우기
geolist.add(new Geo(37.5670, 126.9807));                // 저장하기
geolist.add(new Geo(47.01, 10.2));
geolist.add(new Geo(40.714086, -74.228697));
geolist.add(new Geo(19.42847, -99.12766));
```

```
geolist.add(new Geo(39.9075, 116.39723));
geolist.add(new Geo(55.75222, 37.61556));
System.out.println(geolist.size( ));                    // 리스트에 저장된 개수 6개
Geo gt=geolist.get(1);                                  // index 1의 객체를 가져온다. 47.01, 10.2
System.out.printf("위도:%f, 경도:%f\n", gt.getLatitude( ), gt.getLongitude( ));
```

3.2.6 Map 자료 구조(java.util.HashMap)

자료를 구조적으로 저장하는 방법 중 하나이다. 리스트 자료 구조와 비슷하지만 입력한 순서대로 인덱스가 생성되는 것이 아니라 맵에 저장할 때는 ("key","value")와 같이 한 쌍으로 저장한다. 저장된 Map에서 "키"를 이용하여 "value"를 찾는다. 아래 표는 Map이 제공하는 메서드다.

메서드	설명
void clear( )	맵의 모든 내용을 제거(청소)한다.
int size( )	맵에 저장된 객체의 수
void put(key, value)	(key, value) 한 쌍으로 맵에 저장한다. 같은 키 값은 저장하지 않는다.
value get(key)	맵에서 키를 이용하여 밸류를 얻는다.
boolean containsKey(key)	맵에 키가 이미 있는지 확인한다. 같은 키가 있다면 true다.

다음은 Map의 메서드를 사용하는 예제 소스이다. 어떻게 사용되는지 살펴보자.

```
HashMap<String, Geo> cities=new HashMap<String, Geo>( );
                                                // Map 생성, 키 타입은 String, 밸류 타입은 Geo
cities.clear( );                                // Map에 저장된 내용 제거
cities.put("Korea", new Geo(37.5670, 126.9807));   // Korea라는 키값에 Geo 객체를 밸류로 저장
cities.put("Austria", new Geo(47.01, 10.2));
cities.put("US", new Geo(40.714086, -74.228697));
cities.put("Mexico", new Geo(19.42847, -99.12766));
cities.put("China", new Geo(39.9075, 116.39723));
cities.put("Russia", new Geo(55.75222, 37.61556));

System.out.println(cities.size( ));            // Map에 저장된 개수
System.out.println(cities.containsKey("Austria"));  // 키값에 Austria가 있는가?
Geo geo=cities.get("Austria");                 // Austria에 해당되는 밸류
System.out.printf("%s : 위도:%f, 경도:%f\n","Austria", geo.getLatitude( ), geo.getLongitude( ));
```

3.2.7 메서드 오버로딩(중복정의)

메서드 오버로딩은 메서드 이름은 동일하지만, 인자의 개수나 타입이 달라서 식별이 되는 메서드다. 다시 말해 이름은 같지만, 실제로는 다른 메서드다. 서로 로직(하는 일)이 비슷할 때 오버로딩을 많이 사용한다.

아래 소스는 showGeo()가 두 개다. 둘의 인자는 각각 Geo ..., ArrayList<Geo>로 다르므로, 이름은 같지만 다른 메서드다. 이것이 오버로딩이다.

```java
public static void showGeo(Geo ...goose) {              // var args …
    for(Geo gg: goose) {
        System.out.printf("위도:%f, 경도:%f\n", gg.getLatitude( ), gg.getLongitude( ));
    }
}
public static void showGeo(ArrayList<Geo> goose) {    // ArrayList
    for(Geo gg: goose) {
        System.out.printf("위도:%f, 경도:%f\n", gg.getLatitude( ), gg.getLongitude( ));
    }
}
```

3.2.8 제네릭스(Generics)

저장하려는 타입을 〈 〉를 이용해 한정하는 것을 '제네릭스'라고 한다. ArrayList<Geo>처럼 〈 〉 사이의 타입만 저장하고 가져올 수 있다. 아래 소스의 ArrayList<Geo>는 Geo 타입만 ArrayList 에 저장할 수 있다.

```java
ArrayList<Geo> geolist=new ArrayList<Geo>( );      // Geo 타입만 저장
geolist.add(new Geo(47.01, 10.2));
Geo gt=geolist.get(0);   // index 0의 객체를 가져온다. 47.01, 10.2

System.out.printf("위도:%f, 경도:%f\n", gt.getLatitude( ), gt.getLongitude( ));
```

> **주의** ▶ 자바 7 이상은 ArrayList<Geo> geolist=new ArrayList<>( ); 처럼 오른쪽 생성자의 〈 〉에서 타입을 명시하지 않아도(비워둬도) 되지만, 6 이하는 반드시 표기해야 한다.

3.2.9 날짜관련 변환(Date Conversion)

자바는 날짜의 기준을 1970.1.1.0.0.0(연도, 월, 날짜, 시간, 분, 초)로 설정하고 상대적으로 얼마가 경과했는지를 이용한다. 예를 들어 오늘이 1970.1.2.0.0.이라면 $1*24*60*60*1000$(하루) 경과한 것이다.

다음 그림과 같이 `java.lang.System.currentTimeMillis()`는 경과 시간을 long으로 반환한다. `java.util.Date`는 경과 시간 long을 이용하여 원하는 Date로 변환할 수 있다. `java.util.Calendar` 의 `getTimeMillis()`는 경과 시간을 long으로 반환하고, `getTime()`은 Date를 준다. `java.text.SimpleDateFormat`은 Date와 String을 서로 변환할 수 있다.

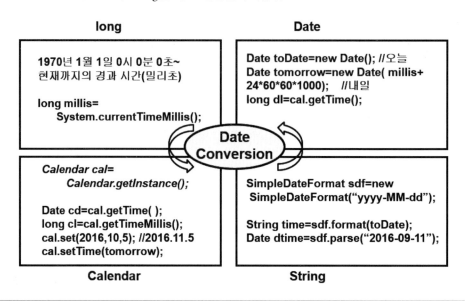

▲ 날짜 관련 변환 관계도

다음은 날짜를 계산하는 방법의 예를 든 것이다.

```
long millis=System.currentTimeMillis( );
int days=(int)(millis/1000/24/60/60);              // 1970.1.1부터 며칠

Date d=new Date( );                                // 오늘
Date dd=new Date(d.getTime( )+24*60*60*1000);      // 하루 후=내일

Calendar cal1970=Calendar.getInstance( );          // 오늘
cal1970.set(1970, 1-1 ,1);     // 자바에서는 1월~12월을, 0월~11월로 사용. 따라서 (1970, 1-1, 1)은 1970.1.1이다.
```

```
Calendar today=Calendar.getInstance( );          // 오늘
long minus=today.getTimeInMillis( )-cal1970.getTimeInMillis( ); // 현재-1970.1.1

// Date를 String으로
SimpleDateFormat sdf=new SimpleDateFormat("yyyy-MM-dd");       // 연도 4자리-월 2자리-일 2자리
String st=sdf.format(dd);
```

3.2.10 예외 처리

문자열을 Date로 변환할 때 문자열이 잘못된 형태로 입력되면 예외가 발생한다. 다음 소스에서 문자열은 "2016-09-21"과 같이 "연도 4자리-월 2자리-일 2자리"를 대입해야 String을 Date로 변환한다. try{}에는 예외가 발생할 수 있는 소스를, catch( ){}에는 예외가 발생할 경우 어떻게 처리할 것인지를 작성한다.

```
SimpleDateFormat sdf=new SimpleDateFormat("yyyy-MM-dd");
Date d2=new Date( );
try {
        d2=sdf.parse(st);
} catch (ParseException e) {
        System.out.println(d2);
} catch (Exception e) {
        System.out.println(e);
}
```

다음은 인터넷의 자료를 사용하려는데 가져올 수 없는 상황이 발생하는 경우를 대비해 try{} 구문을 사용했다. 예외가 발생하면 연결실패를 알리기 위해 catch( ){}에 isConnection=false; 구문을 작성했다.

```
InputStream inputStream=null;
URL url=null;
try {
        url= new URL(newUrls);
        HttpURLConnection urlConnection = (HttpURLConnection) url.openConnection( );
        inputStream = new BufferedInputStream(urlConnection.getInputStream( ));
        // 생략
```

```
        inputStream.close( );
        isConnection=true;
} catch (Exception e) {
        isConnection = false;
}
```

예외 발생 여부와 상관없이 반드시 실행하려면 finally{}를 작성한다. 다음 소스에는 예외가 발생하든 안하든 inputStream을 반드시 닫게 하려고 finally{}를 작성했다.

```
InputStream inputStream=null;
URL url=null;
try {
        url= new URL(newUrls);
        HttpURLConnection urlConnection = (HttpURLConnection) url.openConnection( );
        inputStream = new BufferedInputStream(urlConnection.getInputStream( ));
        // 생략
        isConnection=true;
} catch (Exception e) {
        isConnection = false;
} finally {
        try {
            inputStream.close( );
        } catch (Exception e) {
        }
}
```

3.2.11 static

static은 객체를 생성하지 않고 사용할 수 있는 키워드다. static 메서드를 만들고 싶다면 메서드 앞에 static을 붙인다. 호출할 때는 "클래스이름.메서드" 같은 형식으로 사용한다.

다음 소스는 두 지점의 거리를 계산하는 Distance 메서드에 static 키워드를 붙였다. 외부에서 사용하고 싶을 때는 HaversineDistance.distance( )를 이용한다.

```
package kr.co.infopub.j4android;
public class HaversineDistance {
    public static double distance(double lat1, double lng1, double lat2, double lng2) {
        double earthR = 6371;  // km
// 생략
    return d;
  }
}
```

static 메서드를 사용하려면 "클래스이름.메서드" 형식으로 호출한다. 다음 소스에서는 Haversine
Distance.distance()로 서울과 오스트리아 빈 사이의 거리를 구한다. HaversineDistance.
distance() 메서드는 static 메서드이므로 객체 생성없이 호출했다.

```
package kr.co.infopub. j4android;
public class GeoDistance {
public static void main(String[ ] args) {
    Geo seoul = new Geo(37.5670, 126.9807);      // 서울 위도·경도 설정
    Geo austria = new Geo(47.01, 10.2);          // 오스트리아 위도·경도 설정
    double distance=HaversineDistance.distance (
        seoul.getLatitude( ), seoul.getLongitude( ),
        austria.getLatitude( ), austria.getLongitude( ));
    System.out.println(distance);                // 서울과 오스트리아 빈 사이의 거리
  }
}
```

다음은 모두 static 메서드로, 객체 생성없이 사용한 예이다.

```
long millis=System.currentTimeMillis( );

Calendar cal1970=Calendar.getInstance( );

String newToday = String.format("오늘은 %2d년 %2d월 %2d일이다.", year, month, day);

BufferedImage image = ImageIO.read(url);

TimeZone tz1 = TimeZone.getTimeZone("Asia/Seoul");

double c = 2 * Math.asin(Math.sqrt(a));
```

3.3 계층 구조

3.3.1 상속

부모의 멤버를 물려받는 것을 '상속'이라고 한다. 프로그래밍에서 상속을 하게 되면 "부모의 것은 내 것"이 된다. 앞에서 살펴본 Geo는 위도·경도를 저장할 수 있는 클래스로, 위도·경도를 인자로 갖는 생성자와 오버로딩된 기본(디폴트) 생성자를 갖는다.

```
public class Geo {
    private double latitude;
    private double longitude;
    // 생략
}
```

위 소스에서 Geo 클래스로 특정 지점의 위도·경도를 가져올 수 있다. 그런데, Geo 클래스를 수정하지 않으면서 시간대와 국가명까지 추가하려면 어떻게 해야 할까?

ClockCity 클래스를 만들어 Geo 클래스의 위도·경도를 물려받고, 타임존과 국가명을 추가해서 사용하면 된다. 방법은 ClockCity extends Geo를 쓰는 것으로, "ClockCity는 Geo 클래스의 멤버(멤버변수, 멤버메서드)를 물려받겠다"는 뜻이다. 간단하게 말하면, "ClockCity는 Geo를 상속한다"라고 한다.

```
public class ClockCity extends Geo {
    private String timezoneId="Asia/Seoul";
    private String countryName="Korea";
    // 생략
}
```

- **부모 클래스**(super class, base class): Geo
- **자식 클래스**(sub class, derived class): ClockCity
- **상속**: 자식 클래스는 부모 클래스의 멤버(메서드와 멤버변수)를 모두 물려받는다.
- **프로그래밍 상의 표현**: ClockCity extends Geo

> 주의 ▸ 부모의 생성자는 물려받지 못한다.

3.3.2 안드로이드의 상속

안드로이드 앱에 사용할 그림을 그리려면 View를 상속해야 한다. View를 상속하면 View의 모든 메서드를 물려받게 된다. 다시 말해, View를 상속한 자식(sub, derived) View들은 부모 View의 모든 메서드를 사용할 수 있다.

다음 그림에서 ManView, EarthQuakeView, ClockView는 부모인 View를 상속한 자식 클래스들이다. 자식 클래스 자체에는 각 그림의 넓이와 높이를 구하는 메서드가 없지만, 부모를 상속했기 때문에 getWidth( ), getHeight( ), … 등 부모 View의 메서드를 사용해 앱에 들어갈 그림의 넓이와 높이를 구할 수 있다.

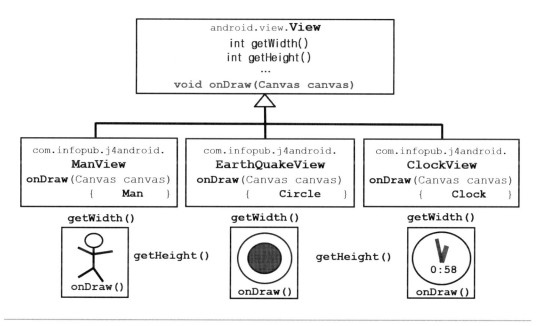

▲ 안드로이드의 View 상속

3.3.3 Super 생성자, Super 레퍼런스

자식의 생성자에서 부모의 생성자를 호출할 때는 super( ) 생성자를 사용한다. 그리고 부모의 멤버에 접근할 때는 super 레퍼런스인 'super.'를 사용한다. 단, private인 부모의 멤버에 자식은 접근할 수 없다.

다음 소스에서 자식인 Clockcity는 '위도, 경도, 타임존, 국가명'이라는 4개의 멤버가 필요한데, 두 개는 부모의 멤버다. 따라서 부모의 멤버인 위도와 경도는 생성자인 'super( )'를 이용해 호출한다. 형태는 "super(위도, 경도)"다.

자식인 Clockcity에서 부모의 위도 메서드를 호출할 때는 'getLatitude( )'나 부모 레퍼런스인 'super.'를 이용하여 'super.getLatitude( )'와 같이 사용한다.

```java
package kr.co.infopub.j4android;
public class ClockCity extends Geo {
    private String timezoneId="Asia/Seoul";
    private String countryName="Korea";

    public ClockCity(double lat, double lng, String timezoneId, String countryName) {
        super(lat,lng);                         // Geo(lat,lng) 부모 생성자 호출
        this.timezoneId = timezoneId;           // 자신의 멤버
        this.countryName = countryName;
    }
    public ClockCity(String timezoneId, String countryName) {
        // super();                             // 자동 → Geo( ) 부모 생성자 호출
        this.timezoneId = timezoneId;
        this.countryName = countryName;
    }
    public ClockCity() {
        // super();                             // 자동 → Geo( ) 부모 생성자 호출
    }
@Override
    public String toString() {
        return "ClockCity{" +
            "lat=" + super.getLatitude() +      // 부모의 위도
            ", lng=" + super.getLongitude() +   // 부모의 경도
            ", timezoneId='" + timezoneId + '\' +
            ", countryName='" + countryName + '\' +
            '}';
    }
    // get set 생략
}
```

다음 소스의 new ClockCity(37.5670, 126.9807, "Asia/Seoul", "Korea")는 super(37.5670, 126.9807)를 호출하여 Geo의 멤버를 초기화한다. city.getLatitude( )에서 getLatitude( )는 부모인 Geo의 메서드다. 이처럼 자식은 상속을 통해 부모의 메서드를 물려받아 사용할 수 있다.

```
ArrayList<ClockCity> cities=new ArrayList<ClockCity>( );
cities.clear( );
cities.add(new ClockCity(37.5670, 126.9807, "Asia/Seoul", "Korea"));
cities.add(new ClockCity(47.01, 10.2, "Europe/Vienna", "Austria"));
cities.add(new ClockCity(40.714086, -74.228697, "America/New_York", "US"));
cities.add(new ClockCity(19.42847, -99.12766, "America/Mexico_City", "Mexico"));
cities.add(new ClockCity(39.9075, 116.39723, "Asia/Shanghai", "China"));
cities.add(new ClockCity(55.75222, 37.61556, "Europe/Moscow", "Russia"));

ClockCity city=cities.get(1);
System.out.println(city.getLatitude( ));          // 부모인 Geo
System.out.println(city.getLongitude( ));
```

3.3.4 계층 구조의 특징

안드로이드 프로그래밍은 상속을 매우 많이 사용한다. View는 모든 안드로이드 컴포넌트(위젯)의 부모다. Button 위젯은 TextView의 자식이자 View의 손자다. 이런 상속관계를 '계층 구조'라고 한다. 자식이 부모보다 더 구체적으로 구현한다.

다음 소스는 View가 TextView에게, 그리고 TextView가 다시 Button에게 상속되는 과정을 구체적으로 보여준다.

```
public class Button extends TextView {
    public Button(Context context) {
        super((Context)null, (AttributeSet)null, 0, 0);
    }
}
public class TextView extends View implements OnPreDrawListener {
    public TextView(Context context) {
        super((Context)null, (AttributeSet)null, 0, 0);
    }
}
public class EditText extends TextView {
    public EditText(Context context) {
        super((Context)null, (AttributeSet)null, 0, 0);
    }
}
```

3.3.5 오버라이딩(재정의)

자식 클래스에서 부모 클래스의 메서드(메서드 이름, 타입, 리턴타입)와 동일한 메서드를 정의하는 것을
'오버라이딩(재정의)'이라고 한다. 보통 오버라이딩을 하면 부모 클래스의 메서드 내용을 추가, 변경,
수정한다.

다음 그림에서 View는 그림을 그리는 onDraw( ) 메서드를 갖고 있다. 구현({ }, 메서드 바디)은 되어 있
지만 내용이 없어 실제로는 그림을 그릴 수 없다. 자식 View들은 부모 View의 onDraw( ) 메서드를 오
버라이딩하여 사람이나 원, 시계 등을 그린다.

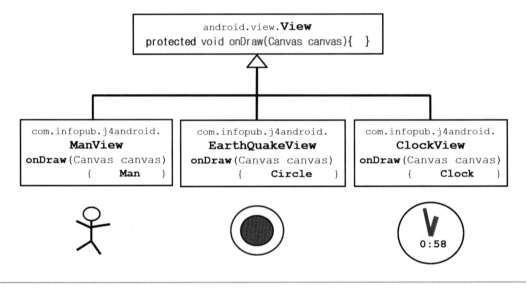

▲ onDraw( )를 구체적으로 오버라이딩(재정의)하기

다음 소스는 View의 비어있던 onDraw( ) 메서드를 자식 클래스 ClockView가 오버라이딩하는 것이다.
Clockview의 onDraw( ) 메서드는 현재 시각의 시, 분, 초침을 그린다.

```
public class View implements Drawable.Callback, KeyEvent.Callback,
    AccessibilityEventSource {
        protected void onDraw(Canvas canvas) { }      // 비어있다.
}


public class ClockView extends View {
```

```
    @Override
    public void onDraw(Canvas canvas) {                    // 오버라이딩
        Calendar cal=Calendar.getInstance( );
        int hour=cal.get(Calendar.HOUR);                   // 시각
        // 생략
    }
}
```

3.3.6 다형성

부모의 메서드가 자식의 종류에 따라 다양한 형태로 나타낼 수 있는 특징이다. 상속이나 구현(실현, implements)을 하면 부모와 자식 사이에 다형성이 발생한다. 다음 그림에서 부모인 View 클래스의 onDraw( )는 자식의 종류(ManView, EarthQuakeView, ClockView)에 따라 사람이나 원, 시계를 그릴 수 있다.

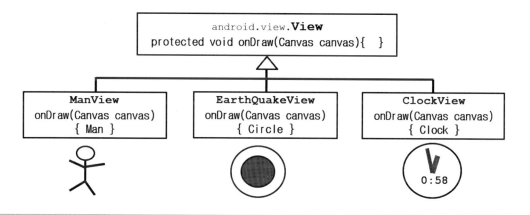

▲ 다형성 발생원리 세 가지

다형성은 크게 다음의 세 가지 형태로 발생한다.

① 부모타입으로 자식을 생성할 수 있다.

```
View mv=new ManView(this);

View ev=new EarthQuakeView(this);

View cv=new ClockView(this);
```

② 부모타입으로 자식을 받을 수 있다.

```
ManView mv2=new ManView(this);

View v=mv2 ;

View v2= findViewById(R.id.man);          // View는 모든 위젯의 부모다.
```

③ 부모의 메서드로 자식의 메서드를 호출할 수 있다.

생성되거나 간접호출(invalidate( ) 호출)을 이용하여 View의 onDraw( )를 호출하면 오버라이딩한 자식의 onDraw( )를 호출하여 사람이나 원 또는 시계를 그린다.

3.3.7 instanceof 키워드

'부모타입으로 자식을 받을 수 있다'라는 다형성의 원리 때문에 자식이 여러 개인 경우에는 생성된 객체의 인스턴스가 누구 것인지를 확인할 필요가 있다. 이때 인스턴스의 타입을 확인하는 키워드가 instanceof이다. 모든 Activity의 부모인 Activity는 자식의 인스턴스를 식별해서 누구의 액티비티인지 확인해야 한다.

```
if(activity instanceof TopTrackListActivity) {
        ((TopTrackListActivity)activity).updateTracks(result);
} else if(activity instanceof TopTrackGridActivity) {
        ((TopTrackGridActivity)activity).updateTracks(result);
} else if(activity instanceof ArtistSearchActivity) {
        ((ArtistSearchActivity)activity).updateTracks(result);
}
```

3.3.8 추상 클래스

바디({ })가 없는 메서드를 '추상 메서드'라 하며, 이런 추상 메서드를 한 개라도 갖는 클래스는 추상 클래스로, 소스에서는 class 앞에 abstract 키워드를 붙여야 한다. 자식 클래스는 상속해서 구현(오버라이딩)해야 한다.

```
public abstract class AsyncTask<Params, Progress, Result> {
    protected abstract Result doInBackground(Params... params) ;        // { }가 없다.
}


public class BillboardRequestAsync extends AsyncTask<String, Void,
        ArrayList<Billboard>> {
    protected ArrayList<Billboard> doInBackground(String...params) {   // 추상 메서드 구현
    // 생략
        return billboards;
    }
}
```

3.3.9 인터페이스(interface)

모든 메서드가 구현이 되지 않은 추상 클래스를 'interface'라고 한다.

```
public interface OnClickListener {
    void onClick(View v);
}


public interface Runnable {
    void run( );
}
```

인터페이스를 구현할 때는 implements 키워드를 사용하고 인터페이스에 선언된 메서드를 구현해야 한다.

```
class MYClickListene implements View.OnClickListener {
    public void onClick(View v) {
        // 여기를 구현한다.
    }
}
class MyRunnable implements Runnable {
    @Override
    public void run( ) {
        // 여기를 구현한다.
    }
}
```

자바에서는 다중 상속이 불가능하지만, 인터페이스로 다중 상속을 흉내 낼 수 있다. 상속(extends)은 한 번만 가능하며, 위치는 implements 키워드 앞쪽이어야 한다. 인터페이스 구현(implements)은 ", "를 이용하여 여러 번 나열할 수 있다.

```
public class BioMainActivity
    extends AppCompatActivity
    implements DatePicker.OnClickListener, DatePicker.OnKeyListener {
    // 생략
}
```

3.3.10 파라미터화된 타입(Parameterized type)

파라미터화된 타입은 메서드가 호출되어야 타입이 결정된다.

안드로이드에서는 XML로 설계한 레이아웃에서 선언된 객체를 생성할 때 다음과 같이 findViewById( ) 를 사용한다. 버튼을 생성하고 싶다면 다음 구문을 사용한다.

```
Button button = (Button) findViewById(R.id.button); {
```

다음 소스에서 T는 View를 상속한 자식 클래스(sub class)로, 호출될 때 타입이 결정된다.

```
public static <T extends View> T findViewById(View view, int rid) {
return (T) view.findViewById(rid);
}
```

위에서 선언한 파라미터화된 타입 메서드를 이용하여 Button을 생성하면, 다음과 같이 (Button)을 캐스팅하지 않아도 된다.

```
Button button = findViewById(view, R.id.button); {
```

파라미터화된 타입의 인스턴스 타입을 확인하고 그 객체타입으로 캐스팅해서 사용할 수 있다.

```
ArrayList<T> flags=new ArrayList<T>( );
T t = flags.get(position);
SovereignFlag flag= t instanceof SovereignFlag ? (SovereignFlag)t: null;
```

3.3.11 쓰레드(Thread)

큰 단위의 작업을 작은 단위로 나눠서 동시에 작업하면 시간을 단축할 수 있다. 이때 작은 단위의 작업이 쓰레드다. 예를 들어, 소형차, 중형차, 대형차를 한 라인에서 조립하는 것보다 3개의 라인에서 각각 조립하면 생산 시간이 단축되는 등 여러 면에서 장점이 많다. 이때 각 라인은 "작업장"으로, 쓰레드에 해당한다.

프로그래밍이 시작되면 하나의 스택 구조(stack, FIFO)인 메인 쓰레드가 만들어진다. 만약 메인 쓰레드에서만 모든 작업을 순차적으로 해야 한다면 시간이 많이 걸린다. 작업에 따라 서브 쓰레드(sub thread)를 여러 개 만들면 동시에 효율적으로 처리할 수 있다.

다음 그림은 3개의 쓰레드(작업장)를 만들고 각 쓰레드에서 T, S, U 작업을 하고 마치는 과정을 보여준다. 한 쓰레드가 작업되는 동안 다른 두 쓰레드는 기다리는 과정이 반복되나, 컴퓨터가 이를 매우 빨리 처리하기 때문에 동시 작업처럼 처리된다고 할 수 있다. 작업 과정이 끝나면 쓰레드(작업장)는 회수된다.

> **참고** ▶ 동시 작업은 멀티프로세스다. 쓰레드는 동시 작업을 흉내 낸다.

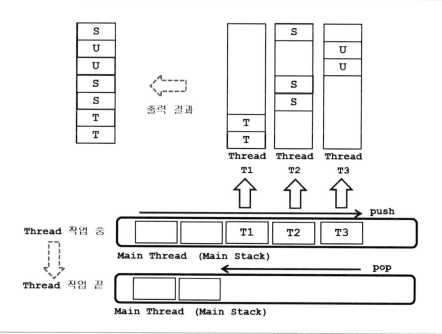

▲ 동시 작업을 흉내 내는 쓰레드

1 쓰레드 계층 구조

작업장이 있으면, 거기서 해야 할 작업도 있어야 한다. 쓰레드도 마찬가지로, 쓰레드에서 해야 할 작업이 필요하다. 이 작업이 바로 run( ) 메서드다.

작업장인 쓰레드는 java.lang.Thread 클래스를 이용한다. 해야 할 작업은 java.lang.Runnable 인터페이스에 run( ) 추상 메서드로 선언된다. 작업을 구체적으로 구현하려면, Runnable 인터페이스를 구현한 클래스를 만들거나 Thread 클래스를 상속해서 run( ) 메서드를 오버라이딩하면 된다.

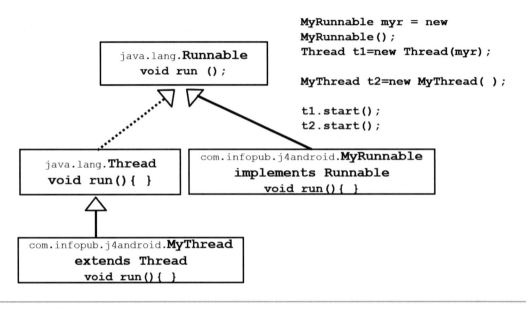

▲ Thread 계층 구조

2 쓰레드를 만들고 실행하는 방법

• Runnable을 구현하는 방법

- Runnable을 구현한 클래스(작업을 정의한 클래스)를 만들고 run( ) 메서드를 구현(오버라이딩)하고 객체를 생성한다.

```
MyRunnable myr= new MyRunnable( );
```

- 쓰레드를 생성하면서 Runnable 객체의 주소를 쓰레드의 생성자에 대입한다.

```
Thread t1 = new Thread(myr);
```

– 쓰레드 작업을 시작한다. (쓰레드 관리자가 run( )을 호출한다.)

t1.start( )

• **쓰레드를 상속하는 방법**

– 쓰레드를 상속하고 run( ) 메서드를 오버라이딩한다. 객체를 생성한다.

MyThread t2= new MyThread( );

– 쓰레드 작업을 시작한다. (쓰레드 관리자가 run( )을 호출한다.)

t2.start( )

| 참고 | 안드로이드에서는 MyRunnable myr의 myr처럼 이름 없이 Runnable을 구현하는 방법도 사용한다. 이를 익명 내부 클래스 방법(Anonymous Nested Class)이라고 한다. |

```
for (SovereignFlag flag:aa)   {
    new Thread( new Runnable() {
    @Override
    public void run() {
    save(flag.getShortname( ).toLowerCase( ),size(flag.getFlag( ),32*6));
    }
  } ).start( );
}
```

3.3.12 IO

IO(Input/Output)는 스트림(Stream–연속적인 데이터의 흐름)을 이용하여 자원(파일, 이미지, 텍스트, …)을 읽어들이거나 외부로 저장하는 행위다. IO는 정해진 과정을 따른다.

다음 그림은 웹에서 제공하는 데이터나 이미지를 읽어들이는 과정이다.

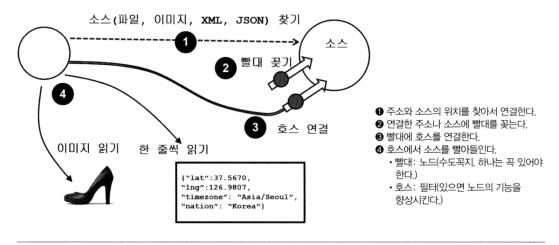

소스(파일, 이미지, **XML, JSON**) 찾기

❶

소스

❷ 빨대 꽂기

❹

❸ 호스 연결

이미지 읽기   한 줄씩 읽기

```
{"lat":37.5670,
"lng":126.9807,
"timezone": "Asia/Seoul",
"nation": "Korea"}
```

❶ 주소와 소스의 위치를 찾아서 연결한다.
❷ 연결한 주소나 소스에 빨대를 꽂는다.
❸ 빨대에 호스를 연결한다.
❹ 호스에서 소스를 빨아들인다.
 • 빨대: 노드(수도꼭지. 하나는 꼭 있어야 한다.)
 • 호스: 필터(있으면 노드의 기능을 향상시킨다.)

▲ IO 작업과정

다음은 인터넷 주소에 빨대를 꽂아 문자열을 읽어들이는 과정이다.

```
URL url = new URL(newUrls);                                    // ❶ 주소
HttpURLConnection urlConnection = (HttpURLConnection) url.openConnection();
                                                              // ❶ 주소 찾고 연결
InputStream inputStream = new BufferedInputStream(urlConnection.getInputStream());
                                                              // ❷ 빨대 꽂기
BufferedReader reader = new BufferedReader(new InputStreamReader(inputStream,
        "UTF-8"), 8);                                         // ❸ 호스 연결

StringBuilder sb = new StringBuilder();
String line = "";
while ((line = reader.readLine()) != null) {                   // ❹ 한 줄씩 가져오기
        sb.append(line + "\n");                                // ❺ 문자열 붙이기
}

String jsonString = sb.toString();
```

다음은 웹에서 제공하는 이미지를 찾아서 빨대로 이미지를 불러오는 과정이다.

```
URL url = new URL(ss);                                    // ❶ 주소
HttpURLConnection urlConnection = (HttpURLConnection) url.openConnection( );
                                                          // ❶ 주소 찾고 연결
InputStream inputStream = urlConnection.getInputStream( ); // ❷ 빨대 꽂기
Bitmap bmp = BitmapFactory.decodeStream(inputStream);     // ❸ 이미지 읽기
```

> **참고**　소스를 내보낼 때는 호스를 통해서 연결된 주소로 내보낸다(Output).

자 바
F O R
안드로이드

Chapter **4**

기본 문법 응용

2장과 3장에서 배운 내용 및 안드로이드에서 가장 많이 사용하는 문법들을 이해할 수 있도록 여러 예제를 통해 더 자세히 알아본다. 여기에 소개된 예제는 6장과 7장의 안드로이드 소스에서 발췌했으므로, 이번 장의 내용을 잘 학습해두면 앞으로 더 쉽게 이해할 수 있을 것이다.

4.1 변수, 연산, 연산순위를 이용해 하이힐 높이 구하기

사용하려는 데이터의 크기 및 정수 또는 실수 여부에 따라 적합한 타입을 사용해야 한다. 변수 선언과 연산 방법을 다시 한 번 익히고 연산 순서도 확인하자.

- **연산의 기본 규칙**

  ① 연산은 왼쪽에서 오른쪽 순서대로 한다.

  ② ( ) 연산을 가장 먼저 실행하고, 대입연산자(=)가 가장 느리다.

  ③ *, /을 +,− 보다 먼저 연산한다.

  ④ 프로그래밍은 위에서 아래로 순차적으로 진행된다.

다음과 같은 요소를 고려해 하이힐을 신을 때 가장 안정적인 높이를 구하는 공식이 있다고 한다. 이를 소스로 만들어 구현해보자.

```
double  S=6;         // 6 영국 신발 사이즈 → 255mm
double  P=0.75;      // 75% 히트할 확률
double  L=200;       // 200파운드 → 1,787원/1파운드
double  T=0;         // 0년(올해 유행)
double  A=0;         // 음주량 0잔 → 9.23cm 1잔 → 4.62cm
double  Y=10;        // 착용연도
double  high  = ((P*L*(Y+9)))/((T+1)*(A+1)*(Y+10)*(L+20))
               *(12+(3*S/8,0));
```

하이힐 높이

▲ 상황에 따른 하이힐 높이 공식

하이힐 높이 구하기 공식은 복잡해 보이지만, 연산의 우선순위를 고려하면 의외로 쉽다. 입력과 결과 값 모두 실수이므로 타입은 double로 지정한다.

```
package com.infopub.j4android.cal.one;
public class HighHill {
    public static void main(String[] args) {
        double S=6;              // 6 영국 신발 사이즈 → 255mm
        double P=0.75;           // 75% 히트할 확률
        double L=200;            // 200파운드 → 1,787원/1파운드
        double T=0;              // 0년(올해 유행) 1년 전 유행
        double A=1;              // 음주량 0잔 → 8.83cm 1잔 → 4.42cm
        double Y=1;              // 착용연도
        double ups1=P*L*(Y+9);
        double downs=(T+1)*(A+1)*(Y+10)*(L+20);
        double ups2=12+3*S/8.0;                              // ❶
        double high = ups1  /  downs * ups2;      // ❷
        System.out.printf("적당한 하이힐 높이는 %1$.2fcm입니다.",high);    // ❸
    }
}
```

설명

❶ ups2=12+3*S/8.0은 ups2=12+(3*S/8.0)이다. 다시 말해 *과 /는 같은 순위로 묶어서 연산한다.

❷ ups1 / downs * ups2에서 /와 *는 같은 순위이므로, 왼쪽에서 오른쪽 순서대로 연산한다.

❸ ("%1$.2f", high)는 출력 형식으로, "%f"는 실수를 출력한다. "%1$.2f"에서 1$는 첫번째 인자인 high 대입, ".2f"는 소수점 둘째자리까지 출력한다는 의미다. 따라서 high값은 소수점 둘째자리까지 출력된다.

결과화면

```
🖳 Console ⌧                          ⬛ ✖ ✖ | ▤ ▦ ▣ 🖳
<terminated> HighHill [Java Application] C:₩Program Files₩Java₩jre1.8.0_112₩bin₩javaw.exe
적당한 하이힐 높이는 4.42cm입니다.|
```

if는 값이나 범위에 따라 흐름을 분기할 수 있다. if를 이용하여 입력받은 지진진도 magnitude에 따라 "지진진도"와 색상을 다르게 출력해 보자.

다음의 if~else는 네 가지 사항 중 입력조건에 맞는 하나만 실행한다.

[EarthQuake1.java]

```java
package com.infopub.j4android.cal.one;
import java.util.Scanner;
public class EarthQuake1 {
  public static void main(String[] args) {
      double magnitude=0.0;
      Scanner scann=new Scanner(System.in);  // ❶ 키보드 입력
      magnitude =scann.nextDouble( );         // ❷ 콘솔창에 실수를 입력하고 엔터키를 누르면 입력된다.
      if (magnitude >= 8.0) {                  // ❸ 입력받은 값의 범위에 따라 분기한다.
          System.out.printf("지진진도는 %1$.2f입니다. 지진색상은 %2$s입니다.\n", magnitude,"RED");
      } else if (magnitude >= 7.0) {
          System.out.printf("지진진도는 %1$.2f입니다. 지진색상은 %2$s입니다.\n", magnitude,"BLUE");
      } else if (magnitude >= 6.0) {
          System.out.printf("지진진도는 %1$.2f입니다. 지진색상은 %2$s입니다.\n", magnitude,"BLACK");
      } else {
          System.out.printf("지진진도는 %1$.2f입니다. 지진색상은 %2$s입니다.\n", magnitude,"GREEN");
      }
  }
}
```

설명

❶ 키보드로 입력받는다.

❷ 콘솔창에 실수를 입력하고 엔터키를 누른다. nextDouble( )은 실수를 입력받는다.

❸ 입력받은 지진진도 magnitude에 따라 네 부분으로 나뉜다. 진도가 8이상, 7이상 8미만, 6이상 7미만, 6미만인 경우다. (magnitude>=8.0, 7.0<=magnitude<8.0, 6.0<=magnitude<7.0, magnitude<6.0)

📟 Console ⌗   ▣ ✖ ✖ | ▣ ▨ ▣ 🖵 🖵
<terminated> EarthQuake1 [Java Application] C:₩Program Files₩Java₩jre1.8.0_112₩bin₩javaw.exe
8.5
지진 진도는 8.50입니다.　지진색상은 RED입니다.

📟 Console ⌗   ▣ ✖ ✖ | ▣ ▨ ▣ 🖵 🖵
<terminated> EarthQuake1 [Java Application] C:₩Program Files₩Java₩jre1.8.0_112₩bin₩javaw.exe
5.3
지진 진도는 5.30입니다.　지진색상은 GREEN입니다.

4.3 삼항연산자를 활용해 지진진도와 색상 출력하기

복잡한 수식이 없는 경우에는 if~else 대신 삼항연산자를 사용할 수 있다. 다음 소스는 4.2와 동일하나 if~else만 삼항연산자로 바꾸었다.

- **삼항연산자의 규칙은 다음과 같다.**
  ① 조건식을 "?" 앞에 놓는다.
  ② ":"의 앞뒤로 조건이 참 또는 거짓일 때를 나눈다.
  ③ 대입연산자(=, 연산순위가 가장 낮다)를 이용하여 결과를 받는다.

[EarthQuake2.java]

```java
package com.infopub.j4android.cal.one;
import java.util.Scanner;
public class EarthQuake2 {
public static void main(String[] args) {
    double magnitude = 0.0;                    // ❶
    Scanner scann = new Scanner(System.in);
    magnitude = scann.nextDouble( );           // ❷

    String st = (magnitude >= 8.0)  ?          // ❸
        String.format("지진진도는 %1$.2f입니다.  지진색상은 %2$s입니다.\n", magnitude, "RED")
    : (magnitude >= 7.0)  ?                     // ❹
        String.format("지진진도는 %1$.2f입니다.  지진색상은 %2$s입니다.\n", magnitude, "BLUE")
    : (magnitude >= 6.0)  ?
        String.format("지진진도는 %1$.2f입니다.  지진색상은 %2$s입니다.\n", magnitude, "BLACK")
    :   String.format("지진진도는 %1$.2f입니다.  지진색상은 %2$s입니다.\n", magnitude, "GREEN");
    System.out.println(st);
    }
}
```

설명

❶ 지진의 세기

❷ 키보드로 double값을 입력받는다.

❸ 삼항연산자의 ?(조건 시작) 부분

❹ :의 거짓 부분에서 삼항연산자 다시 시작. 이 부분은 다음과 같이 해석할 수 있다.

지진의 세기가 8 이상인가? 8 이상이면 RED : (8 이상 아니면 7 이상인가?)

7 이상이면 BLUE : (7 이상 아니면 6 이상인가? 6 이상이면 BLACK : 6 이상이 아니면 GREEN)

결과화면

```
Console ☒
<terminated> EarthQuake2 [Java Application] C:₩Program Files₩Java₩jre1.8.0_112₩bin₩javaw.exe
8.5
지진 진도는 8.50입니다.  지진색상은 RED입니다.
```

결과화면

```
Console ☒
<terminated> EarthQuake2 [Java Application] C:₩Program Files₩Java₩jre1.8.0_112₩bin₩javaw.exe
5.3
지진 진도는 5.30입니다.  지진색상은 GREEN입니다.
```

4.4 switch를 이용해 바이오리듬의 종류를 구분해서 출력하기

데이터의 범위가 아니라 정확한 값을 이용하여 조건문을 만들려면 switch를 사용한다. switch는 정수, 문자, 문자열을 이용하여 값에 따라 분기한다.

- **switch~case 규칙**

  ① 판별한 값들을 switch( )에 넣는다. switch( )는 정수(int), 문자(char), 문자열(String)만 사용한다.
  ② 판별할 값에 따라 case를 만든다. 각 case마다 break를 붙여서 switch를 끝낸다. break가 없을 때는 그 다음 case가 실행될 수도 있으니 주의한다.
  ③ 나열한 case에 없을 때는 나머지 "모두"를 의미하는 default를 사용할 수 있다.

[SwitchMain2.java]

```java
package com.infopub.j4android.cal.one;
public class SwitchMain {
  public static final int PHYSICAL = 23;
  public static final int EMOTIONAL = 28;
  public static final int INTELLECTUAL = 33;
  public static void main(String[] args) {
      int index=23;
      double value=0.86;
      String st=generateTextInformation(index, value);
      System.out.println(st);
  }
  public static String generateTextInformation(int index, double value) {
      String result = "";
      switch(index) {   // ❶ 정수, 문자, 문자열의 값을 비교해서 각 case가 실행된다.
          case PHYSICAL : result = "신체지수: "; break;   // ❷ break → switch 종료
          case EMOTIONAL : result = "감정지수: "; break;
          case INTELLECTUAL : result = "지성지수: "; break;
          default : result="미결정" ; break;              // ❸ 각 case 이외의 모든 경우
      }
      return result + (value*100);
  }
}
```

❶ 입력된 정수(주기)에 따라 바이오리듬의 종류를 구분한다. 정수, 문자, 문자열만 사용할 수 있다.

❷ case PHYSICAL :은 case 23 :으로, 주기가 신체지수의 것이므로 "신체지수"를 반환한다. break 를 만나면 switch문을 끝낸다.

❸ 각 case 이외의 경우는 "미결정"이 된다.

```
📺 Console ⅍                          ■ ✖ ✖  📄 🔛 🔁 🖥 🖼
<terminated> SwitchMain [Java Application] C:₩Program Files₩Java₩jre1.8.0_112₩bin₩javaw.exe
신체지수: 86.0
```

4.5 String(문자열)을 이용해 도시이름 출력하기

문자열은 여러 문자(char)를 붙여서 " "으로 감싼다. 기본타입과 같은 방법으로 =(대입연산자)를 이용해 문자열을 대입한다. 참조타입이지만 기본타입만큼 많이 사용하므로 반드시 익혀두어야 한다.

[StringMain.java]

```java
package com.infopub.j4android.cal.one;
public class StringMain {
  public static void main(String[] args) {
      String city1="Asia";                               // ❶ 문자열
      String city2="Europe";
      String city3="Asia";

      System.out.println(city1);                         // ❷ 문자열을 출력한다.
      System.out.println(city1.length( ));               // ❸ 문자열의 길이를 구한다.
      System.out.println(city1.equals(city2));           // ❹ 같은 문자열인가? false
      System.out.println(city1==city2);                  // ❹ 같은 문자열인가? false
      System.out.println(city1.equals(city3));           // ❹ 같은 문자열인가? true
      System.out.println(city1==city3);                  // ❹ 같은 문자열인가? true

      String city4=String.format("%s-%s", city1, city2); // ❺ 원하는 포맷 만들기
      System.out.println(city4);

      String city5=city1+"-"+city2 +1+2;                 // ❻ String concatenation
      System.out.println(city5);
      String city6=1+ 2+city1+"-"+city2;                 // ❼ 기본타입과 String이 만나는 순간 String이 된다.
      System.out.println(city6);


  }
}
```

> 주의 ► String(문자열)은 char[ ]을 이용하여 만든 참조타입이다. String은 기본타입처럼 대입하므로 주소를 넘겨주지 않고 값을 넘겨준다.

❶ String은 참조타입이지만 new 키워드를 사용하지 않고 생성할 수 있다. 기본타입처럼 쉽게 사용할 수 있도록 대입연산자(=)를 사용한다.

❷ 문자열(String)을 출력한다.

❸ 문자열의 길이를 구한다. 문자열은 참조타입이므로 메서드를 갖는다. "레퍼런스.메서드( )" 형태로 메서드를 호출해서 사용한다.

❹ 같은 문자열인지 비교한다. "new" 키워드로 생성하지 않은 문자열은 같은 문자열이면 .equals( )나 == 모두 참이다. 문자열은 .equals( )를 권장한다.

❺ 원하는 포맷으로 문자열을 만든다. `String.format("%s-%s", city1, city2)`에서 %s는 문자열을 의미한다. 첫 번째, 두 번째 %s에 각각 city1과 city2가 대입되면서 "Asia-Europe"이 만들어진다.

❻ `city1+city2`에서 +는 `concat`으로, `city1.concat(city2)`와 동일하다. "문자열을 붙여서" 하나의 문자열을 만든다.

❼ String과 기본타입을 붙이면 문자열이 된다. 기본타입과 String의 위치에 따라 결과가 달라지므로 주의해야 한다. 예를 들어, 1+2+"hello"="3hello", "hello"+1+2= "hello12"다. 다시 말해 String을 만나는 순간 String이 된다.

```
Console ☒                    ■ ✕ ✖ | ▤ ▦ ▧ ▣ ▤
<terminated> StringMain [Java Application] C:\Program Files\Java\jre1.8.0_112\bin\javaw.exe
Asia
4
false
false
true
Asia-Europe
Asia-Europe12
3Asia-Europe
```

4.6 반복문 for와 타입 변환을 이용해 화씨·섭씨 변환하기

반복문은 초기, (조건, 바디, 스텝), (조건, 바디, 스텝), …, (조건, end)과 같이 스텝을 변화시키면서 조건을 만족시키지 못할 때까지 반복한다. 스텝이 명확할 때는 for( )가 좋고, 조건만 명확할 때는 while( )이 좋다.

연산을 할 때는 0이 나오지 않도록 조심해야 한다. 정수를 연산한 결과가 실수일 때는 되도록 앞쪽에 실수를 붙이는 것이 좋다.

섭씨 0도부터 100도 사이의 값을 1도 단위로 해서 화씨로 출력해보자. 초기값 0부터 1도씩 증가시키면서 100도까지 반복하면 된다. 섭씨와 화씨 관계식은 다음 그림을 참고하자.

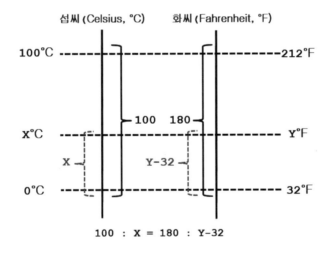

▲ 섭씨와 화씨의 관계식

```java
package kr.co.infopub.game;
public class Temperature {
    public static void main(String[] args) {
        for (int i = 0; i < 101; i++) {
            double fahrenheit=9.0/5*i+32;    // ① 섭씨 → 화씨
            System.out.printf("%d celsius degree= %.2f fahrenheit degree.\n",i,fahrenheit);
        }
        System.out.println("-------------------");
        for (int i = 32; i < 213; i++) {
            double celsius=5.0/9*(i-32);       // ② 화씨 → 섭씨
            System.out.printf("%d fahrenheit degree= %.2f celsius degree.\n",i,celsius);
        }
    }
}
```

설명

❶ 섭씨를 화씨로 변환한다. 9/5=1이므로 결과가 이상하게 나온다. 이를 방지하기 위해 실수(double)
인 9.0/5로 사용한다.

❷ 화씨를 섭씨로 변환한다. 5/9=0이므로 결과가 이상하게 나온다. 이를 방지하기 위해 실수(double)
인 5.0/9로 사용한다.

결과화면

```
Console ☒                          ■ ✖ ⚒ | ▤ ▥ ▦ ▧ ▨
<terminated> Temperature [Java Application] C:₩Program Files₩Java₩jre1.8.0_112₩bin₩javaw.exe
174 fahrenheit degree= 78.89 celsius degree.
175 fahrenheit degree= 79.44 celsius degree.
176 fahrenheit degree= 80.00 celsius degree.
177 fahrenheit degree= 80.56 celsius degree.
178 fahrenheit degree= 81.11 celsius degree.
179 fahrenheit degree= 81.67 celsius degree.
180 fahrenheit degree= 82.22 celsius degree.
181 fahrenheit degree= 82.78 celsius degree.
182 fahrenheit degree= 83.33 celsius degree.
183 fahrenheit degree= 83.89 celsius degree.
184 fahrenheit degree= 84.44 celsius degree.
185 fahrenheit degree= 85.00 celsius degree.
```

4.7 반복문 for, while, do~while의 차이점

for의 사용법을 익히면 나머지 반복문인 while, do~while을 어려움 없이 사용할 수 있다. 결과적으로 스텝이 명확할 때는 for( )가 좋고, 조건만 명확할 때는 while( )이 좋다. while은 조건문을 먼저 실행하고 바디를 실행하기 때문에 조건문을 만족시키지 못하면 바디를 한 번도 실행하지 않는 경우가 생긴다. 반면 do~while은 바디를 먼저 실행하고 조건문이 실행되므로 바디가 적어도 한 번은 실행된다.

[EvenOdd.java]

```java
package kr.co.infopub.game;

public class EvenOdd {
  public static void showOddnEven(int n) {
      int temp=n;
      do {                                       // ❶ 바디를 먼저 실행한다.
          if(temp%2==1) {                        // ❷ 홀수인가
              temp=temp*3+1;
          } else {                               // ❸ 짝수인가
              temp/=2;
          }
          System.out.print("["+temp+"] ");
      } while(temp!=1);                          // ❹ 조건, 1이 아니면 반복
      System.out.println("\n--------------------");
  }
  public static void showOddnEvenw(int n) {
      int temp=n;
      while(temp!=1) {                           // ❺ 1이 아니면 반복 → 1이 될 때까지 반복
          if(temp%2==1) {
              temp=temp*3+1;
          } else {
              temp/=2;
          }
          System.out.print("["+temp+"] ");
      }
      System.out.println("\n--------------------");
  }
  public static void showOddnEvenf(int n) {
      int temp=n;
```

```java
    for( ; temp!=1 ; ) {                    // ❻ 초기, 스텝을 옮기거나 제거, 조건만 있다.
        if(temp%2==1) {
            temp=temp*3+1;
        } else {
            temp/=2;
        }
        System.out.print("["+temp+"] ");
    }
    System.out.println("\n--------------------");
}
public static void main(String[] args) {
    showOddnEven(122);
    showOddnEvenw(122);
    showOddnEvenf(122);
}
}
```

설명

❶ 바디를 먼저 실행한다.

❷ 홀수면 그 수에 3배+1, 짝수면 그 수를 2로 나눈다.

❸ 홀수의 반대는 짝수다.

❹ 바디를 먼저 실행하고 조건문을 실행한다. 1이 아니면 끝낸다. 다시 말해 "1이 될 때까지 반복한다"는 의미다.

❺ 조건문을 먼저 실행하고 바디를 실행한다. 1이 아니면 끝낸다. "1이 될 때까지 반복한다"는 의미다.

❻ 초기값이나 스텝을 옮기거나 제거할 수 있다. 1이 아니면 끝낸다. "1이 될 때까지 반복한다"는 의미다.

결과화면

```
🖳 Console ⏸                                    ■ ✖ ✖ | 🗟 🔐 🔃 🔲 🔲 | 🖻 🖻 ▾ 🗂 ▾ ▭ 🗖
<terminated> EvenOdd [Java Application] C:\Program Files\Java\jre1.8.0_112\bin\javaw.exe (2017. 2. 7. 오후 7:24:54)
[61] [184] [92] [46] [23] [70] [35] [106] [53] [160] [80] [40] [20] [10] [5] [16] [8] [4] [2] [1] ⏶
--------------------
[61] [184] [92] [46] [23] [70] [35] [106] [53] [160] [80] [40] [20] [10] [5] [16] [8] [4] [2] [1]
--------------------
[61] [184] [92] [46] [23] [70] [35] [106] [53] [160] [80] [40] [20] [10] [5] [16] [8] [4] [2] [1]
--------------------
```

4.8 상수, API 메서드를 활용해 바이오리듬 구하기

변경할 수 없는 값을 상수라고 하며, final 키워드를 붙인다. 메서드는 반복되거나 복잡한 소스를 떼어내 이름을 붙인 것이다.

다음의 바이오리듬을 구하는 공식을 활용해 소스를 만들어 보자.

```
sin( (days % index) * 2 * 3.14 / index );
sin( (days % index) * 2 * PI / index );
```

변수	설명
days	출생일로부터 살아온 날의 수
index	주기(주기적으로 같은 값을 갖는 기간) 신체지수 PHYSICAL = 23; 감정지수 EMOTIONAL = 28; 지성지수 INTELLECTUAL = 33;

상수	설명(상수값은 변경 불가)
PI	파이값 3.14, Math.PI로 사용

바이오리듬에서 가장 중요한 요소는 '생일부터 오늘까지 살아온 날의 수'를 구하는 것이다. 살아온 날의 수를 구하고 바이오리듬의 공식에 넣으면 된다.

> **주의** ▶ 문법은 약속이며, 그 당위성을 따지는 것이 아니다. "값을 변경할 수 없는 수를 '상수'라고 한다. static final을 붙이면 상수가 된다"는 사항은 그대로 외우면 된다. 문법이 왜 이렇게 만들어졌는지 따지는 것보다 문법을 얼마나 잘 이해하고 활용하는지가 중요하다.

```java
package com.infopub.j4android.cal.one;
import java.util.Calendar;
public class BioCalendar1 {
    // ❶ 상수, 상수값은 변경할 수 없다.
    public static final int PHYSICAL = 23;          // 신체지수
    public static final int EMOTIONAL = 28;         // 감정지수
    public static final int INTELLECTUAL = 33;      // 지성지수

    public static void main(String[] args) {
        // ❷ java.util.Calendar의 객체를 생성한다.
        Calendar birth=Calendar.getInstance();      // 기본은 오늘로 설정되어 있다.
        // ❸ set(년, 월-1, 일)을 넣으면 입력한 날짜로 설정
        birth.set(1980,3-1,28);    //0월 ~11월, 1980.3.28
        Calendar theDay=Calendar.getInstance();     // 오늘
        // theDay.set(년,월-1,일);  // 변경하지 않으면 오늘이다.
        // ❹ 1970.1.1.0.0.0부터 정해진 날짜까지의 경과 시간을
        long dateBirth=birth.getTimeInMillis();     // 1970.1.1.~생일까지
        long dateToDay=theDay.getTimeInMillis();    // 1970.1.1~오늘까지
        // ❺ 밀리세컨즈/1000 → 초, 초/60 → 분, 분/60 → 시, 시/24 → 일
        long days=(dateToDay-dateBirth)/1000/60/60/24;  // 오늘-생일=생일부터 오늘까지 경과일

        System.out.println(days);
        int index=PHYSICAL;    // ❻ 한 번만 타입 선언, 신체리듬 23
        // ❼ 바이오리듬 공식에 넣기 100 최대값
        double phyval=100*Math.sin( (days % index) * 2 * Math.PI / index );
        index=EMOTIONAL;       // 28
        double emoval=100*Math.sin( (days % index) * 2 * Math.PI / index );
        index=INTELLECTUAL;    // 33
        double inteval=100*Math.sin( (days % index) * 2 * Math.PI / index );

        System.out.printf("나의 신체지수 %1$.2f입니다.\n",phyval);
        System.out.printf("나의 감정지수 %1$.2f입니다.\n",emoval);
        System.out.printf("나의 지성지수 %1$.2f입니다.",inteval);
    }
}
```

❶ 신체지수, 감정지수, 지성지수에 대한 값을 상수로 선언한다. 상수는 값을 변경할 수 없다. 상수는 static final로 선언한다.

❷ 날짜에 관해서는 java.util.Calendar를 사용하자. Calendar는 특이하게 new로 생성하지 않는다. 기본값은 항상 오늘로 설정되어 있다.

❸ 캘린더에 set(년, 월-1, 일)을 넣으면 입력한 날짜로 설정된다. Calendar는 일반력과 달리, 1월~12월 대신 0월~11월로 사용한다.

❹ 1970.1.1.0.0.0부터 정해진 날짜까지의 경과 시간을 밀리세컨드로 반환한다.

❺ '정해진 날-생일'은 태어난 후 지금까지의 경과 시간이다. 밀리세컨즈/1000 → 초, 초/60 → 분, 분/60 → 시, 시/24 → 일이다.

❻ 타입을 한 번만 선언한다. 신체리듬 23을 index에 대입한다.

❼ 살아온 날과 구하려고 하는 주기(index)를 바이오리듬 공식에 대입한다. Math.PI는 API 상수로 3.14…(파이)값이 선언되어 있다.

```
Console ☒          ■ ✖ ✖ | 🔳 🔛 🔝 🔁 🔁 | 🔳 🔳 ▾ 🔳 ▾ ▭ 🔳
<terminated> BioCalendar1 [Java Application] C:₩Program Files₩Java₩jre1.8.0_112₩bin₩javaw.exe
13465
나의 신체지수 39.84입니다.
나의 감정지수 -62.35입니다.
나의 지성지수 18.93입니다.
```

4.9 사용자정의 메서드를 활용해 바이오리듬 구하기

캘린더(Calendar) 클래스의 사용 방법은 다음과 같다.

클래스와 사용법	설명
Calendar	달력에 관련된 정보를 얻을 수 있다.
Calendar birth=Calendar.getInstance( );	Calendar는 new로 생성하지 않는다. 기본으로 오늘로 설정되어 있다.
birth.set(년, 월-1,일);	원하는 날로 설정한다. 0월~11월로 정의되어 있어 월-1한다.
long dateBirth=birth.getTimeInMillis( );	1970년 1월 1일부터 현재까지 경과 시간을 밀리세컨드로 준다.
double Math.sin(double);	삼각함수의 싸인함수, 최대 1, 최소 −1

이제 캘린더 클래스를 바이오리듬에 적용해보자. 지금까지의 예제에서는 바이오리듬을 구하는 부분이 신체, 감정, 지성을 구할 때마다 같은 소스가 반복되었다. 반복된 부분을 메서드로 분리해보자.

[BioCalendar2.java]

```java
package com.infopub.j4android.cal.one;
import java.util.Calendar;
public class BioCalendar2 {
    // 상수
    public static final int PHYSICAL = 23;
    public static final int EMOTIONAL = 28;
    public static final int INTELLECTUAL = 33;

    public static void main(String[] args) {

        Calendar birth=Calendar.getInstance( );
        birth.set(1980,3-1,28);                      // 0월~11월
        Calendar theDay=Calendar.getInstance( );     // 오늘

        long dateBirth=birth.getTimeInMillis( );
        long dateToDay=theDay.getTimeInMillis( );
        long days=(dateToDay-dateBirth)/1000/24/60/60;   // 태어난 지 며칠
```

```
    // ① 개발자가 정의한 메서드를 호출한다.
    double phyval=getBioRhythmValue(days, PHYSICAL, 100);
    double emoval=getBioRhythmValue(days, EMOTIONAL, 100);
    double inteval=getBioRhythmValue(days, INTELLECTUAL, 100);

    System.out.printf("나의 신체지수 %1$.2f입니다.\n", phyval);
    System.out.printf("나의 감정지수 %1$.2f입니다.\n", emoval);
    System.out.printf("나의 지성지수 %1$.2f입니다.\n", inteval);
}
// ② 개발자가 정의한 메서드
private static double getBioRhythmValue(long days, int index ,int max) {
    return max*Math.sin( (days % index) * 2 * Math.PI / index );
}
}
```

> **주의** API(Application Programming Interface)는 프로그래밍(자바, 안드로이드)에서 이미 만들어져 있으며 정해진 문법과 같으므로 외워서 사용한다. 위 소스에서 Math.sin( )은 API 메서드다. getBioRhythmValue( )는 사용자가 만든 것이다.

설명

① 개발자가 정의한 메서드를 호출한다. 메서드를 호출할 때는 타입을 선언하지 않는다.

② 호출하면 메서드 선언(메서드를 정의한 것) 부분에 타입과 순서에 맞게 입력된 값을 넣어서 실행한다. getBioRhythmValue(16449, 23, 100)과 같이 변수에 있던 값들이 입력되면 선언된 부분에 값을 넣어서 계산한다.

메서드의 선언과 호출을 그림으로 정리하면 다음과 같이 표현할 수 있다.

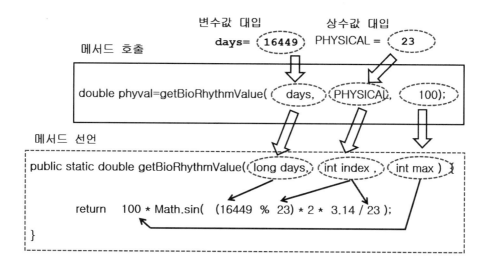

▲ 메서드의 선언과 호출

4.10 메서드를 이용해 두 지점 간의 거리 구하기

클래스와 메서드(API)는 자바가 기본적으로 제공하나, 사용자가 정의해서 만들 수도 있다. 둘다 사용해 두 지점 간의 거리를 구해보자.

Haversine 공식을 이용하여 두 지점 사이의 거리를 구해보자. 위도와 경도가 제공된 두 지점 사이의 거리는 Haversine 공식*을 이용하여 구할 수 있다.

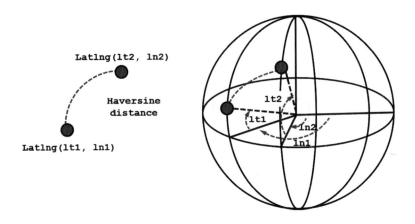

▲ Haversine 공식

[HaversineDistance.java]

```
package kr.co.infopub. j4android;
public class HaversineDistance {
  public static void main(String[] args) {
      double latitude1=37.52127220511242;      // ❶ 서울 위도
      double longitude1=127.0074462890625;     // ❶ 서울 경도
      double latitude2=35.137879119634185;     // ❷ 부산 위도
      double longitude2=129.04541015625;       // ❷ 부산 경도

      double d=distance(latitude1,longitude1,latitude2,longitude2);   // ❸ 서울~부산 사이의 거리
      System.out.println(d);
  }
  // ❹ Haversine 거리 공식 – 위도와 경도를 대입하면 두 지점 사이의 거리를 구한다.
  public static double distance(double lat1, double lng1, double lat2, double lng2) {
      double earthR = 6371;    // km
```

```
        double dLat = (lat2-lat1);
        double dLng = (lng2-lng1);
        double a = Math.sin(Math.toRadians(dLat/2))  * Math.sin(Math.toRadians(dLat/2)) +
                Math.cos(Math.toRadians( lat1))    * Math.cos(Math.toRadians( lat2)) *
                Math.sin(Math.toRadians( dLng/2))  * Math.sin(Math.toRadians( dLng/2));
        double c = 2 * Math.asin(Math.sqrt(a));
        //double c = 2 * Math.atan2(Math.sqrt(a), Math.sqrt(1-a));
        double d = earthR * c;
    return d;
  }
}
```

설명

❶ 서울의 위도(latitude)와 경도(longitude)를 구한다. 소수점이 있으므로 double 타입(형)으로 선언한다.

❷ 부산의 위도(latitude)와 경도(longitude)를 구한다. 소수점이 있으므로 double 타입(형)으로 선언한다.

❸ 서울과 부산 사이의 거리를 구한다.

❹ Haversine 공식은 위도와 경도가 제공된 두 지점의 위치를 구할 수 있으며, 가까운 거리를 구하는 데 적합하다고 알려져 있다.

결과

서울과 부산의 거리는 321.79451052399713km이다.

위 소스에서 사용한 API 메서드는 다음과 같다.

메서드	설명(java.util.Math에 제공된 메서드)
double Math.sin(double)	-1⟨= 실수값 ⟨= 1.0, 수학의 싸인(sine) 함수, 인자(아규먼트)는 라디안이다.
double Math.cos(double)	-1⟨= 실수값 ⟨= 1.0, 수학의 코싸인(cosine) 함수, 인자(아규먼트)는 라디안이다.
double Math.toRadians(double)	표기는 도(degree)로 사용하지만 사용할 때는 라디안(radian)으로 환산해야 한다. 360도(degree)는 2phi(파이 3.14) 라디안(radian)이다. (1라디안=약 57도). 90도=1/4 phi 라디안
double Math.sqrt(double)	제곱근. 두 번 곱했을 때 a가 되는 수를 a의 제곱근이라 한다. b*b=a일 때 b는 a의 제곱근이다.

✳ https://en.wikipedia.org/wiki/Haversine_formula

```
Console ☒                    ■ ✖ ✖ | ▤ ▦ ▣ | ▣ ▣ | ▤ ▣ ▾ ▣ ▾ ▭ ▭ ▭
<terminated> HaversineDistance [Java Application] C:\Program Files\Java\jre1.8.0_112\bin\javaw.exe
321.79451052399713
```

4.11 문자열 파싱을 이용해 세계 주요 도시의 위도·경도 제공하기

문자열 파싱은 원하는 형태의 문자열이나 값으로 바꾸는 작업이다. String은 문자열 관련 메서드를 많이 제공한다. (2장 2.2.9의 '문자열 처리 중요 메서드' 참고)

다음 예제는 세계 주요 도시에 대한 위도와 경도를 제공한다. Geo 예제와 다른 점은 위도와 경도의 정보를 실수(double) 대신 "몇 도 몇 분" 형식으로 제공한다. 문자열로 입력받은 정보를 실수형으로 바꿔보자.

[city2.java]

```java
package kr.co.infopub.j4android;
public class City2 {
private double latitude;
private double longitude;
// 생성자와 get/set 메서드 생략
// 37°30′N 127°00′E → 37.5, 127.0
public void setLatLng(String latlng) {        // ❶ 위도·경도 정보 문자열을 입력받는다.
    String first="";
    String second="";
    if(latlng.contains("N")) {                 // ❷ 경도와 위도를 구분하기 위한 기본 문자열을 찾는다.
        first=latlng.substring(0,latlng.indexOf("N")+1).trim( );      // ❸ 경도 "37°30′N"
        second=latlng.substring(latlng.indexOf("N")+1).trim( );       // ❸ 위도 "127°00′E"
    } else if(latlng.contains("S")) {
        first=latlng.substring(0,latlng.indexOf("S")+1).trim( );
        second=latlng.substring(latlng.indexOf("S")+1).trim( );
    }
    // System.out.println(first);
```

```java
        // System.out.println(second);
        this.latitude=toLatLng(first);            // ❹ 위도 문자열을 실수인 경도로 변환한다.
        this.longitude=toLatLng(second);          // ❹ 경도 문자열을 실수인 위도로 변환한다.
        // this.latitude = latitude;
    }


    // ──── private은 외부에 공개되지 않는다.
    private double toLatLng(String latlng) {      // ❺ "37°30′N" 위도 문자열
        String first="";
        String second="";
        if(latlng.contains("°")) {                                // ❻ 도를 찾는다.
            first=latlng.substring(0,latlng.indexOf("°")).trim( );        // ❼ "37"
            second=latlng.substring(latlng.indexOf("°")+1).trim( );       // ❼ "30′N"
        }
        if(second.contains("′")) {                                // ❽ 분을 찾아서 ′ 제거
            second=second.replace("′", "").trim( );               // "30N"
        }
        // System.out.println(first);
        // System.out.println(second);
        return toM(first,second);                                 // ❾ double 타입으로 변환한다.
    }
    private double toM(String first, String second) {     // minus 붙이기
        String mt="";
        double toMt=0.0;
        if(second.contains("N") || second.contains("E")) {  // ❿ N, E는 양수
            mt=second.replace("N", "");
            mt=mt.replace("E", "");
            //"37", "30" → 37+30.0/60 → 37.5
            toMt=toDb(first.trim( ))+toDb(mt.trim( ))/60.0;   // ⓫ 분/60은 실수형, 30/60.0=0.5
        } else {
            mt=second.replace("S", "");
            mt=mt.replace("W", "");
            toMt=toDb(first.trim( ))+toDb(mt.trim( ))/60.0;
            toMt*=-1;         // / ⓫ 음수 NE와 방법은 동일, "37", "30S" → −37.5
        }
        return toMt;
    }
    private double toDb(String msg){
        return Double.parseDouble(msg);                       // 실수형 문자열을 실수로
    }
```

```
public static void main(String[] args) {
    City2 geo=new City2( );
    geo.setLatLng("37°30'N 127°00'E");     // ⑫ 서울
    System.out.println(geo);
    geo.setLatLng("12°39'N 8°00'W");        // 말리 바마코
    System.out.println(geo);
    geo.setLatLng("12°03'S 77°03'W");       // 페루 리마
    System.out.println(geo);
  }
}
```

설명

❶ 문자열을 입력받는다.

```
latlng ="37°30'N    127°00'E"
```

❷ 경도와 위도 사이에 공백이 있다. 경도는 "N"이나 "S"로 끝나므로, 이 문자의 위치를 찾는다.

❸ 경도와 위도 정보를 두 문자열로 나누는 과정은 다음과 같다. substring에 대한 2장 2.2.9의 '문자열 처리 중요 메서드'를 다시 한 번 참고한다.

first ="37°30'N 127°00'E".substring(0, 6+1) ="37°30'N",

second ="37°30'N 127°00'E".substring(6+1) ="127°00'E",

second="127°00'E".trim( ) ="127°00'E"이다.

```
first="37°30'N"
second="127°00'E"
```

❹ ❸에서 얻은 경도와 위도 문자열을 각각 double값으로 변경한다.

❺ 위도나 경도 문자열만 받는다.

```
latlng ="37°30'N"
```

❻ 도를 찾는다.

❼ 도 표시 기호를 제거한다.

```
latlng ="37°30′N"
first="37"
second="30′N"
```

만약 경도가 들어온다면

```
latlng ="127°00′E"
first="127"
second="00′E"
```

❽ 분(′)을 제거한다.

```
second="30N"
second="00E"
```

❾ double형으로 변환한다.

❿ N, E는 양수이므로 문자열에서 제거한다. first ="37", second="30"

⓫ 도분 표시를 실수형으로 변환한다. 37+30/60.0=37.5

⓬ S, W는 음수이므로 −1을 곱해서 음수로 만든다.

⓭ 서울 "37°30′N 127°00′E";를 (37.5, 127.0)으로 변환한다.

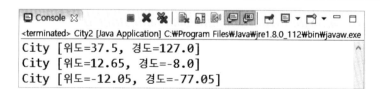

결과

```
Console 🔀    ■ ✖ 🔏 | 📑 🔡 🔢 📭 📬 | ✄ 💻 ▾ 🗂 ▾ ▭ 🗖
<terminated> City2 [Java Application] C:₩Program Files₩Java₩jre1.8.0_112₩bin₩javaw.exe
City [위도=37.5, 경도=127.0]
City [위도=12.65, 경도=-8.0]
City [위도=-12.05, 경도=-77.05]
```

4.12 웹에서 빌보드 차트 읽어오기

이제부터 데이터를 웹에서 가져와 연결하는 방법을 실습해보자. 웹에서 데이터를 가져올 때는 IO를 이용하여 웹에서 제공하는 문자열을 읽어온다. IO(3장 3.3.12)에서 설명한 방법을 사용한다.

다음 예제는 웹에서 한 줄씩 읽어서 ArrayList에 저장하는 과정이다.

[RequestFromBillBoardHot1.java]

```java
package com.jungbo.billboard2;
import java.io.BufferedInputStream;
import java.io.BufferedReader;
import java.io.FileWriter;
import java.io.IOException;
import java.io.InputStream;
import java.io.InputStreamReader;
import java.io.PrintWriter;
import java.net.HttpURLConnection;
import java.net.URL;
import java.util.ArrayList;
public class RequestFromBillBoardHot1 {

ArrayList<String> htmls=new ArrayList<String>( );        // ❶ 웹에서 읽은 문자열을 저장
boolean isConnection=false;

// 웹에서 한 줄씩 읽어서 ArrayList<String> htmls에 저장하기
public void getAllHtml(String newUrls) {
    htmls.clear( );              // ❷ ArrayList 청소
    InputStream inputStream;
    URL url=null;
    try {                        // ❸ 예외 처리 –try 예외가 발생하면, –catch 처리한다.
        url= new URL(newUrls);       // ❹ 주소를 찾고
        HttpURLConnection urlConnection = (HttpURLConnection) url.openConnection( );
        // ❹ 주소 연결
        inputStream = new BufferedInputStream(urlConnection.getInputStream( ));
        // ❺ 빨대 꽂기
        BufferedReader reader =
            new BufferedReader(new InputStreamReader(inputStream, "euc-kr"), 8);
            // ❻ 호스 연결
        String line = null;
```

```java
            while ((line = reader.readLine()) != null) {      // ❼ 한 줄씩 읽는다.
                if(!line.trim().equals("")) {
                    htmls.add(line.trim());    // ❽ 공백 제거, 저장
                }
            }
            inputStream.close();      // ❾ 닫기
            isConnection=true;
    } catch (Exception e) {
            isConnection = false;
            System.out.println(e);
    }
}
// 파일로 저장하기
public void printHtml(String filename) {
    PrintWriter pw=null;
    try {
        pw=new PrintWriter(new FileWriter(filename,false),true);    // ❿ 파일로 저장
        for (String dto : htmls) {
            pw.println(dto);      // ⓫ 파일에 한 줄씩 저장
        }
    } catch (IOException e) {
        System.out.println(e);
    } finally {      // ⓬ 반드시 실행
        pw.close();
    }
}
// ArrayList〈String〉 htmls의 내용 출력하기
public void printHtml() {
    for (String dto : htmls) {   // ⓭ 한 줄씩 읽어서 출력
        System.out.println(dto);
    }
}


public static void main(String[] args) {
    RequestFromBillBoardHot1 rfw=new RequestFromBillBoardHot1();
    String a="http://www.billboard.com/charts/hot-100/";
    rfw.getAllHtml(a);          // ⓮ 빌보드 차트를 읽는다.
    // rfw.printHtml();
    rfw.printHtml("billboardhot.txt");    // ⓯ 파일로 저장한다.
    System.out.println("~~~End");
    }
}
```

❶ 웹에서 읽은 문자열을 저장하기 위해 ArrayList를 선언한다. 문자열만 저장하기 위해 제네릭 〈String〉으로 표시한다.

❷ 저장하기 전에 ArrayList의 내용을 제거한다.

❸ 예외가 발생할 수 있는 문장을 try로 감싼다. 예외가 발생하면 catch가 처리한다.

❹ 주소를 찾고 주소지에 연결한다.

❺ 주소지에 빨대를 꽂는다.

❻ 빨대에 호스를 연결한다.

❼ 호스에서 한 줄씩 읽어들인다. 읽어들이는 것은 "In"이나 "Reader"를 포함한다.

❽ 공백이 아니면 ArrayList htmls에 한 줄씩 저장한다.

❾ 사용이 끝나면 닫는다.

❿ 파일로 저장한다. 저장은 "Out"이나 "Write"를 포함한다.

⓫ 한 줄씩 파일에 저장한다.

⓬ 예외가 발생하거나 발생하지 않아도 반드시 실행한다. 사용 후 반드시 닫겠다는 의미다.

⓭ 한 줄씩 화면에 출력한다.

⓮ 메인에서 실행한다. 빌보드 차트를 읽어서 ArrayList에 저장한다.

⓯ 저장된 내용을 한 줄씩 화면에 출력한다.

```
<article class="chart-row chart-row--1 js-chart-row" data-hovertracklabel="Song Hov
er-Closer" data-songtitle=""data-spotifyType="track" data-spotifyUri="track:7BKL
CZljbUBVqRi2FVlTVw" data-spotifyId="7BKLCZljbUBVqRi2FVlTVw">
<div class="chart-row__primary">
<div class="chart-row__history chart-row__history--steady"></div>
<div class="chart-row__main-display">
<div class="chart-row__rank">
<span class="chart-row__current-week">1</span>
<span class="chart-row__last-week">Last Week: 1</span>
</div>
<div class="chart-row__image"
style="background-image: url(http://www.billboard.com/images/pref_images/q56523k8p5q.jpg)"
>
</div>
<div class="chart-row__container">
<div class="chart-row__title">
<h2 class="chart-row__song">Closer</h2>
<a class="chart-row__artist" href="http://www.billboard.com/artist/5794072/the-chain
smokers">
The Chainsmokers Featuring Halsey
</a>
</div>
<div class="chart-row__last-week">
<span class="chart-row__label">Last Week</span>
<span class="chart-row__value">1</span>
</div>
```

4.13 파싱 과정을 통해 빌보드 차트 랭킹 가져오기

빌보드 차트[**]의 랭킹을 가져오자. 웹에서 읽은 문자열을 ArrayList에 저장하고, 저장된 문자열에서 랭킹, 노래이름, 가수이름, 이미지, 지난번 랭킹 등을 얻어서 Billboard 객체에 저장한 다음, 이 객체를 빌보드 목록 ArrayList에 저장한다.

이렇게 하면, 필요하지 않은 HTML 정보 등을 잘라내어 가볍게 만들어서 꼭 필요한 정보만 표시할 수 있다.

[RequestFromBillBoardHot1.java]

```
package com.jungbo.billboard2;
// 패키지 생략
public class RequestFromBillBoardHot2 {
// 4장(4.12) RequestFromBillBoardHot1에 아래 내용을 추가한다.

ArrayList<Billboard> billboards=new ArrayList<Billboard>( );     // 빌보드 목록 저장용
public ArrayList<Billboard> getBillboards( ) {     // 외부에서 빌보드 목록을 가져올 수 있다.
    return billboards;
}
public void getBillboardData(String msg) {
    billboards.clear( );
    for (int i=0; i<htmls.size( ); i++) {
        String ss=htmls.get(i);     // ❶
        if(ss.contains(msg)) {          // ❷
            String rank=ss.substring(ss.indexOf("chart-row--")+"chart-row--".length( )); // ❸
            rank=rank.substring(0,rank.indexOf("js")-1).trim( );     // ❹

            String song=ss.substring(ss.indexOf("Song Hover-")+"Song Hover-".length( )); // ❺
            song=song.substring(0,song.indexOf("\"")).trim( );     // ❻

            int j=1;
            String imageurl=htmls.get(i+j);

            while(true) {
                if(imageurl.contains("chart-row__image")) {     // ❼
```

** 빌보드 차트 주소 http://www.billboard.com/charts/hot-100/

```
        imageurl=htmls.get(i+j+1);        // ❽
        if(imageurl.contains("images/pref_images")) {   // ❽
            break;
        } else {
        imageurl="data-imagesrc=\"http://www.billboard.com/"
            + "images/pref_images/q_____.jpg\"";      // ❾
                break;
            }
        } else {
            j++;
            imageurl=htmls.get(i+j);
        }
}
imageurl=imageurl.substring(imageurl.indexOf("http://"));    // ❿
imageurl=imageurl.substring(0,imageurl.indexOf(".jpg")+".jpg".length( ));   // ⓫
int k=1;
String artisturl=htmls.get(i+j+k);
while(true) {
    if(artisturl.contains("chart-row__artist")) {      // ⓬
        artisturl=htmls.get(i+j+k+1);      // ⓭
        break;
    } else {
        j++;
        artisturl=htmls.get(i+j+k);
    }
}
if(artisturl.contains("Featuring")) {
    artisturl=artisturl.substring(0,artisturl.indexOf("Featuring"));   // ⓮
}
int m=1;
String lastweek=htmls.get(i+j+k+m);
while(true) {
    if(lastweek.contains("chart-row__last-week")) {    // ⓯
        break;
    } else {
        j++;
        lastweek=htmls.get(i+j+k+m);
    }
}
int n=1;
```

```
            lastweek=htmls.get(i+j+k+m+n);
                while(true){
                    if(lastweek.contains("chart-row__value")) {       // ⑯
                        break;
                    } else {
                        j++;
                        lastweek=htmls.get(i+j+k+m+n);
                    }
                }
                lastweek=lastweek.substring(lastweek.indexOf(">")+1);        // ⑰
                lastweek=lastweek.substring(0,lastweek.indexOf("<")).trim( );        // ⑱
                // ⑲ Billboard 객체를 생성한다. 한 단위의 문자열을 파싱해서 한 객체를 만든다.
                Billboard board=new Billboard(
                            toInt(rank),                    // ⑳ String → int
                            replace(song),                  // ㉑ 웹 특화문자열 변경
                            toInt(__toStr(lastweek)),       // ㉒ → 101
                            imageurl, replace(artisturl), replace(artisturl));
                billboards.add(board);                      // ㉓ 빌보드 목록에 저장
            }
        }
    }
    public String replace(String msg) {
        String ss=msg;
        ss=ss.replaceAll("&#039;", "'");
        ss=ss.replaceAll("&amp;", "&");
        ss=ss.replaceAll("&quot;", "\"");
        return ss.trim( );
    }
    private String __toStr(String lastweek) {
        return lastweek.contains("--")?101+"":lastweek;
    }
    private int toInt(String msg) {
        return Integer.parseInt(msg==null ?"-1":msg.trim( ));
    }
    public void printHtml( ) {
        for (String dto : htmls) {
            System.out.println(dto);
        }
    }
```

```
public void printBillboard( ){
    for (Billboard dto : billboards) {
        System.out.println(dto);
    }
}


public static void main(String[ ] args) {
    RequestFromBillBoardHot2 rfw=new RequestFromBillBoardHot2( );
    String a="http://www.billboard.com/charts/hot-100/";
    String str="<article class=\"chart-row";
    rfw.getAllHtml(a);
    rfw.getBillboardData(str);
    rfw.printBillboard( );
    }
}
```

❶ 한 문장을 가져온다.

ss=

<article **class="chart-row** chart-row--1 js-chart-row" data-hovertracklabel="Song Hover-Closer" data-songtitle="" data-spotifyType="track" data-spotifyUri="track:7B KLCZljbUBVqRi2FVlTVw" data-spotifyId="7BKLCZljbUBVqRi2FVlTVw">

❷ 문장에 "class="chart-row"가 포함되어 있는지 확인한다.

if(ss.contains(msg)) {

<article **class="chart-row** chart-row--1 js-chart-row" data-hovertracklabel="Song Hover-Closer" data-songtitle=" "data-spotifyType="track" data-spotifyUri="track:7B KLCZljbUBVqRi2FVlTVw" data-spotifyId="7BKLCZljbUBVqRi2FVlTVw">

❸ 포함하고 있다면 "<article **class="chart-row** chart-row–"를 잘라낸다.

String rank=

1 js-chart-row" data-hovertracklabel="Song Hover-Closer" data-songtitle="" data-spo tifyType="track" data-spotifyUri="track:7BKLCZljbUBVqRi2FVlTVw" data-spotifyId="7B KLCZljbUBVqRi2FVlTVw">

❹ 숫자를 찾는다. 이 숫자가 랭킹이다.

rank=

```
1
```

❺ "Song Hover- Closer"에서 "Song Hover-" 뒤의 "Closer"가 노래 재목이다. "Song Hover-"를
잘라낸다.

String song=

```
Closer" data-songtitle="" data-spotifyType="track" data-spotifyUri="track:7BKL
CZljbUBVqRi2FVlTVw" data-spotifyId="7BKLCZljbUBVqRi2FVlTVw">
```

❻ 노래 제목을 얻는다.

song=

```
Closer
```

❼ "chart-row__image"가 문자열에 있는지 확인한다.

imageurl =

```
<div class="chart-row__image"
style="background-image: url(http://www.billboard.com/images/pref_images/q56523k8p5q.
jpg)"
>
```

❽ "chart-row__image"가 있는 문자열의 다음 문자열에 가수의 이미지가 있다.

imageurl =

```
style="background-image: url(http://www.billboard.com/images/pref_images/q56523k8p5q.
jpg)"
```

❾ 이미지가 없다면 이미지를 "q_____.jpg"로 변경한다.

```
style="background-image: url(http://www.billboard.com/images/pref_images/
q_____.jpg)"
```

❿ "http://"를 찾아서 앞쪽 문자열을 제거한다.

imageurl =

```
http://www.billboard.com/images/pref_images/q56523k8p5q.jpg)"
```

⓫ "jpg" 문자열을 찾아 뒤쪽을 제거한다.

imageurl =

http://www.billboard.com/images/pref_images/q56523k8p5q.jpg

⓬ 가수 이름을 찾기 위해 "chart-row__artist"가 있는지 확인한다.

artisturl =

```
<a class="chart-row__artist" href="http://www.billboard.com/artist/5794072/the-chain-
smokers">
The Chainsmokers Featuring Halsey
</a>
```

⓭ "chart-row__artist" 다음 줄에 가수가 있다.

artisturl =

```
The Chainsmokers Featuring Halsey
```

⓮ "Featuring"이 있다면 "Featuring" 앞쪽이 가수다.

```
The Chainsmokers
```

⓯ "chart-row__last-week"이 있다면 지난 주 랭킹을 얻을 수 있다.

```
<div class="chart-row__last-week">
<span class="chart-row__label">Last Week</span>
<span class="chart-row__value">1</span>
```

⓰ "chart-row__value"를 찾는다.

```
<span class="chart-row__value">1</span>
```

⓱ 첫 번째 ">"를 찾아 앞쪽을 제거한다.

lastweek =

```
1</span>
```

⓲ 첫 번째 "<"를 찾아 뒤쪽을 제거한다.

```
1
```

❶❾ Billboard 객체를 생성한다. 한 단위의 문자열을 파싱해서 Billboard 객체 하나를 만든다.

❷⓪ 정수문자열을 정수로 변환한다. Integer는 기본타입의 int에 대한 정보저장, 변환을 위한 랩퍼 (Wrapper) 클래스다.

❷❶ 웹에서 사용하는 특수문자를 변경한다. "'"를 "'"로, "&"을 "&"로, "₩""을 """으로 변경 한다.

❷❷ 지난 랭킹이 100위 밖이면 "--"로 표시되어 있다. "--"면 101로 변환한다.

❷❸ 빌보드S 차트 목록을 ArrayList에 저장한다.

결과

빌보드 차트 1위~100위가 모두 표시되나, 아래의 결과는 3위까지만 표시했다.

```
Billboard [rank=1, song=Closer, lastweek=1, imagesrc=http://www.billboard.com/images/
pref_images/q56523k8p5q.jpg, artistsrc=The Chainsmokers, artist=The Chainsmokers]
Billboard [rank=2, song=Starboy, lastweek=2, imagesrc=http://www.billboard.com/images/
pref_images/q59123tine7.jpg, artistsrc=The Weeknd, artist=The Weeknd]
Billboard [rank=3, song=Heathens, lastweek=3,imagesrc=http://www.billboard.com/images/
pref_images/q39056czrzc.jpg, artistsrc=twenty one pilots, artist=twenty one pilots]
```

4.14 IO를 이용해 빌보드 차트의 가수 이미지 저장하기

IO를 이용하여 이미지 소스를 가져와서 자신의 컴퓨터에 저장할 수 있다. 문법(3.3.12)으로 적용되므로 공식처럼 사용한다. 웹에서 주소를 찾고, 빨대를 꽂고, 빨대에서 이미지를 읽어오면 된다. 이미지를 읽어오는 과정은 앞에서 사용한 RequestFromBillBoardHot2를 이용한다.

```java
package com.jungbo.billboard2;
import java.awt.image.BufferedImage;
import java.io.File;
import java.io.IOException;
import java.net.URL;
import java.util.ArrayList;
import java.util.Date;
import javax.imageio.ImageIO;
public class BillBoardImageSave {
    public static void main(String[] args) {

        RequestFromBillBoardHot2 rfw=new RequestFromBillBoardHot2( );
        String a="http://www.billboard.com/charts/hot-100/";
        String str="<article class=\"chart-row";
        rfw.getAllHtml(a);
        rfw.getBillboardData(str);

        ArrayList<Billboard> boardList=new ArrayList<Billboard>( );
        boardList=rfw.getBillboards( );        // ❶ 목록 가져오기

        for (Billboard board:boardList) {      // ❷ for 문으로 정보 하나씩 가져오기
            Thread t=new Thread(               // ❸ 쓰레드 생성
            new Runnable( ) {                  // ❹ Anonymous Inner class
                @Override
                public void run( ) {           // ❺ 작업을 구현한다.
                    save(board.getRank( )+".jpg",board.getImagesrc( )); // ❻ 이미지 저장
                }
            });
            t.start( );    // ❼ 쓰레드 시작
        }
```

```
}  // main
public static void save(String fname,String flagname) {
    BufferedImage image = null;
    try {                                          // ❽ 예외 처리
        if(flagname.contains("q_____")) {          // ❾ 이미지 경로가 없다.
            System.out.println(fname+" is not existed.");
            return ;
        }
        URL url = new URL(flagname);               // ❿ 주소 찾기
        image = ImageIO.read(url);                 // ⓫ 주소에서 이미지 읽기
        ImageIO.write(image, "png",new File("d:\\billboardimage\\"+fname));   // ⓬ 저장

        System.out.println(fname+" saved! "+new Date( ));
    } catch (IOException e) {                       // 경로는 있는데 이미지가 없다.
        System.out.println(flagname+"는 이름만 존재 ---"+fname);
    } catch(Exception e) {
        System.out.println(e);
    }
}
}
```

---

❶ RequestFromBillBoardHot2를 얻은 빌보드 차트 목록을 가져온다.

❷ 목록에서 랭킹 정보를 하나씩 가져온다.

❸ 쓰레드(문법 3.3.11)를 만든다. 웹에서 100개의 이미지를 가져오기 위해 100개의 쓰레드를 만들어서 한 쓰레드가 이미지 하나를 가져오게 하면, 한 쓰레드로 이미지 100개를 순서대로 가져오는 것보다 훨씬 더 효율적이다.

❹ 쓰레드라는 작업장에서 작업(Runnable)을 넣어준다. 익명 내부 클래스(Anonymous Inner Class) 형식을 사용한다.

❺ Runnable의 run을 구현한다.

❻ 이미지를 저장한다.

❼ 쓰레드를 작동시킨다. start( )는 쓰레드 관리자가 run( )을 호출하도록 한다.

❽ 인터넷에서 이미지를 가져올 때 예외가 발생할 수 있으므로 예외 처리한다.

❾ 이미지 경로가 없다면 끝낸다.

❿ 주소를 찾는다.

⓫ 주소에서 이미지를 읽어온다.

⓬ 이미지를 내 컴퓨터(d:₩billboardimage)에 저장한다.

▲ 가져온 빌보드 가수 이미지

빌보드 목록을 QR 코드로 바꾸고 이미지로 저장하기

구글에서 제공하는 QR 코드 라이브러리를 이용하여 빌보드 목록을 QR 코드로 바꾸고, QR 코드를 스마트폰의 QR 코드 리더로 읽어서 음원사이트에서 음악을 들어보자. 음원사이트는 www.last.fm이다.

■ 라이브러리 포함시키기

① 독자들이 원하는 곳에 두 zxing 라이브러리를 놓는다. (필자는 D:₩j4androidlib에 core.jar, javase.jar를 놓았다.)

② 프로젝트에서 마우스 오른쪽 버튼을 클릭하여 [Properties]를 연다.

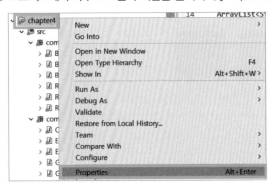

③ [Properties]에서 [Java Build Path]-[Libraries]-[Add External JARs…]를 선택하여 두 zxing 라이브러리(core.jar, javase.jar)를 포함시키고 [OK] 버튼을 클릭한다.

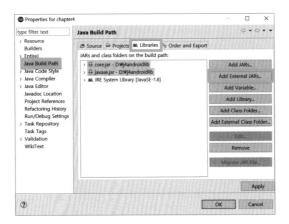

```java
package com.jungbo.billboard2;
import java.awt.image.BufferedImage;
import java.io.File;
import javax.imageio.ImageIO;
import com.google.zxing.qrcode.QRCodeWriter;
import com.google.zxing.common.BitMatrix;
import com.google.zxing.BarcodeFormat;
import com.google.zxing.WriterException;
import com.google.zxing.client.j2se.MatrixToImageWriter;
public class BillBoardQrSave {
  public static  void saveQr (String url, String dir, String fname) {
      QRCodeWriter writer = new QRCodeWriter( );           // ❶ QRCodeWriter 생성
      BitMatrix qrCode;
      try {
          qrCode = writer.encode(url, BarcodeFormat.QR_CODE, 300, 300);
          // ❷ QR 코드에 넣을 내용, 크기

          BufferedImage qrImage = MatrixToImageWriter          // ❸ 이미지로 바꿔서
              .toBufferedImage(qrCode);
          ImageIO.write(qrImage, "PNG", new File(dir, fname));    // ❹ 작성된 QR 코드를 저장한다.
      } catch (WriterException e) {
          System.out.println(e);
      } catch (Exception e) {
          System.out.println(e);
      }
      System.out.println("end~~~~~");
  }
  public static void main(String[ ] args) {
      String url="http://www.last.fm/music/The+Chainsmokers/_/Closer";    // ❺ QR 코드 내용
      String dir="d:\\billboardimage\\qr";         // ❻ QR 코드 저장 위치
      String fname="1.png";                  // ❼ QR 코드 이름
      saveQr(url,dir,fname);
  }
}
```

❶ Zxing 라이브러리의 QRCodeWriter를 이용하여 QR 코드를 저장할 것이다.

❷ QR 코드에 넣을 내용(경로)과 크기(300px)를 설정한다.

❸ 이미지로 변경한다.

❹ 작성된 QR 코드를 이미지로 저장한다.

❺ QR 코드에 넣을 내용을 준비한다.

❻ QR 코드가 저장될 곳을 준비한다.

❼ QR 코드 이름을 입력한다.

결과

4.16 빌보드 차트를 HTML로 저장하기

빌보드 차트를 QR 코드와 함께 HTML로 저장하자. 한 곡의 정보를 하나의 QR로 바꾸는 작업은 앞에서 했다. 빌보드 차트에서 얻은 모든 빌보드 목록을 www.last.fm의 음악과 QR 코드로 맵핑(연결)해 보자. 휴대전화의 QR 코드 리더만 있으면 빌보드 차트의 음악을 들을 수 있다.

> **주의** ▶ 사진 이미지와 QR 코드 이미지는 반드시 별도의 디렉토리에 저장해야 한다. 이 두 가지 디렉토리를 꼭 만들고 시작하자. 필자는 "d:\billboardimage"에 사진 이미지를 저장하고, "d:\billboardimage\qr"에 QR 코드를 저장했다.

[RequestFromBillToQr.java]

```java
package com.jungbo.billboard2;
import java.io.BufferedInputStream;
import java.io.BufferedReader;
import java.io.FileWriter;
import java.io.IOException;
import java.io.InputStream;
import java.io.InputStreamReader;
import java.io.PrintWriter;
import java.net.HttpURLConnection;
import java.net.URL;
import java.text.ParseException;
import java.text.SimpleDateFormat;
import java.util.ArrayList;
import java.util.Calendar;
import java.util.Date;
import java.util.HashMap;
public class RequestFromBillToQr {

public static void main(String[] args) {
    RequestFromBillBoardHot2 rfw=new RequestFromBillBoardHot2( );
    String a="http://www.billboard.com/charts/hot-100/";
    String str="<article class=\"chart-row";
    rfw.getAllHtml(a);
    rfw.getBillboardData(str);
```

```java
        ArrayList<Billboard> boardList=new ArrayList<Billboard>( );
        boardList=rfw.getBillboards( );              // ❶ 빌보드 차트 목록

        String baseurl="http://www.last.fm/music";
        String dir="d:\\billboardimage";        // 저장하고 싶은 위치 설정

        for (Billboard dto : boardList) {
            //http://www.last.fm/music/The+Chainsmokers/_/Closer
            String artis=String.format("%s/%s/_/%s",
                baseurl,                         // ❷ http://www.last.fm/music
                qreq(ep(dto.getArtist( ))),      // ❸ 가수
                qreq(ep(dto.getSong( ))));       // ❹ 노래 제목
            //System.out.println(artis);
            String png=String.format("%d.png", dto.getRank( ));
            //System.out.println("---------------"+png);

            // qr
            Thread t=new Thread(new Runnable( ){  // ❺ 쓰레드 - 한 곡의 정보를 하나의 QR로
                @Override
                public synchronized void run( ) {
                    BillBoardQrSave.saveQr(artis,dir+"\\qr", png);  // ❻ QR 코드로 변경
                }
            });
            t.start( );
        }
        toHtml(boardList, dir+"\\artis.html");   // ❼ 빌보드 차트 목록을 HTML로 만든다.

}
public static String ep(String msg) {
    return msg.replaceAll(" ", "+");
}
public static  String qreq(String msg) {
    return msg.replaceAll("\'", "%27");
}
public static void toHtml(ArrayList<Billboard>  bills, String fname) {
    String html="";                          // ❽ 태그와 문자열을 붙여서 HTML로 만든다.
    html+="<table border='1'>";
    html+="<tr>";
    html+="<td>";
        html+="번호";
```

```java
            html+="</td>";
            html+="<td>";
                html+="가수";
            html+="</td>";
            html+="<td>";
                html+="노래";
            html+="</td>";
            html+="<td>";
                html+="qr";
            html+="</td>";
            html+="</tr>\n";
            for (Billboard dto : bills) {
                String png=String.format("%d.png", dto.getRank( ));
                html+="<tr>";
                html+="<td>";
                    html+=dto.getRank( );
                html+="</td>";
                html+="<td>";
                    html+=dto.getArtist( );
                html+="</td>";
                html+="<td>";
                    html+=dto.getSong( );
                html+="</td>";
                html+="<td>";
                    html+="<img src='qr/"+png+"' width='100px' hight='100px'   />";
                html+="</td>";
                html+="</tr> \n";
            }
            html+="</table>";
            PrintWriter pw=null;
            try {
                pw=new PrintWriter(new FileWriter(fname,false),true);
                pw.println(html);      // ❾ 파일로 저장
                pw.close( );
            } catch (IOException e) {
                System.out.println( );
            }
        }
    }

}
```

❶ 빌보드 차트 목록을 웹에서 읽어 ArrayList에 저장한다.

❷ "www.last.fm/music/가수이름/_/노래제목" 형식으로 만들어야 한다.

❸ 가수 이름에서 이름과 성 사이에 공백이 있으면 "+"를 붙이고, """이 있으면 "%27"로 변환시킨다. "The Chainsmokers"를 "The+Chainsmokers"로 변경한다. "Can't Stop"을 "Can%27t+Stop"으로 변경한다.

❹ 노래 제목도 가수 이름처럼 공백과 """을 "+"," %27로 변환시킨다.

❺ 한 곡의 정보를 한 QR 코드로 바꾸기 위해 쓰레드를 만든다. 100곡이라면 각 곡마다 쓰레드를 사용해 100개의 QR로 바꾼다.

❻ 이미 앞에서 살펴본 코드로, 한 곡의 정보를 하나의 QR 코드로 변경한다.

❼ 빌보드 차트 목록을 HTML로 변경한다.

❽ 태그와 문자열을 붙여서 HTML로 만든다. 한 곡의 정보는 번호, 노래 제목, 가수, QR이 한 줄로 구성된다. 따라서 한 줄은 〈tr〉 〈/tr〉, 네 항목의 칼럼은 〈td〉번호〈/td〉 〈td〉노래제목〈/td〉 〈td〉가수〈/td〉 〈td〉QR〈/td〉로 한 곡의 정보를 구성한다. 그리고 곡의 수만큼 〈tr〉 〈/tr〉을 반복한다.

❾ 노래 정보를 문자열로 붙여서 파일로 저장한다.

D:\billboardimage\artis.html

번호	가수	노래	qr
1	The Chainsmokers	Closer	
2	The Weeknd	Starboy	
3	twenty one pilots	Heathens	
4	DJ Snake	Let Me Love You	
5	D.R.A.M.	Broccoli	
6	Ariana Grande	Side To Side	

▲ 만들어진 HTML을 웹브라우저에서 본 화면

지금 만든 QR을 6장의 '6.10 QR 코드를 이용하여 음악 듣기'에서 만든 QR 코드 리더로 찍어보면 음악을 들을 수 있다.

자 바
F O R
안드로이드

Chapter **5**

안드로이드 필수 문법

컴퓨터는 저장 공간과 메모리가 충분하지만, 안드로이드 OS를 구동하는 태블릿과 스마트폰은 그렇지 않으므로 프로그래밍 시에도 제약을 크게 받는다. 따라서 안드로이드 기기는 자원을 만드는 서버라기보다 수많은 정보(자원)를 외부로부터 가져와서 써야 하므로 쓰레드, 비동기, IO, 파싱을 많이 사용해야 한다.

또한 컴퓨터는 키보드나 마우스로 조작하지만, 태블릿과 스마트폰은 화면을 손가락으로 직접 조작해야 한다. 한 앱의 내에서 단계별로 이루어지는 작업은 모두 해당 화면을 거쳐야 이루어지므로 액티비티 간 이동이 많고, 이벤트 작업도 훨씬 많이 필요하다.

이 때문에 안드로이드 프로그래밍은 소스 길이를 줄이기 위해 특이하게 고안된 부분이 많다. 대부분 공식처럼 고정된 형태로 사용된다. 여기서 설명하는 문법과 용어들이 처음에는 복잡해 보일 수 있지만, 공식처럼 익혀두면 앱을 더 수월하게 만드는 데 도움이 된다.

5.1 화면 이벤트 처리(UI Event Handle)하기

5.1.1 화면 이벤트 핸들러(UI Event Handler)

이벤트 핸들러란 "어떤 행위(action)에 대한 요청을 실행하는 것(처리, 반응)"이다. 예를 들어, 버튼을 누르면 생일을 텍스트뷰에 표시하려고 한다. 이를 행위와 요청으로 나누어볼 수 있다.

- 행위: 버튼을 누른다.
- 요청: 생일을 텍스트뷰에 보여준다.

이처럼 행위에 대한 요청을 처리(handle)할 때 이벤트 핸들러를 사용한다.

여기에서
- 누르는 행위가 발생하는 장소(버튼): 이벤트 소스
- 누르는 행위: 이벤트
- 이벤트를 처리하는 클래스: 핸들러(핸들러 객체)
- 이벤트가 발생하면 이벤트에 대한 요청("텍스트뷰에 보여주기")을 처리(해결, 구현)하는 메서드: 핸들러 메서드

이벤트를 처리하려면 이벤트 소스(버튼)에 이벤트 핸들러를 등록해야 한다. 등록 순서는 다음과 같다.

❶ 이벤트 소스(발생 장소 – 버튼)를 생성(준비)한다.

❷ 리스너를 implements한 핸들러를 구현한다. 먼저, 핸들러는 "핸들러 메서드(onClick( ))를 구현해야 한다"고 선언한 리스너를 implements한 다음, onClick( ) 메서드를 구현(오버라이딩)해야 한다.

❸ 이벤트 소스에 핸들러 객체를 등록한다.

```
class MyBioClicks implements
                    View.OnClickListener{
    public void onClick(View v){
        thtbirthdate.setText(
                    new Date().toString());
    }
}
```

② 이벤트 핸들러 구현

이벤트 핸들러 등록

```
showbio.setOnClickListener(
            new MyBioClicks());
```

① 이벤트 발생 장소

Button showbio

▲ 이벤트 소스에 이벤트 핸들러 등록하기

이벤트가 등록되면 다음과 같이 실행된다.

❶ 이벤트(버튼을 누른다)가 발생한다.

❷ 이벤트 발생을 액티비티가 버튼에게 알린다.

❸ 버튼에 등록된 이벤트 핸들러 객체가 생성되고 핸들러 메서드(onClick( ))가 호출된다.

❹ onClick( )(핸들러 메서드)이 실행되어 생일을 텍스트뷰에 표시한다.

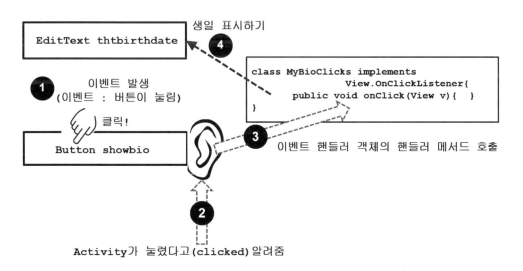

▲ 이벤트의 실행

이제 사용자가 버튼을 누르면 에디트 텍스트에서 생일을 볼 수 있다.

이벤트 핸들러 처리 방법은 처음 보면 어렵게 느껴지지만, 개발자가 이벤트 핸들러 객체만 구현하고 등록하면 되므로 잘 익혀두자.

5.1.2 이벤트 처리 용어

이벤트를 처리하기 전에 용어부터 정리해두자.

용어	설명
이벤트 Event	정해진 행위 OnClick(버튼을 누른다) OnKey(키를 누른다) OnTouch(화면을 터치한다)
이벤트 소스 Event Source	이벤트가 발생하는 지점 버튼을 누른다: 버튼 텍스트뷰에 키패드로 값을 입력한다: 텍스트뷰

이벤트 리스너
Event Listener, EHL
	• 리스너(인터페이스)에 각 이벤트를 처리할 메서드가 선언되어 있다.
	• 뷰(버튼)가 눌렸을 때 이벤트를 처리하고 싶다면 onClick( )을 구현한다.
	
	```java\npublic interface OnClickListener {\n void onClick(View v);\n}\n```
	• 뷰(텍스트뷰)에 값이 입력됐을 때 이벤트를 처리하려면 onKey( )를 구현한다.
	
	```java\npublic interface OnKeyListener {\n boolean onKey(View v, int keyCode, KeyEvent event);\n}\n```
	• 뷰(화면)가 터치되었을 때 이벤트를 처리하려면 onTouch( )를 구현한다.
	
	```java\npublic interface OnTouchListener {\n boolean onTouch(View v, MotionEvent event);\n}\n```

이벤트 핸들러 객체 Event Handler Object, EHO	• 핸들러 메서드를 구현한 객체. 각 이벤트 핸들러 객체는 이벤트 리스너의 처리(핸들러) 메서드를 구현해야 한다. • OnClickListener를 구현할 핸들러 객체는 OnClick( )을 구현해야 한다. ```java\npublic class MYClickHandler implements View.OnClick\nListener {\n public void onClick(View v) {\n }\n}\n```

| | 이벤트 핸들러 메서드
Event Handler Method, EHM | 이벤트를 처리하는 메서드로, 버튼을 누르는 행위(이벤트)가 발생하면 OnClick( )이 실행된다. 인자의 View v는 이벤트 소스의 정보를 갖는다.

```java
public void onClick(View v) {
}
``` |

5.1.3 중요 다섯 가지 이벤트 처리 방법

이벤트를 처리하는 방법은 다섯 가지다. 자바 스탠다드는 1번과 5번을 사용하지만 안드로이드에서는 1번과 4번, 특히 4번을 많이 사용한다. 이 형식을 익명 내부 클래스(Anonymous Nested Class)라고 한다. 익명 내부 클래스(또는 내부 클래스) 형식을 쓰레드와 핸들러(쓰레드 관련) 등에서도 많이 사용하기 때문에 잘 정리해 두어야 한다.

- 이벤트 처리 방법

번호	설명	소스 요약

1	MainActivity가 메인 클래스에 이벤트 리스너를 구현한다고 선언한다. MainActivity가 이벤트 핸들러 객체가 된다.
	핸들러 객체: MainActivity
		``java
		public class MainActivity extends AppCompatActivity
		                    implements View.OnClickListener {
		protected void onCreate(Bundle savedInstanceState) {
		    birthDatePicker.setOnClickListener(this);
		}
		public void onClick(View v){ }
		} // MainActivity
		``

2	MainActivity의 멤버 형식으로 내부(Nested, Inner) 클래스를 만든다. 중첩 클래스가 이벤트 리스너를 구현하여 핸들러 객체가 된다.
	핸들러 객체: MyBioClicks
		``java
		public class MainActivity extends AppCompatActivity {
		   protected void onCreate(Bundle savedInstanceState) {
		     birthDatePicker.setOnClickListener(new MyBioClicks( ));
		   }
		   class MyBioClicks implements View.OnClickListener {
		     public void onClick(View v){ }
		   }
		} // MainActivity
		``

3	MainActivity의 멤버 형식으로 중첩(Nested) 클래스를 만든다. 내부 클래스가 이벤트 리스너를 구현하여 핸들러 객체가 된다. 2번과 동일하지만 각 이벤트 소스별로 구현한다.
	핸들러 객체:
	MyBioClicks1, MyBioClicks
		``java
		public class MainActivity extends AppCompatActivity {
		   protected void onCreate(Bundle savedInstanceState) {
		     birthDatePicker.setOnClickListener(new MyBioClicks1( ));
		     specitiedDatePicker.setOnClickListener(new MyBioClicks2( ));
		   }
		   // Nested 클래스
		   class MyBioClicks1 implements View.OnClickListener {
		     public void onClick(View v){ }
		   }
		   class MyBioClicks2 implements View.OnClickListener {
		     public void onClick(View v){ }
		   }
		}
		``

번호	설명	소스 요약
| 4 | 클래스를 따로 선언하지 않고 내부(Inner) 클래스를 사용하거나, 메서드의 인자에서 이름이 없이 사용하는 익명(anonymous) 클래스를 사용한다. | ```java
public class MainActivity extends AppCompatActivity {
  protected void onCreate(Bundle savedInstanceState) {
    // 내부 클래스
    View.OnClickListener omylietener =new View.OnClickListener() {
      public void onClick(View v){    }
    }
    birthDatePicker.setOnClickListener(omylietener);
    // 익명 내부 클래스
    specifiedDatePicker.setOnClickListener(new View.OnClick
        Listener() {
      public void onClick(View v){    }
    });
  }
} // MainActivity
``` |
| 5 | 메인 클래스 외부에 핸들러 객체를 만든다. | ```java
public class MainActivity extends AppCompatActivity {
  protected void onCreate(Bundle savedInstanceState) {
    birthDatePicker.setOnClickListener(new MyBioClicks( ));
  }
} // MainActivity

class MyBioClicks implements View.OnClickListener {
  public void onClick(View v){    }
} // MyBioClicks
``` |

어댑터(Adapter)는 서로 다른 모양의 물체를 연결
하려고 할 때 중간에서 접속 소켓 역할을 한다.
오른쪽 그림에서 둥근 선과 각진 선은 어댑터
덕분에 문제없이 연결된다.

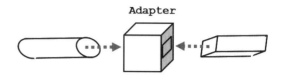

▲ 중간에서 접속 소켓 역할을 하는 어댑터

5.2.1 안드로이드 뷰 어댑터

안드로이드에서 View는 레이아웃으로만 존재하다가 필요한 데이터를 입력했을 때 원하는 모습으로
화면에 표시한다. 특히 많은 데이터를 보여주기 위한 ListView, GridView는 레이아웃만 사각형으로
표시한다. 어댑터는 정해진 모습(레이아웃)에 데이터를 대입하여 데이터를 반영한 화면을 볼 수 있게
한다.

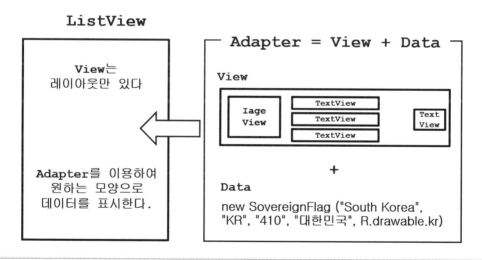

▲ 화면과 데이터를 연결해 원하는 모습으로 표시되게 만드는 어댑터

5.2.2 어댑터 작동원리

리스트뷰가 어댑터와 상호작용하여, 다시 말해 리스트뷰가 어댑터의 getView( ) 메서드를 호출해서 데이터를 리스트 화면에 표시하는 과정은 다음과 같은 표로 정리할 수 있다.

ListView, GridView	Adapter(리스트뷰가 getView( )를 자동으로 호출한다)
	① 어댑터를 상속한 어댑터 클래스를 정의한다.

② 리스트뷰를 생성한다.
 	
ListView lv = (ListView) findViewById(R.id.listView);
	`public class TrackListAdapter extends ArrayAdapter`
	`<Track> {`
	`  public View `**`getView`**`(final int position,`
	`      View convertView, ViewGroup parent) {`
	`    // 생략`
	`  }`
	`}`

③ 자료 목록을 준비하고 어댑터를 생성한다. TrackListAdapter lAdapter= new TrackListAdapter(this, 자료 목록);	
④ 리스트뷰에 어댑터를 연결한다. lv.setAdapter(lAdapter);	
⑤ 리스트뷰가 어댑터의 getView(0)를 호출한다.	⑥ getView(0) 자료 목록 0번째의 자료를 가져와서 화면 레이아웃에 데이터를 넣는다.
⑦ 자료 목록의 개수만큼 리스트뷰가 어댑터의 getView(position)를 호출한다.	⑧ getView(position) 자료 목록 position번째의 자료를 가져와서 화면 레이아웃에 데이터를 넣는다.
⑨ 자료 목록의 모든 자료를 원하는 형식으로 리스트뷰에 표시한다.	

안드로이드는 행위에 대한 영향 범위를 한정하고, 코드를 간결하게 사용하기 위해 이벤트 핸들러, 핸들러, 쓰레드에 익명 내부 클래스 형식을 많이 사용한다. 안드로이드 프로그래밍은 형식이 거의 고정되어 있으므로 아래 각 예의 소스들이 공식처럼 사용된다.

5.3.1 리스트뷰, 그리드뷰의 이벤트 처리

다음 소스는 한 아이템을 선택해서 무언가를 하고 싶을 때 사용한다.

[ListView, GridView]

```
listView.setOnItemClickListener(new AdapterView.OnItemClickListener() {
        @Override
    public void onItemClick(AdapterView<?> parent, View view, int position, long id) {
        // 생략
    }
});


gridView.setOnItemClickListener(new AdapterView.OnItemClickListener() {
        @Override
    public void onItemClick(AdapterView<?> parent, View view, int position, long id) {
        // 생략
    }
});
```

5.3.2 이벤트 메서드 내에 Dialog 사용

다음 소스는 버튼을 눌렀을 때 날짜를 선택하는 dialog를 나타나게 한다. 그리고 선택한 날짜에 대한 처리를 진행한다.

```java
public void onClick(View v) {
    DatePickerDialog datePickerDialog = new DatePickerDialog(this,
        new DatePickerDialog.OnDateSetListener() {
            @Override
            public void onDateSet(DatePicker view, int year,
                int monthOfYear, int dayOfMonth) {
    // 생략

            }
        }, mYear, mMonth, mDay);    // 오늘로 설정
        datePickerDialog.show();
}
```

5.3.3 핸들러(요청 핸들러, 쓰레드 관련 핸들러)

쓰레드에 관련된 핸들러를 '핸들러'라고 부른다. 이는 '이벤트 핸들러'와 다르므로 구별해서 써야 한다. 자세한 내용은 5.4를 참고하자.

[핸들러의 두 가지 사용 방법]

```java
Handler wrongSleepHandler = new Handler() {
    @Override
    public void handleMessage(Message msg) {


    }
};


new Handler().postDelayed(new Runnable() {
    @Override
    public void run() {
        // 생략
    }
}, 300);
```

5.3.4 UI 쓰레드

안드로이드 프로그래밍에서 인터넷 작업, 많은 데이터 처리, 다수의 작업을 할 때는 쓰레드를 사용하는데, 이 쓰레드는 화면에 직접 접근할 수 없으므로 화면 UI 쓰레드를 사용한다. 자세한 내용은 6장의 6.8과 7장에서 다룬다.

[화면 UI 쓰레드, 쓰레드 사용]

```java
runOnUiThread( new Runnable( ) {
    @Override
    public void run( ) {

    }
}
new Thread(new Runnable( ) {
    @Override
    public void run( ) {
        // 생략
    }
}).start( );
```

5.4 Handler(요청 핸들러)

안드로이드는 여러 쓰레드를 만들어서 작업한다. 단, 서브 쓰레드는 메인 쓰레드의 화면(UI) 관련 작업을 할 수 없다. 그래서 UI Thread나 핸들러를 이용한다.

핸들러를 만들려면 Handler를 상속받고, 요청을 처리하는 handleMessage() 메서드를 구현하면 된다. 그 다음에 개발자가 핸들러의 sendMessage()를 호출하면 handleMessage()가 자동으로 호출된다.

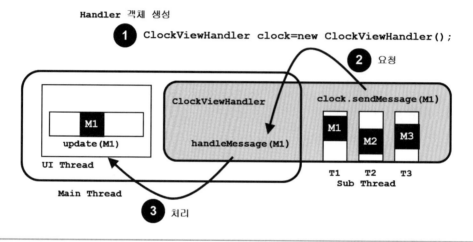

▲ 핸들러 작업 순서

5.4.1 핸들러 선언

다음 소스는 핸들러를 선언하는 일반적인 예다.

```
class ClockViewHandler extends Handler {        // ① Handler 상속
    @Override
    public void handleMessage(Message msg) {    // ② handleMessage 구현
        switch (msg.what) {                     // ③ what=요청 종류 int
            case 0:
                // 작업 M1
                // msg.obj는 msg에 저장된 객체
                    break;
```

```
        case 1:
            // 작업 M2
                break;
        case 2:
            // 작업 M3
                break;
        }
    }
};
```

❶ Handler를 상속받은 사용자정의 핸들러를 만든다.

❷ 처리를 해달라는 요청(`sendMessage()`)이 오면 핸들러의 처리 메서드인 `handleMessage()`가 호출되어 요청을 처리한다.

❸ 이때 서브 쓰레드가 여러 개일 수 있으므로, 요청할 때 어떤 쓰레드의 어떤 요청인지 Message 객체에 담아서 보낸다. `handleMessage(Message)`는 Message를 참고하여 요청을 확인해서 처리한다. "msg.what"은 어떤 요청을 했는지를, "msg.obj"는 사용하려는 객체를 넘겨준다.

5.4.2 핸들러 요청 처리 메서드 호출 방법

핸들러 요청 처리 메서드를 호출하기 위해 핸들러 객체를 생성한 후에 `sendMessage()` 메서드를 호출한다. 요청 메서드 `sendMessage()`는 핸들러의 처리 메서드 `handleMessage()`를 호출한다. 이때 메시지(Message) 객체를 `handleMessage()`에 전달한다.

다음 소스는 처리 메서드 handleMessage( )를 호출하기 위해 요청 메서드 sendMessage( )를 만드는 과정이다.

```
ClockViewHandler clock=new ClockViewHandler();     // ❶ 핸들러 객체 생성
Message msg = clock.obtainMessage();               // ❷ 메시지 준비
// 메시지 ID 설정
msg.what = 0;                                       // ❸ what=어떤 작업, 구분 ID
// msg.obj = 객체;                                   // ❹ obj=보낼 객체. 객체도 전달할 수 있다.
clock.sendMessage(msg);                             // ❺ handleMessage( ) 호출
```

❶ 핸들러 객체를 생성한다.

❷ 메시지를 준비한다.

❸ 여러 쓰레드에서 핸들러를 사용할 수 있으므로 구분할 수 있는 값을 넣는다.

❹ 필요하면 객체도 저장할 수 있다.

❺ 처리를 요청한다. 요청 메서드 sendMessage( )는 처리 메서드 handleMessage( )를 호출해서 요청을 처리한다.

5.4.3 처리 내용을 전달하는 Message 멤버필드(멤버변수)

요청 메서드 sendMessage( )는 처리 메서드 handleMessage( )를 호출한다. 이때 Message에 정보를 저장해서 handleMessage( )에 넘길 수 있다.

다음 표는 요청 메서드에 넣어서 보내는 **android.os.Message**의 필수 멤버필드 사용 예다. 2017년 9월인 내 생일을 전달하려고 할 때 이와 같이 사용하면 된다. Message 필드는 이미 정해진 것이므로, '사용법'에 나온 그대로 사용하면 된다.

```
Message msg=handler.obtainMessage( );
msg.arg1=2017;
msg.arg2=9;
msg.obj="my birth day";
msg.what= THREAD;
handler.sendMessage(msg);
```

번호	Message 필드	소스 요약	사용법
1	public int arg1	전달하고 싶은 정수값	msg.arg1=2017;
2	public int arg2	전달하고 싶은 정수값	msg.arg2=9;
3	public Object obj;	전달하고 싶은 객체	msg.obj="my birth day";
4	public int what	식별을 위한 값(쓰레드 혹은 요청이 여러 개일 수 있으므로 요청의 종류를 구별하기 위한 것이다.)	int THREAD=0; msg.what= THREAD;

> **참고** ▸ **핸들러와 Message 멤버필드에 대해 더 자세히 알고 싶다면 다음 사이트의 내용을 참고하자.**
> • https://developer.android.com/reference/android/os/Message.html
> • https://developer.android.com/reference/android/os/Handler.html

5.4.4 핸들러 실행 과정

다음 표는 핸들러를 요청하고 처리하는 방법이다.

- 1번, 4번: 요청하면 바로 처리한다.
- 2번, 5번: 특정 날짜 또는 시간이 되면 처리한다.
- 3번, 6번: 정해진 시간 후에 처리한다.
- 7번, 8번, 9번: handleMessage( ) 메서드 없이 사용한다.

번호	요청 방법	사용 방법
1	sendMessage(Message msg) Message 전달 handleMessage( ) 호출	
2	sendMessageAtTime(int what, long uptimeMillis) Message 전달 특정 날짜(연월일시분초)를 long으로 입력- 특정 날짜가 되면 handleMessage( ) 호출	
3	sendMessageDelayed(int what, long delayMillis) Message 전달 delayMillis 초 후 handleMessage( ) 호출	`ClockViewHandler handler=new ClockView Handler( );` `handler.sendMessage(msg);`

4	sendEmptyMessage(int what)
	
	Message 필드 중 what만 전달
	handleMessage( ) 호출
		`class ClockViewHandler extends Handler {`
		`    @Override`
		`    public void handleMessage(Message msg) {`
		`        // 처리 로직 생략`
		`    }`
		`}};`

5	sendEmptyMessageAtTime(int what, long uptime Millis) Message 필드 중 what만 전달, 특정 날짜(연월일시분초)를 long으로 입력- 특정 날짜가 되면 handleMessage( ) 호출	
6	sendEmptyMessageDelayed(int what, long delay Millis) Message 필드 중 what만 전달, delayMillis 초 후 handleMessage( ) 호출	

7	post(Runnable r)
	쓰레드 작업 시작
		`Handler handler=new Handler( );`
		
		`handler.post(new Runnable() {`
		`    run( ) {`
		`        // 로직 생략`
		`    }`
		`});`

번호	요청 방법	사용 방법

8	postAtTime(Runnable r, long uptimeMillis)
	특정 날짜가 되면 쓰레드 작업 시작
		```handler. postAtTime(new Runnable( ) {```
		    ```run( ) {```
		        ```// 로직 생략```
		    ```}```
		```}, 특정 날짜의 long); // 특정 날짜에```

9	postDelayed(Runnable r, long delayMillis)
	delayMillis 초 후 쓰레드 작업 시작
		```handler.postDelayed (new Runnable( ) {```
		    ```run( ) {```
		        ```// 로직 생략```
		    ```}```
		```}, 3000); // 3초 후```

5.5 JSON

JSON(JavaScript Object Notation)은 텍스트를 이용하여 객체를 표현하는 방법이다. 웹 프로그래밍의 서버에서 제공된 텍스트를 자바스크립트에서 객체로 처리하는 방법으로, 이해하기 쉽고 사용하기 편해서 웹 서비스 등에 많이 사용하고 있다.

- **JSON 특징**

① JSON 객체는 { }에 키와 밸류를 한 쌍으로 저장한다.

    {"key" : "value"}

② JSON 배열의 [ ]는 자바의 배열이나 ArrayList처럼 여러 개의 데이터를 저장한다.

③ 다른 한 쌍의 키와 밸류는 ","로 구분한다.

다음은 "sovereignflags" JSON 객체가 여러 개의 밸류를 갖는 {"sovereignflags":[ ]} 구조다. "name", "shortname", "code", "flag", "korname"라는 5개의 키를 갖는 JSON 객체가 여러 개 나열된 것이 JSON 배열 [ ]이다.

```
{"sovereignflags":[
     {"name":"Ghana","shortname":"GH","code":"288","flag":"gh.png","korname":"가나"},
     {"name":"Gabon","shortname":"GA","code":"266","flag":"ga.png","korname":"가봉"},
     {"name":"Guyana","shortname":"GY","code":"328","flag":"gy.png","korname":"가이아나"}
     {"name":"Gambia","shortname":"GM","code":"270","flag":"gm.png","korname":"감비아"},
     {"name":"South  Korea","shortname":"KR","code":"410","flag":"kr.png","korname":"대한민국"}
     ]
}
```

JSON의 "키:밸류"를 자바 객체의 "멤버필드:값"으로 맵핑시켜서 사용한다. "sovereignflags"의 0번째 JSON 객체 {"name":"Ghana", "shortname":"GH", "code":"288", "flag":"gh.png", "korname":"가나"}는 SovereignFlag 객체 new SovereignFlag("Ghana", "GH", "288", "gh.png", "가나")와 유사해서 JSON 객체와 자바 객체를 맵핑(연결)하기가 쉽다.

```java
public class SovereignFlag implements Serializable {
    private String name;
    private String shortname;
    private String code;
    private String flag;
    private String korname;
    // 생략
}
```

5.6 XML

XML(eXtensible Markup Language)은 태그(⟨⟩⟨/⟩)를 이용하여 텍스트를 계층적인 트리 구조로 만드는 방법이다. 시작태그 ⟨⟩와 마침태그 ⟨/⟩로 하나의 엘리먼트(element)를 만든다. 엘리먼트 안에 또 다른 엘리먼트를 넣어서 표현할 수 있다.

JSON의 {"key":"value"}는 XML에서는 ⟨key⟩ value ⟨/key⟩로 표현된다. "⟨nationalflag⟩⟨/nationalflag⟩"와 같은 엘리먼트가 여러 개 나열된 것이 XML의 배열이다. XML의 엘리먼트는 대소문자를 구별해야 하고, 특수문자를 사용하지 않는다. 그리고 시작태그와 마침태그를 한 쌍으로 갖춰야 한다.

```xml
<?xml version='1.0' encoding='utf-8' ?>
<nationalflags>
    <nationalflag>
        <name>Ghana</name><shortname>GH</shortname>
        <code>288</code><flag>gh.png</flag><korname>가나</korname>
    </nationalflag>
    <nationalflag>
        <name>Gabon</name><shortname>GA</shortname>
        <code>266</code><flag>ga.png</flag><korname>가봉</korname>
    </nationalflag>
    <nationalflag>
        <name>Guyana</name><shortname>GY</shortname>
        <code>328</code><flag>gy.png</flag><korname>가이아나</korname>
    </nationalflag>
    <nationalflag>
        <name>Gambia</name><shortname>GM</shortname>
        <code>270</code><flag>gm.png</flag><korname>감비아</korname>
    </nationalflag>
    <nationalflag>
        <name>South Korea</name><shortname>KR</shortname>
        <code>410</code><flag>kr.png</flag><korname>대한민국</korname>
    </nationalflag>
</nationalflags>
```

5.7 파싱

- 주어진 데이터를 가공해서 원하는 형식의 정보를 만드는 과정을 '파싱(Parsing)'이라고 한다.

  ① 문자열 파싱: 문자열을 찾고 잘라서 원하는 문자열을 만드는 파싱. 초급(기초) 파싱이다.

  ② JSON, XML 파싱: 규칙적인 구조를 갖는다. 중고급(리스트나 트리 구조) 파싱이라고도 한다.

안드로이드에서는 다음 그림처럼 IO를 이용하여 웹에서 제공하는 문자열을 읽은 후 JSON 형식의 문자열이나 객체로 변환하는 작업을 많이 한다.

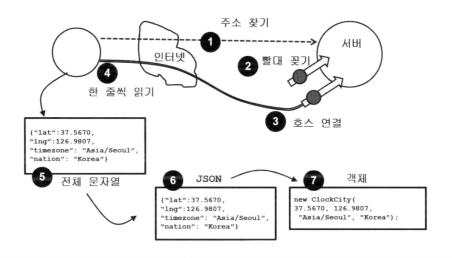

▲ 안드로이드의 파싱

❶ 주소와 소스의 위치를 찾아서 연결한다.

❷ 연결한 주소나 소스에 빨대를 꽂는다.

❸ 빨대에 호스를 연결한다.

❹ 호스에서 소스를 빨아들인다.

- **빨대**: 노드(수도꼭지, 하나는 꼭 있어야 한다.)
- **호스**: 필터(있으면 노드의 기능을 향상시킨다.)

❺ 빨아들인 문자열을 붙여서 전체 문자열로 바꾼다.

❻ 전체 문자열을 JSON 객체로 바꾼다.

❼ JSON 객체를 파싱해서 전달 객체(DTO)로 바꾼다.

```
                    JSONObject rootFlagsObj = new JSONObject( 전체 문자열 );

    JSONArray flagjsons =
      rootFlagsObj.getJSONArray( "nationalflags" );        배열(Array)

    { "sovereignflags" : [

             {"name":"Ghana","shortname":"GH","code":"288",
                             "flag":"gh.png","korname":"가나"}
            ,{"name":"Gabon","shortname":"GA","code":"266",
                             "flag":"ga.png","korname":"가봉"}
            {"name":"South Korea","shortname":"KR","code":"410",
                             "flag":"kr.png","korname":"대한민국"}

          ]
    }        배열(Array)

    for(int i=0; i< flagjsons.length(); i++) {

          JSONObject flag = flagjsons.getJSONObject(i);

          String name = flag.getString("name");
          String shortname = flag.getString("shortname");
```

▲ 웹에서 제공하는 문자열을 JSON으로 변환하여 파싱하는 과정

[JSON 파싱 과정 소스]

```
JSONObject rootFlagsObj = new JSONObject(전체 문자열);     // ❶ 전체 문자열을 JSON 객체로

JSONArray flagjsons = rootFlagsObj.getJSONArray("nationalflags");     // ❷ JSONArray 얻기
for(int i=0; i<flagjsons.length(); i++) {                  // ❸ 국기 개수만큼 반복
    JSONObject flag = flagjsons.getJSONObject(i);          // ❹ 국기 정보를 얻는다.
    String name = flag.getString("name");
    String shortname = flag.getString("shortname");
    String code = flag.getString("code");
    String sflag = flag.getString("flag");
    String korname = flag.getString("korname");

    SovereignFlag dto = new SovereignFlag(name,shortname,code,sflag,korname);
    flags.add(dto);
}
```

문자열 파싱은 자바의 String 클래스를 주로 사용한다. String은 찾고(indexOf( )), 자르고(substring( )), 붙이는(+, concat( )) 등 많은 메서드를 제공한다.

JSON 파싱은 android에서 제공하는 org.json을 사용한다. 다음 그림은 웹에서 제공하는 문자열을 JSON으로 변환하여 파싱하는 과정을 보여준다. 순서와 그림을 함께 보면서 흐름을 익히자.

❶ 문자열을 읽고 붙여서 전체 문자열을 만든다. 이 전체 문자열을 'JSONObject(문자열)'에 대입하여 JSON 객체 rootFlagsObj를 얻는다.

❷ rootFlagsObj의 키는 "nationalflags"이고 밸류가 "[ ]"이므로 배열이다. 배열에 대해서는 getJSON Array("키")를 이용하여 JSONArray 객체를 얻는다.

❸ JSONArray의 국기 개수 − flagjson.length( )만큼 반복하면서(for 필요) "{ }" 단위의 JSON 객체를 하나씩 얻는다.

❹ JSON 객체에서 해당키("name", "shortname", "code" 등)에 해당하는 밸류값을 얻는다.

5.8 AsynTask(비동기 작업)

데이터가 매우 많거나 웹의 자료를 사용할 때는 비동기 작업을 권장한다. 동기로 데이터를 요청하면, 요청 결과를 모두 받을 때까지 다른 작업을 못하고 멈춰 있어야 한다. 반대로 비동기로 데이터를 요청하면, 요청이 끝났다는 통보를 받을 때까지 다른 작업도 할 수 있다.

다음 그림은 동기와 비동기의 차이를 보여준다. 장작불에서 밥을 짓고(동기하고) 있으면 청소나 음식물 쓰레기 버리기 등을 하기가 어렵다. 밥이 다 될 때까지 지켜봐야 하고, 밥이 다 되면 장작불을 꺼야 한다. 반면에 전기밥솥으로 밥을 지으면(비동기), 밥이 다 되었을 때 "밥이 다 되었다"고 알려주므로 밥이 되는 사이에 청소를 하거나 음식물 쓰레기를 버릴 수 있다.

안드로이드 프로그래밍에서도 작업을 지켜볼 필요 없이 작업이 끝나면 통보해주는 비동기를 많이 사용한다.

비동기는 쓰레드+핸들러와 같은 역할을 하며, 사용하기도 편하다. 비동기를 만들려면 AsyncTask를 상속하고 doInBackground( ) 메서드를 구현하면 된다. 필요한 경우에는 doInBackground( ) 앞(pre) 뒤(post)로 자동으로 실행되는 onPreExecute( )와 onPostExecute( ) 메서드를 재정의하면 된다.

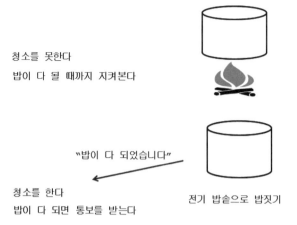

청소를 못한다
밥이 다 될 때까지 지켜본다

"밥이 다 되었습니다"

청소를 한다
밥이 다 되면 통보를 받는다

전기 밥솥으로 밥짓기

▲ 동기와 비동기의 차이점

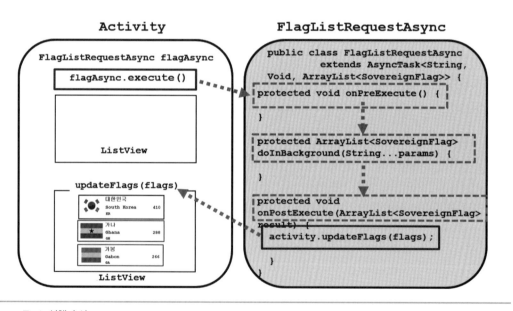

▲ AsyncTask 실행 순서

다음 표는 액티비티와 비동기 사이에 실행되는 메서드 순서를 알아보기 쉽게 정리한 것이다.

Activity	FlagListRequestAsync 비동기

① 비동기 객체 생성
FlagListRequestAsync flagsAsync
=new FlagListRequestAsync (this)
	AsyncTask를 상속한 비동기 클래스 만들기
	`public class FlagListRequestAsync extends`
	`AsyncTask<String, Void, ArrayList<SovereignFlag>> {`
	// 생략
	`}`

② 비동기 객체 실행
flagsAsync.execute( );
	③ doInBackground( )의 전(pre)에 실행
	`protected void onPreExecute( ) {`
	// 생략
	`}`

	④ 비동기 핵심 메서드 doInBackground( ) 실행
	`protected ArrayList<SovereignFlag>`
	`doInBackground(String...params) {`
	// 생략
	`}`

	⑤ 결과를 Activity의 뷰에 반영하도록 결과를 Activity에 넘겨줌
	`protected void onPostExecute(ArrayList<Sovereign`
	`Flag> result) {`
	// 생략
	`activity.updateFlags(flags);`
	`}`

⑥ 비동기에서 받은 결과를 화면에 반영, 갱신
`updateFlags(flags) {`
// ListView나 GridView 등에 결과 표시하기
`}`	

5.9 컨텍스트

컨텍스트는 안드로이드 어플리케이션의 환경과 관련된 리소스, 클래스, Intent, Activity 등에 대한 정보를 제공하고, 개발자가 사용하는 API와 안드로이드 시스템 사이에서 정보를 관찰한다. 어느 액티비티의 어느 컴포넌트고, 어떤 일을 하고 있는지에 대한 정보를 제공한다.

다음 그림은 ClockActivity에 ClockView(시계)를 그리려고 할 때 onDraw( )를 호출하는 모습을 보여준다. 실제로 그림은 시스템에서 그린다. 시스템에서 어느 액티비티의 어느 뷰에 그릴지는 컨텍스트의 정보를 이용한다. 이처럼 모든 액티비티는 컨텍스트를 이용하여 환경에 관한 모든 정보를 얻을 수 있다.

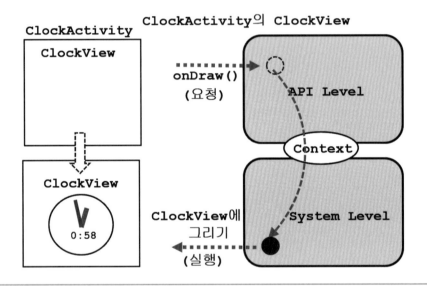

▲ 환경과 관련된 정보를 제공하는 컨텍스트

5.10 안드로이드 퍼미션

안드로이드에서 시스템 레벨의 디바이스 관련, 개인의 메일, 메시지, 전화번호, 외부의 인터넷 사용 등을 사용할 때는 퍼미션(허가)이 필요하다. 아래 그림은 사진을 찍기 위해 카메라 사용에 대한 허가를 받는 과정이다.

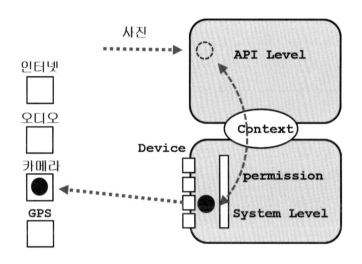

▲ 카메라 퍼미션 과정

다음은 인터넷, 카메라, 위치를 사용하려고 할 때 필요한 퍼미션을 AndroidManifest.xml에 등록하는 예다.

```
<uses-permission android:name="android.permission.INTERNET" />
<uses-permission android:name="android.permission.CAMERA" />
<uses-permission android:name="android.permission.ACCESS_FINE_LOCATION" />
```

> **참고 ▸ 퍼미션**
> 여러 퍼미션에 대해 더 자세히 알고 싶다면 다음 사이트의 내용을 참고하자.
> https://developer.android.com/guide/topics/security/permissions.html#q=permiss

5.11 인텐트

인텐트(Intent)는 액티비티 사이에서 진행 방향을 알려주는 메신저다. 안드로이드에서 한 화면은 하나의 액티비티인데, 보이는 액티비티만 실행되고 있다. 따라서 하나의 액티비티가 실행되려면 다른 액티비티는 보이지 않게 해야 한다. 하나의 액티비티에서 다른 액티비티로 이동할 때는 인텐트를 사용한다.

다음 그림은 From액티비티에서 To액티비티로 화면을 이동하는 과정을 보여준다. 이때 Intent에 전달하고 싶은 내용은 Extra를 이용하여 전달할 수 있다. From액티비티의 startActivity( )는 To액티비티의 onCreate( )를 호출하여 To액티비티를 실행해서 화면에 표시한다.

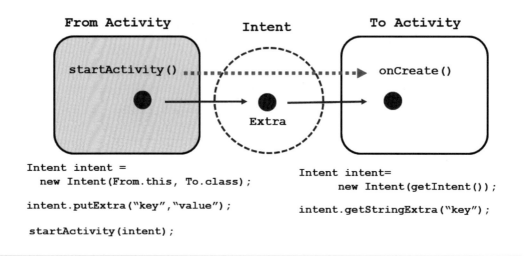

▲ 인텐트의 역할

5.12 결과를 갖고 되돌아오는 액티비티

안드로이드에서는 하나의 액티비티 결과값을 갖고 되돌아오는 방법을 많이 사용한다. 다음 그림에서 From액티비티는 To액티비티에서 입력받은 값을 받아 From액티비티 화면에 표시하는 과정을 보여준다.

① From은 To의 결과를 갖고 되돌아오기 때문에 startActivityForResult()를 이용한다.
② To액티비티에서는 입력받은 값을 From으로 보내기 위해 setResult()를 호출한다.
③ To에서 setResult( )를 호출하면 From의 onActivityResult()가 호출되면서 To에서 넘긴 값을 전달받는다.

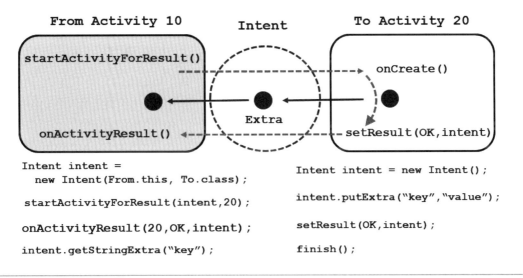

▲ 결과를 갖고 되돌아오는 액티비티

5.13 멀티 액티비티(Multi Activity)

안드로이드는 일반 자바 어플리케이션과 달리 한 번에 많은 화면을 보여줄 수 없다. 그래서 액티비티 별로 화면을 나눠서 개발하기 때문에 여러 개의 액티비티를 사용하게 된다. 보통 시작(메인) 액티비티 에서 다른 액티비티로 이동했다가 필요한 작업을 하고 다시 되돌아오는 방법을 많이 사용한다. 액티 비티가 많기 때문에 액티비티에 식별값(10, 20, 30, 40)을 사용해 어느 액티비티로 이동했다가 되돌아오는지 알 수 있게 한다. 다음 그림은 메인 액티비티에서 4개의 액티비티로 이동해서 작업하고 되돌아오는 과정을 보여준다.

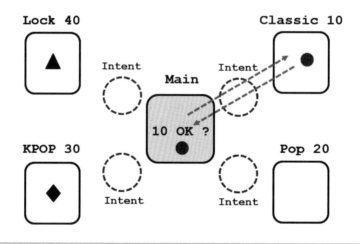

▲ 멀티 액티비티와 인텐트

5.14 액티비티, 서비스 사이의 이동

액티비티 사이의 이동은 인텐트를 사용한다. 액티비티뿐만 아니라 서비스, 브로드캐스트리시버, 웹, 전화, QR 등 4대 컴포넌트(액티비티, 서비스, 브로드캐스트리시버, 컨텐트프로바이더)와 웹(네트워크), 전화, QR과 같은 디바이스를 사용하는 컴포넌트 사이의 이동도 모두 인텐트를 사용한다.

다음 그림은 여러 컴포넌트 사이를 이동할 때 인텐트를 사용하는 모습을 보여준다.

4대 컴포넌트(액티비티, 서비스, 브로드캐스트리시버, 컨텐트프로바이더) 사이의 이동은 반드시 인텐트를 사용해야 하고, AndroidManifest.xml에 꼭 등록해야 한다. 예를 들어 세 개의 액티비티를 사용하려면 세 개 모두 AndroidManifest.xml에 등록해야 한다.

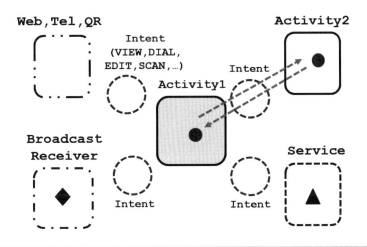

▲ 4대 컴포넌트와 인텐트

다음 소스는 사용하려는 세 개의 액티비티를 AndroidManifest.xml에 등록하는 예다. 자세한 내용은 6장의 6.7과 7장의 7.7을 참고하자.

```
<activity android:name=".MusicMainActivity" android:screenOrientation="portrait">
  <intent-filter>
    <action android:name="android.intent.action.MAIN" />
    <category android:name="android.intent.category.LAUNCHER" />
  </intent-filter>
</activity>
<activity android:name=".TopTrackListActivity"  android:screenOrientation="portrait" />
<activity android:name=".TopTrackGridActivity"  android:screenOrientation="portrait"/>
```

자 바
F O R
안드로이드

Chapter **6**

안드로이드 기본 앱

지금까지 배운 문법과 기본 응용편을 이용해서 안드로이드 앱을 만들어 보자. 가장 먼저 이벤트
처리, 어댑터, 1초마다 움직이는 초침, 쓰레드, 핸들러, 파싱을 가져오기 위한 Async(비동기), IO
를 종합적으로 응용한다.

6.1 오늘 날짜 구하기

버튼을 클릭해서 오늘 날짜를 구한 후 에디트텍스트에 입력한다. 이 과정을 통해 이벤트 처리 방법을 익혀보자.

다음 그림을 참고해서 에디트텍스트와 버튼을 레이아웃에 순서대로 선언한다.

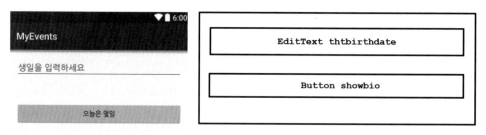

▲ 에디트텍스트와 버튼 레이아웃

[MyEvent0 – MainActivity]

```
public class MainActivity extends AppCompatActivity
        implements View.OnClickListener    {     // ❶ View.OnClickListener 구현을 선언
    EditText txtbirthdate;
    Button showbio;
@Override
    protected void onCreate(Bundle savedInstanceState) {
        super.onCreate(savedInstanceState);
        setContentView(R.layout.activity_main);
        //──────────────────개발자가 추가
        showComponet( );
    }
    public void showComponet( ){
        // layout에 있는 컴포넌트 객체 생성
        txtbirthdate=(EditText)findViewById(R.id.txtbirthdate);
        showbio=(Button)findViewById(R.id.showbio);      // ❸ 이벤트 소스, 버튼 컴포넌트 객체를 생성한다.
        // OnClickListener를 구현한 이벤트 핸들러 객체 → this
        showbio.setOnClickListener(this);                // ❹ 이벤트 핸들러 객체 등록
    }
```

```
        @Override                               // ② 이벤트 핸들러 메서드를 구현한다.
        public void onClick(View v) {            // OnClickListener의 이벤트 핸들러 메서드 EHM
            if(v==showbio){                      // ⑤ showbio를 클릭했다면
                String st=String.format("오늘은 %s다.",new Date( )); // 오늘 날짜를 txtbirthdate에 표시해라.
                txtbirthdate.setText(st);        // ⑥ 텍스트뷰에 붙인다.
                // this.txtbirthdate.setText(st); // ⑥ 텍스트뷰에 붙인다. 멤버에 this. 사용 가능
                Toast.makeText(getBaseContext( ),st,Toast.LENGTH_LONG).show( ); // 화면에 잠깐 보여주기
            }
        }
    }
}
```

❶ 이벤트 핸들러 객체를 만들기 위해 클릭리스너를 구현한다고 선언한다.

❷ 클릭리스너에 선언된 핸들러 메서드를 구현한다.

❸ 버튼(이벤트 소스)을 준비한다. 버튼 컴포넌트를 생성한다.

❹ 버튼(이벤트 소스)이 눌리면 처리하기 위해 버튼에 이벤트 핸들러 객체를 등록한다.

❺ 이벤트를 처리한다. 핸들러 메서드는 이벤트 소스 정보를 받는다. 누구(이벤트 소스)에게 어떤 이벤트(행위)가 발생되었는지 핸들러 메서드가 알고 처리할 수 있다.

❻ 버튼이 눌렸다면 오늘 날짜를 에디트텍스트에 붙인다. txtbirthdate는 멤버이므로 this. txtbirthdate로 사용할 수 있다.

6.2 온도 환산하기

섭씨온도를 화씨온도로 바꿔보자. 섭씨와 화씨 간 변환 공식은 다음과 같다.

- 섭씨 → 화씨: $9.0/5 * i + 32$
- 화씨 → 섭씨: $5.0/9 * (i - 32)$

간단한 이벤트와 앞에서 배운 자바 문법, 메서드 사용법, 타입 변환 등을 적용하자.

레이아웃은 다음을 참조하여 그린다.

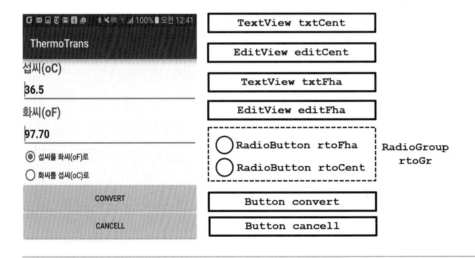

▲ 온도 변환 결과화면과 레이아웃

[ThermoTrans – ThermoTransMainActivity]

```
package com.infopub.j4android.thermotrans;

import android.support.v7.app.AppCompatActivity;
import android.os.Bundle;
import android.view.View;
import android.widget.Button;
import android.widget.EditText;
import android.widget.RadioButton;
```

```java
public class ThermoTransMainActivity extends AppCompatActivity
            implements View.OnClickListener {        // ❶ onClick( )을 구현한다고 선언
    EditText editCent;
    EditText editFha;
    RadioButton rtoFha;
    RadioButton rtoCent;
    Button convert;
    Button cancell;
    @Override
    public void onCreate(Bundle icicle) {
        super.onCreate(icicle);
        setContentView(R.layout.activity_thermo_trans_main);
        editCent = (EditText)this.findViewById(R.id.editCent);
        editFha = (EditText)this.findViewById(R.id.editFha);
        rtoFha = (RadioButton)this.findViewById(R.id.rtoFha);
        rtoFha.setChecked(true);
        rtoCent = (RadioButton)this.findViewById(R.id.rtoCent);
        convert = (Button)this.findViewById(R.id.convert);
        cancell = (Button)this.findViewById(R.id.cancell);

        convert.setOnClickListener(this);      // ❷ 이벤트 등록
        cancell.setOnClickListener(this);      // ❷ OnClickListener의 onClick( )을 구현한 객체가 this
    }
    public void onClick(View v) {       // ❸ 이벤트 핸들러 메서드를 구현한다.
        if (v==convert && rtoFha.isChecked( )) {      // ❹ "온도 환산" 버튼과 "화씨를 섭씨로" 라디오 버튼
            double val = Double.parseDouble(editCent.getText( ).toString( ));
            // ❺ 섭씨온도를 가져와서
            convertCentToFha(val);          // ❻ 실수형 문자열("36.5")을 실수(36.5)로 환산한다.
        } else if ( v==convert && rtoCent.isChecked( )) {
            double val = Double.parseDouble(editFha.getText( ).toString( ));
            convertFhaToCent(val);          // ❼ 섭씨를 화씨로 환산한다.
        } else if ( v==cancell ) {      // ❽ "취소" 버튼을 누르면 0.0으로 설정한다.
            editCent.setText("0.0");
            editFha.setText("0.0");
        }
    }
    protected String formats(double degree) {
        return String.format("%1$.2f", degree);          // ❾ 소수점 둘째자리까지
    }
    public double celsiusToFahrenheit(double c) {  // ❿ 섭씨를 화씨로
```

```
        return 9.0/5.0*c+32.0;
    }
    public double fahrenheitToCelsius(double f) {      // ⑪ 화씨를 섭씨로
        return 5.0/9.0*(f-32);
    }
    protected void convertCentToFha(double val) {
        editFha.setText(formats(celsiusToFahrenheit(val)));
    }
    protected void convertFhaToCent(double val) {
        editCent.setText(formats(fahrenheitToCelsius(val)));
    }
}
```

설명

❶ View.OnClickListener를 구현한다고 선언한다. 반드시 onClick()을 구현해야 한다.

❷ 이벤트를 등록한다. 이벤트를 등록한 버튼을 누르면 onClick()이 실행된다.

❸ 이벤트를 등록한 버튼을 누르면 onClick()이 실행된다. 이 메서드를 이벤트 핸들러 메서드라고 한다.

❹ "화씨를 섭씨로" 라디오 버튼을 선택한 상태에서 "온도 환산" 버튼을 클릭하면 화씨값을 가져와서 섭씨로 환산한다.

❺ getText()는 에디트뷰에 입력된 문자열을 가져온다. 실수형 문자열("36.5")을 실수(36.5)로 변환한다.

❻ 화씨를 섭씨로 환산하는 메서드를 호출한다.

❼ 섭씨를 화씨로 환산하는 메서드를 호출한다.

❽ "취소" 버튼을 누르면 화씨값과 섭씨값을 0.0으로 설정한다.

❾ 소수점 둘째자리(%0.2f)까지 표시하는 문자열을 만든다.

❿ 섭씨를 화씨로 변환하는 메서드를 선언한다.

⑪ 화씨를 섭씨로 변화하는 메서드를 선언한다.

바이오리듬을 위한 생일 입력받기

태어난 날부터 며칠이 지났는지 구하는 과정을 통해 이벤트를 처리하는 중요 방법 다섯 가지를 살펴보고, 안드로이드에서 많이 사용하는 익명 내부(Anonymous Inner) 클래스를 이해한다. 앞의 5장에서 살펴본 5.1.3 중요 다섯 가지 이벤트 처리 방법을 각 경우별로 자세히 살펴본다. 방법은 다르지만 결과는 모두 같다. 그리고 5.1.2 이벤트 처리 용어도 다시 한 번 참고하자.

> **주의** ▶ 먼저 실행해본 다음에 설명을 보면서 확인하자. 이벤트는 행위에 대한 반응을 보여주는 것이므로 실행해봐야 이해할 수 있다.

화면은 다음과 같이 설계한다.

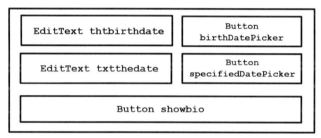

▲ 바이오리듬을 위한 생일 입력 레이아웃

6.3.1 액티비티가 이벤트 핸들러 객체가 되는 경우

이벤트 리스너(Listener-EHL: Event Handler Listener)는 이벤트에 대한 메서드가 선언만 되어 있는(추상-abstract) 인터페이스다. 이 리스너를 구현(implements)한다고 선언하면, 리스너에 선언된 메서드를 오버라이딩(재정의)해야 한다. 리스너를 implements한 후 추상(abstract) 메서드를 구현한 객체를 핸들러 객체(Event Handler Object-EHO)라고 한다. 이때 핸들러 객체가 오버라이딩 한 메서드를 핸들러 메서드(Event Handler Method-EHM)라고 한다.

```
public class MainActivity extends AppCompatActivity
            implements View.OnClickListener {          // ➊ View.OnClickListener EHL
    Button birthDatePicker, specifiedDatePicker;
    Button showbio;
    EditText txtbirthdate, txtthedate;
    @Override
    protected void onCreate(Bundle savedInstanceState) {
        super.onCreate(savedInstanceState);
        setContentView(R.layout.activity_main);
        showComponet( );
    }


    public void showComponet( ) {
        // layout에 있는 컴포넌트 객체 생성
        birthDatePicker=(Button)findViewById(R.id.birthdate);
        specifiedDatePicker=(Button)findViewById(R.id.thedate);
        txtbirthdate=(EditText)findViewById(R.id.txtbirthdate);
        txtthedate=(EditText)findViewById(R.id.txtthedate);
        showbio=(Button)findViewById(R.id.showbio);
        //--------------------------OnClickListener
        birthDatePicker.setOnClickListener(this);      // ➋ this → EHL을 구현한 EHO
        specifiedDatePicker.setOnClickListener(this);  // 여기서는 자신이 EHL을 구현한 EHO
        showbio.setOnClickListener(this);
    }


    @Override
    public void onClick(View v) {              // ➌ 이벤트 핸들러 메서드 EHM
        if(v==birthDatePicker) {               // ➍ 어느 버튼이 눌렸나
            this.txtbirthdate.setText("Hello");          // ➎ 이 버튼이 눌리면 "Hello"로 붙이기
        } else if(v==specifiedDatePicker) {
            txtthedate.setText(new Date( ).toString( )); // ➏ 이 버튼이 눌리면 오늘 날짜를 표시한다.
        } else if(v==showbio) {                        // ➐ showbio를 선택했을 때
            String st=String.format("%s! 오늘은 %s다.",txtbirthdate.getText( ), txtthedate.
                getText( ));
            Toast.makeText(getBaseContext( ),st,Toast.LENGTH_LONG).show( );
        }
    }
}
```

❶ 클릭에 대한 메서드 onClick()을 구현(implents)한다고 선언한다. 핸들러 객체가 액티비티 자신이 된다.

❷ 버튼에 이벤트 핸들러 객체를 등록한다. 버튼이 눌리면(clicked) 핸들러 객체의 핸들러 메서드 (onClick())가 실행된다. 여기서 핸들러 객체는 액티비티 자신(this)이 된다.

❸ 버튼이 눌리면 실행된다. 이 메서드를 핸들러 메서드(이벤트를 처리하는 메서드)라고 한다.

❹ 버튼 3개에 이벤트 핸들러를 등록했기 때문에 어느 버튼이 눌렸는지(clicked) 판단한다.

❺ birthDatePicker가 눌리면 "Hello"를 txtbirthdate에 표시한다.

❻ specifiedDatePicker가 눌리면 오늘 날짜를 txtthedate에 표시한다.

❼ showbio를 눌렀다면 "Hello!, 오늘은 xxxxx입니다."를 토스트로 잠깐 표시한다.

6.3.2 중첩 클래스 사용하기(클래스 안에 클래스-Nested Class)

액티비티 안에 핸들러 객체를 멤버필드로 갖는 형태다. 멤버필드이므로 핸들러 객체에서 액티비티의 다른 멤버필드, 멤버메서드를 사용할 수 있다. 이벤트 핸들러 객체를 등록할 때 생성된 핸들러 객체의 레퍼런스를 대입해야 한다. 이벤트 핸들러를 등록할 때 "this"대신 생성된 객체 주소(new MyBioClicks())를 대입했다.

> **주의** MyBioClicks에서 this는 MyBioClicks 내부에 한정된다. MainActivity의 멤버는 MainActivity.this로 사용해야 한다.

[MyEvent2-MainActivity]

```
public class MainActivity extends AppCompatActivity {
    Button birthDatePicker, specifiedDatePicker;
    Button showbio;
    EditText txtbirthdate, txtthedate;
    @Override
    protected void onCreate(Bundle savedInstanceState) {
        super.onCreate(savedInstanceState);
        setContentView(R.layout.activity_main);
```

```java
            showComponet( );
    }
    public void showComponet( ) {
        // layout에 있는 컴포넌트 객체 생성
        birthDatePicker=(Button)findViewById(R.id.birthdate);
        specifiedDatePicker=(Button)findViewById(R.id.thedate);
        txtbirthdate=(EditText)findViewById(R.id.txtbirthdate);
        txtthedate=(EditText)findViewById(R.id.txtthedate);
        showbio=(Button)findViewById(R.id.showbio);
        // 이벤트 핸들러 객체 등록
        birthDatePicker.setOnClickListener(new MyBioClicks( ));
        // ❶ EHL을 구현한 EHO MyBioClicks 생성
        specifiedDatePicker.setOnClickListener(new MyBioClicks( ));
        showbio.setOnClickListener(new MyBioClicks( ));
    }
    // ❷ 이벤트 핸들러 객체 선언------------------------------------>
    // 중첩(Nested), 내부(Inner) 클래스, MainActivity 안에 선언 => 멤버처럼 사용
    class MyBioClicks implements View.OnClickListener {        // ❸ EHL을 MyBioClicks가 구현
        @Override
        public void onClick(View v) {     // OnClickListener handler method : EHM
            if(v==birthDatePicker) {
                txtbirthdate.setText("Hello");
                // MainActivity.this.txtbirthdate.setText("Hello");
                // ❹ MainActivity.this → MainActivity 멤버
            } else if(v==specifiedDatePicker) {
                txtthedate.setText(new Date( ).toString( ));
            } else if(v==showbio) {
                String st=String.format("%s! 오늘은 %s다.",txtbirthdate.getText( ), txtthedate.
getText( ));
                txtbirthdate.setText("");
                txtthedate.setText("");
                Toast.makeText(getBaseContext( ),st,Toast.LENGTH_LONG).show( );
            }
        }
    } // MyBioClicks 이벤트 핸들러 객체
} // MainActivity
```

❶ 이벤트 핸들러 객체를 생성해서 등록한다.

❷ 액티비티 안에 핸들러 객체를 중첩(Nested)해서 사용한다. 핸들러는 액티비티의 `birthDate Picker`, `specifiedDatePicker`, `showbio`처럼 액티비티의 멤버다.

❸ 핸들러 객체는 핸들러 메서드를 구현해야 한다.

❹ 핸들러 객체 내부에서 this는 핸들러 객체지 액티비티가 아니다. 액티비티의 멤버를 사용하려면 this를 붙이지 않거나 "MainActivity.this"를 붙여야 한다.

6.3.3 여러 개의 중첩 클래스 사용하기(클래스 안에 클래스-Nested Class)

액티비티에 여러 개의 핸들러 객체를 사용할 수 있다. 각 버튼이 다른 버튼과 관계없이 자신만을 위한 특정 행위를 하고 싶을 때 사용한다. 소스는 6.3.2와 거의 비슷하다.

[MyEvent3 — MainActivity]

```
public class MainActivity extends AppCompatActivity {
    Button birthDatePicker, specifiedDatePicker;
    Button showbio;
    EditText txtbirthdate, txtthedate;
    @Override
    protected void onCreate(Bundle savedInstanceState) {
        super.onCreate(savedInstanceState);
        setContentView(R.layout.activity_main);
        showComponet( );
    }
    public void showComponet( ) {
        // layout에 있는 컴포넌트 객체 생성
        birthDatePicker=(Button)findViewById(R.id.birthdate);
        specifiedDatePicker=(Button)findViewById(R.id.thedate);
        txtbirthdate=(EditText)findViewById(R.id.txtbirthdate);
        txtthedate=(EditText)findViewById(R.id.txtthedate);
        showbio=(Button)findViewById(R.id.showbio);
        //---------------------------OnClickListener
        String temps="Hello";   // 지역변수
        birthDatePicker.setOnClickListener(new MyBioClicks1(temps));   // ❶ 지역변수를 받을 때
```

```java
            specifiedDatePicker.setOnClickListener(new MyBioClicks2( ));
            showbio.setOnClickListener(new MyBioClicks3( ));
    }
    // 이벤트 핸들러 객체 ----------------------------
    // 중첩(Nested), 내부(Inner) 클래스, MainActivity 안에 선언 => 멤버처럼 사용
    class MyBioClicks1 implements View.OnClickListener{      // EHL을 MyBioClicks1이 구현
        private String hello="";
        public MyBioClicks1(String hello) {     // ❷ 액티비티의 지역변수는 직접 사용할 수 없다.
            this.hello = hello;
        }
        @Override
        public void onClick(View v) {       // OnClickListener handler method EHM
            if(v==birthDatePicker) {
                txtbirthdate.setText(hello);
                // MainActivity.this.txtbirthdate.setText(hello);
                // MainActivity.this → MainActivity 멤버
            }
        }
    }
    class MyBioClicks2 implements View.OnClickListener {   // EHL을 MyBioClicks2가 구현
        @Override
        public void onClick(View v) {    // OnClickListener handler method EHM
            if(v==specifiedDatePicker) {
                txtthedate.setText(new Date( ).toString( ));
            }
        }
    }
    class MyBioClicks3 implements View.OnClickListener {   // EHL을 MyBioClicks3이 구현
        @Override
        public void onClick(View v) {    // OnClickListener handler method EHM
            if(v==showbio) {
                String st=String.format("%s! 오늘은 %s다.",txtbirthdate.getText( ), txtthedate.
                    getText( ));
                txtbirthdate.setText("");
                txtthedate.setText("");
                Toast.makeText(getBaseContext( ),st,Toast.LENGTH_LONG).show( );
            }
        }
    }
}   // MainActivity
```

❶ 중첩(Nested)을 사용할 때, 액티비티의 지역변수를 핸들러 객체에서 사용할 수 없다. 생성자를 이용하여 핸들러에 넣을 수 있다.

❷ 지역변수를 받기 위해 생성자나 메서드를 사용한다.

6.3.4 익명 내부 클래스(Anonymous Nested Class) 사용하기

리스너를 implements한 핸들러 객체를 만들지 않고, 리스너 인터페이스를 내부적으로 구현하는 방법을 사용해도 된다. 안드로이드에서 이벤트, 쓰레드에 관련된 소스들을 보면 자바 문법이 아닌 것처럼 느껴질 수도 있다. 인터페이스나 추상 클래스는 구현(implements)하거나 상속(extends)한 후 객체를 생성해서 사용하는 것이 일반적이다. 그런데 6.3.3처럼 한 버튼만 관계가 있고 구현할 메서드가 1개만(많아도 2개) 있을 때는 익명 내부 클래스를 많이 사용한다.

[MyEvent4 – MainActivity]

```
public class MainActivity extends AppCompatActivity {   // View.OnClickListener EHI
    Button birthDatePicker, specifiedDatePicker;
    // Button showbio;
    EditText txtbirthdate, txtthedate;
    int b=10;
    @Override
    protected void onCreate(Bundle savedInstanceState) {
        super.onCreate(savedInstanceState);
        setContentView(R.layout.activity_main);
        showComponet( );
    }
    public void showComponet( ) {
        // layout에 있는 컴포넌트 객체 생성
        birthDatePicker=(Button)findViewById(R.id.birthdate);
        specifiedDatePicker=(Button)findViewById(R.id.thedate);
        txtbirthdate=(EditText)findViewById(R.id.txtbirthdate);
        txtthedate=(EditText)findViewById(R.id.txtthedate);
        final Button showbio=(Button)findViewById(R.id.showbio);   // 지역 참조타입은 final

        //----------------------------OnClickListener
```

```java
// int a=15;   // 지역변수는 Nested에서 직접 사용할 수 없다.
final String temps="Hello";     // ❹ 지역 참조타입은 final
// 이벤트 핸들러 객체 ------------------------------
// 중첩(Nested), 내부(Inner) 클래스, MainActivity 안에 선언 => 멤버처럼 사용
View.OnClickListener omylietener =new View.OnClickListener() {
    // ❶ 인터페이스인 자신이 구현
    @Override
    public void onClick(View v) {     // OnClickListener handler method EHM
        if(v==birthDatePicker) {        // ❷ birthDatePicker만 이벤트 관여
            txtbirthdate.setText(temps);    // final 지역 참조타입 접근 가능
            // MainActivity.this.txtbirthdate.setText(temps);    // MainActivity.this →
                MainActivity 멤버
            // txtbirthdate.setText(s+"    "+a);  // 지역 기본타입 접근 불가
            // txtbirthdate.setText(s+"    "+b);  // 멤버 접근 가능
        }
    }
};

birthDatePicker.setOnClickListener(omylietener);
// 익명 중첩(Nested), 내부(Inner) 클래스, MainActivity 안에 선언 => 멤버처럼 사용
specifiedDatePicker.setOnClickListener(new View.OnClickListener() {
    // ❸ 익명 내부 클래스
    @Override
    public void onClick(View v) {
        if(v==specifiedDatePicker){
            txtthedate.setText(new Date( ).toString( ));
        }
    }
});
// showbio가 생성되어 있다는 보장이 없기 때문에
if(showbio!=null)           // ❹ 지역 참조 변수
showbio.setOnClickListener(new View.OnClickListener() {
    @Override
    public void onClick(View v) {        // OnClickListener handler method EHM
        if(v==showbio){
            String st=String.format("%s! 오늘은 %s다.",txtbirthdate.getText( ), txtthe
                date.getText( ));
            txtbirthdate.setText("");
            txtthedate.setText("");
            Toast.makeText(getBaseContext( ),st,Toast.LENGTH_LONG).show( );
        }
```

```
                }
            });
        }
    }       // MainActivity
```

❶ 인터페이스인 View.OnClickListener는 구현하지 않은 onClick() 추상 메서드가 있기 때문에
객체를 생성할 수 없다.

```
new View.OnClickListener( );   // 불가능
```

그런데 onClick() 추상 메서드를 구현하면 객체를 생성할 수 있다. 다시 말해, 자신이 내부적으
로 추상 메서드를 구현하면 인터페이스가 아니므로 객체를 생성할 수 있다.

```
new View.OnClickListener( ) {
    onClick(View v){
        // 생략
    }
}
```

❷ 이런 형태는 여러 버튼이 사용하는 것이 아니라 하나의 특정 버튼에 종속된(관련된) 것이고 메서드
도 하나뿐이다.

❸ 액티비티 안에 이름도 사용하지 않고 자신이 내부적으로 객체를 생성하는 형태를 익명 내부 클래
스(Anonymous Nested Class)라고 한다. 안드로이드에서 매우 많이 사용하는 형태다.

❹ 익명 내부 클래스에서 지역변수 중 참조타입에 final 키워드를 붙이면, 메모리에서 바로 회수되지
않고 사용이 끝날 때까지 기다려주므로 지역변수를 사용할 수 있다.

6.3.5 액티비티와 핸들러 객체가 서로 독립된 클래스

서로 다른 두 클래스이므로 일반 클래스와 같은 방법(생성자, get/set)을 사용한다. 이벤트 핸들러에서는 거의 사용하지 않는다.

[MyEvent5 – MainActivity]

```java
class MainActivity extends AppCompatActivity {
    Button birthDatePicker, specifiedDatePicker,showbio;
    EditText txtbirthdate, txtthedate;
    @Override
    protected void onCreate(Bundle savedInstanceState) {
        super.onCreate(savedInstanceState);
        setContentView(R.layout.activity_main);
        showComponet( );
    }

    public void showComponet( ) {
        // layout에 있는 컴포넌트 객체 생성
        birthDatePicker=(Button)findViewById(R.id.birthdate);
        specifiedDatePicker=(Button)findViewById(R.id.thedate);
        txtbirthdate=(EditText)findViewById(R.id.txtbirthdate);
        txtthedate=(EditText)findViewById(R.id.txtthedate);
        showbio=(Button)findViewById(R.id.showbio);
        // ----------------------------OnClickListener
        birthDatePicker.setOnClickListener(new MyBioClicks(txtbirthdate, txtthedate));
        // ❶ 핸들러 객체 생성
        specifiedDatePicker.setOnClickListener(new MyBioClicks(txtbirthdate, txtthedate));
        showbio.setOnClickListener(new MyBioClicks(txtbirthdate, txtthedate));
    }
}   // MainActivity

// ❷ 독립된 클래스, MainActivity 밖에 선언, 같은 파일일 때는 public 불가능
class MyBioClicks implements View.OnClickListener{   // EH를 MyBioClicks가 구현
    EditText txtbirthdate, txtthedate;
    public MyBioClicks(EditText txtbirthdate, EditText txtthedate) {
        this.txtbirthdate = txtbirthdate;
        this.txtthedate = txtthedate;
    }
```

```java
    @Override
    public void onClick(View v) {                    // 핸들러 메서드 EHM
        if(v.getId( )==R.id.birthdate){              // ❸ 발생한 장소를 R.id 고유번호로 식별
            txtbirthdate.setText("Hello");
        } else if(v.getId( )==R.id.thedate) {
            txtthedate.setText(new Date( ).toString( ));
        } else if(v.getId( )==R.id.showbio) {
            String st=String.format("%s! 오늘은 %s다.",txtbirthdate.getText( ), txtthedate.
                getText( ));
            txtbirthdate.setText("");
            txtthedate.setText("");
            // v.getContext( ) 중요
            Toast.makeText(v.getContext( ),st,Toast.LENGTH_LONG).show( );
        }
    }
}
```

설명

❶ 액티비티와 독립적으로 선언된 핸들러 객체를 생성한다. 이벤트 소스에 이벤트 핸들러를 등록한다.

❷ 리스너를 구현한 핸들러를 선언한다. 핸들러는 핸들러 메서드를 구현해야 한다.

❸ 이벤트가 발생한 장소(이벤트 소스)를 구별할 때는 getId( )를 사용한다.

6.4 지진의 크기를 알려주는 원 그리기

View를 상속해 사용자가 정의한 간단한 뷰를 만들자. 상속의 개념과 invalidate( )를 호출하면 onDraw( )가 실행되는 간접호출(관리자에게 알리면, 체계적으로 실행 – 쓰레드 관리자, Looper 등) 방식을 익힌다.

6.4.1 크기가 결정된 원 그리기

지진의 세기에 따라 원의 크기와 색상을 나타내는 사용자정의뷰를 만들자. View를 생성하는 방법은 자바에서 사용하는 new 방법과, 안드로이드에서 주로 사용하는 findViewById( ) 방법이 있다. 앞에서는 findViewById( )로 뷰를 생성했다. 여기서는 자바처럼 new로 뷰를 생성하는 방법을 살펴본다.

[Circle000 – EarthquakeView]

```
// ❶ View를 상속받는다.
public class EarthquakeView extends View {
// ❷ new로 생성할 때
public EarthquakeView(Context context) {
    super(context);
}
// ❸ findViewById로 생성할 때
public EarthquakeView(Context context, AttributeSet attrs) {
    super(context, attrs);
}
public EarthquakeView(Context context, AttributeSet attrs, int defStyleAttr) {
    super(context, attrs, defStyleAttr);
}
public EarthquakeView(Context context, AttributeSet attrs, int defStyleAttr, int defStyleRes) {
    super(context, attrs, defStyleAttr, defStyleRes);
}
// ❹ 지진세기 저장
private double magnitude=0.0;
// ❺ 외부에서 지진세기를 입력받는다.
public void setMagnitude(double magnitude) {
    this.magnitude=magnitude;
    invalidate();    // ❻ View에 반영, ❼ onDraw( )를 자동 호출한다.
```

```
}
// ❼ View에 그린다.
public void onDraw(Canvas canvas) {
    super.onDraw(canvas);
    //-------------------------------------------------------------
    float width=getWidth( );              // ❽ 화면 넓이
    float height=getHeight( );            // ❽ 화면 높이
    //-------------------------------------------------------
    setBackgroundColor(Color.WHITE); // ❾ 흰색 칠하기
    Paint circleOut = new Paint(Paint.ANTI_ALIAS_FLAG);   // ❿ 매끄럽게 그리기
    circleOut.setColor(Color.RED);        // ⓫ 색상 결정하기
    canvas.drawCircle(width/ 2, height / 2, (float) (magnitude * 50), circleOut);
    // ⓬ 꽉찬 원 }
}
```

설명

❶ 사용자의 뷰는 View를 상속받는다. onDraw( )를 구현해야 화면에 그림을 그릴 수 있다.

❷ New로 객체를 생성하려면 Context를 인자로 갖는 생성자가 필요하다.

❸ findViewById로 객체를 생성하려면 인자 2개, 3개, 4개짜리 생성자가 필요하다.

❹ 지진세기를 저장하기 위한 magnitude를 멤버로 선언한다.

❺ 외부에서 지진의 세기를 입력받는다.

❻ View에 화면결과를 반영하기 위해 invalidate( )를 호출한다. invalidate( )는 자동으로 onDraw( )를 호출한다.

❼ View에 그린다.

❽ 화면의 높이와 넓이를 구한다.

❾ 화면을 흰색으로 칠한다.

❿ 매끄럽게 그린다.

⓫ 색상을 결정한다.

⓬ 결정한 색상으로 채운 원을 그린다. drawCircle(원의 중심 x좌표, 원의 중심 y좌표, 지름, 원의 정보를 갖는 Paint). View에 원, 선, 도형을 그릴 때 좌표는 모두 float타입이므로 (float) 타입 변환한다.

```java
public class MainActivity extends AppCompatActivity {
    @Override
    protected void onCreate(Bundle savedInstanceState) {
        super.onCreate(savedInstanceState);
        // setContentView(R.layout.activity_main);
        EarthquakeView circle=new EarthquakeView(this);      // ① 컨텍스트를 생성자로 넣어줌
        setContentView(circle);          // ② 화면에 보여주기
        circle.setMagnitude(7);          // ③ 원 그리기
    }
}
```

메인 액티비티에서 View를 생성할 때 new를 사용할 수 있다.

❶ 액티비티의 정보를 관리하는 컨텍스트(Context)를 생성자로 대입해야 하는데 this 액티비티는 컨텍스트를 찾아 넘겨준다(컨텍스트는 MainActivity의 부모다). this 대신 getBaseContext()를 써도 된다.

❷ new로 생성한 View를 화면에 보여준다.

❸ 지진진도 "7"을 입력하고 색상에 맞는 원을 그리게 한다. setMagnitude()에 invalidate()가 있기 때문에 onDraw()를 호출하여 원을 그린다.

6.4.2 SeekBar에 반응해서 원의 크기 변경하기

SeekBar에 반응해 지진의 세기와 색상을 나타내는 원을 만들어 보자. 생성자 오버로딩, 이벤트, 캔버스를 익힌다.

화면을 설계하자.

① 사용자가 정의한 뷰인 상대 레이아웃의 아래쪽에 SeekBar를 놓고 높이를 '50dp'로 설정한다. 최대값은 10(진도세기)이다.

② EarthQuakeView를 SeekBar 위에 놓는다. 화면 크기로 높이와 넓이를 설정(match_parent)한다.

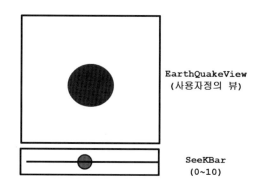

EarthQuakeView
(사용자정의 뷰)

SeeKBar
(0~10)

SeekBar의 이동에 따라 원의 크기와 색상 변경 ▶

```xml
<?xml version="1.0" encoding="utf-8"?>
<RelativeLayout xmlns:android="http://schemas.android.com/apk/res/android"
    xmlns:tools="http://schemas.android.com/tools"
    android:layout_width="match_parent"
    android:layout_height="match_parent"
    android:paddingBottom="@dimen/activity_vertical_margin"
    android:paddingLeft="@dimen/activity_horizontal_margin"
    android:paddingRight="@dimen/activity_horizontal_margin"
    android:paddingTop="@dimen/activity_vertical_margin"
    tools:context="com.infopub.j4android.circles001.CircleMainActivity">
    <com.infopub.j4android.circles001.EarthquakeView
        android:id="@+id/centerview"
        android:layout_width="match_parent"
        android:layout_height="match_parent"
        android:layout_alignParentTop="true"
        android:layout_centerHorizontal="true" />
    <SeekBar
        android:layout_width="match_parent"
        android:layout_height="50dp"
        android:id="@+id/seekBar"
        android:layout_alignParentBottom="true"
        android:layout_alignParentStart="true"
        android:max="10" />
</RelativeLayout>
```

레이아웃에 사용자정의뷰를 설정했기 때문에 인자 2, 3, 4개가 있는 생성자가 필요하다. 모든 생성자를(1~4) 만들고 조건문을 이용하여 지진세기에 따라 원의 크기와 색상을 변하게 하자. SeekBar를 왼쪽에서 오른쪽으로 이동시키면 값이 0부터 10까지 변경된다. 변경된 값에 따라 지진 원을 그려보자.

```java
public class EarthquakeView extends View {
// ❶ 생성자 동일 4개 선언 생략
private double magnitude=0.0;
// ❷ 지진세기를 입력받은 후 화면에 반영
public void setMagnitude(double magnitude) {
    this.magnitude=magnitude;
```

```
        invalidate( );      // ❸ onDraw( ) 호출 화면에 그림
}
public void onDraw(Canvas canvas) {
    super.onDraw(canvas);

    float width=getWidth( );      // ❹ 넓이
    float height=getHeight( );   // ❹ 높이
    float select=Math.min(width,height);   // 최소값
    float ratio=select/500;       // 휴대전화 크기를 고려하기 위해
    setBackgroundColor(Color.WHITE);          // ❺ 흰색
    Paint circleOut = new Paint(Paint.ANTI_ALIAS_FLAG);   // 매끄럽게 그린다.
    // ❻ 지진세기에 따라 분기
    if (magnitude >= 8.0) {
        // ❼ showCircle (canvas, width, height,magnitude, paint, color)
        showCircle(canvas, width/2, height/2, magnitude * 11*ratio, circleOut, Color.RED);
    } else if (magnitude >= 7.0) {
        showCircle(canvas, width/2, height/2, magnitude * 8*ratio, circleOut, Color.BLUE);
    } else if (magnitude >= 6.0) {
        showCircle(canvas, width/2, height/2, magnitude * 5*ratio, circleOut, Color.BLACK);
    } else {
        showCircle(canvas, width/2, height/2, magnitude * 2*ratio, circleOut, Color.GREEN);
    }
}
// ❽ showCircle 입력된 색상, 크기에 맞춰 원을 그린다.
  public void showCircle(Canvas canvas,float width,float height,
        double magnitude, Paint paint, int color) {
    paint.setColor(color);   // 색상
    canvas.drawCircle(width, height, (float)magnitude, paint); // 좌표 반지름
  }
}
```

---

❶ 생성자 4개를 선언한다.

❷ 지진의 세기를 입력받고 원에 반영한다.

❸ Invalidate( )를 호출하면 onDraw( )를 호출하여 화면에 원을 그린다.

❹ 화면의 넓이, 높이, 최소값을 구한다. 원의 크기를 핸드폰 크기에 맞추기 위해 비율을 조절한다.

❺ 배경을 흰색으로 한다. 원을 매끄럽게 그린다.

❻ 지진세기에 따라 원과 색상을 변경한다.

❼ showCircle(canvas, width, height, magnitude, paint, color)을 인자에 맞춰 호출한다.

❽ 입력된 색상과 크기에 맞춰 원을 그린다.

[Circle001 – MainActivity]

```java
public class CircleMainActivity extends AppCompatActivity {
// ❶ 사용자정의뷰와 SeekBar를 선언한다.
    private EarthquakeView earthquakeView;
    private SeekBar seekBar;
    @Override
    protected void onCreate(Bundle savedInstanceState) {
        super.onCreate(savedInstanceState);
        setContentView(R.layout.activity_circle_main); // ❷ 중요, 레이아웃에서 정의 뷰를 찾기 위해 필요
// ❸ 사용자정의뷰를 생성한다.
        earthquakeView=(EarthquakeView)findViewById(R.id.centerview);
        // ❹ SeekBar를 생성한다.
        seekBar=(SeekBar)findViewById(R.id.seekBar);
        // ❺ SeekBar에 핸들러 객체 등록    // ❻ 익명 내부 클래스
        seekBar.setOnSeekBarChangeListener(new SeekBar.OnSeekBarChangeListener() {
            @Override                    // ❼ SeekBar의 값을 변경시키면 → 이동시키면
            public void onProgressChanged(SeekBar seekBar, int progress, boolean fromUser) {
                earthquakeView.setMagnitude(progress);    // ❽ 지진의 세기를 변경시키고 onDraw( )
            }
            @Override
            public void onStartTrackingTouch(SeekBar seekBar) {    // ❾ 시작
            }
            @Override
            public void onStopTrackingTouch(SeekBar seekBar) {    // ❾ 끝
            }
        });
    }
}
```

❶ 사용자정의뷰와 SeekBar를 선언한다.

❷ 사용자정의뷰를 New가 아니라 findViewById( )로 생성하기 위해 레이아웃을 등록해야 한다.

❸ 사용자정의뷰를 생성한다.

❹ SeekBar를 생성한다.

❺ SeekBar에 이벤트 핸들러 객체를 등록한다. 이벤트 핸들러 객체가 익명 내부(Anonymous Inner) 클래스다.

❻ SeekBar.OnSeekBarChangeListener 리스너는 인터페이스로, 반드시 onProgressChanged(), onStartTrackingTouch(), onStopTrackingTouch()를 구현해야 한다.

❼ onProgressChanged()는 SeekBar를 이동시키면 값이 변경되면서 실행된다.

❽ SeekBar에서 얻은 값을 EarthQuakeView에 대입한 후 invalidate()를 호출한다. Invalidate()는 onDraw()를 호출하여 입력한 조건에 맞는 색상의 원을 그린다.

❾ onStartTrackingTouch(), onStopTrackingTouch()는 각각 처음 시작할 때와 끝날 때 실행된다.

for문과 canvas를 이용하여 싸인 곡선을 그려보자. 공식유도, 타입 변환, 메서드 사용 방법을 익힌다.

안드로이드 좌표는 산수나 수학의 좌표와 다르다. 산수의 y좌표는 아래에서 위로 증가하지만, 안드로이드는 위에서 아래로 증가한다.

다음 그림은 안드로이드에서 x좌표에 대한 y좌표의 값 sineValue를 구하는 방법을 보여준다. 전체 넓이를 period, 전체 높이/3을 height로 정했다.

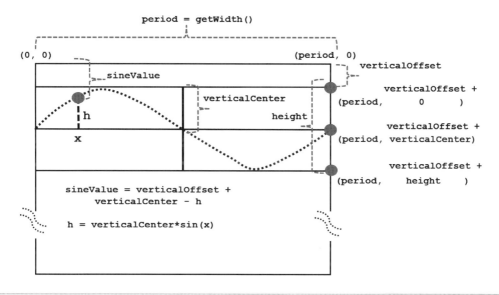

▲ 안드로이드 좌표에서 싸인값 구하기

[BasicPic – SineCurveView]

```java
package com.infopub.j4android.basicpic;
import android.content.Context;
import android.graphics.Canvas;
import android.graphics.Color;
import android.graphics.Paint;
import android.graphics.Path;
import android.util.Log;
import android.view.View;
```

```
public class SineCurveView  extends View {
    private int verticalCenter;
    private int verticalOffset;
    private int period;
    private float dayUnit;
    private int height;
    private int horizontalCenter;
    public SineCurveView(Context context) {
        super(context);
    }
    // ① 그림 그리기
    public void onDraw(Canvas canvas) {
        super.onDraw(canvas);
        drawAxis(canvas);              // ② 축 그리기 호출
        makeGraph(canvas);            // ③ 싸인 곡선 그리기 호출
    }
    // ② 축 그리기 선언
    private void drawAxis(Canvas canvas) {
        setBackgroundColor(Color.BLACK);          // ④ 배경색은 검은색
        Paint paint = new Paint( );
        Path path = new Path( );
        paint.setColor(Color.WHITE);              // ⑤ 선은 흰색
        paint.setAntiAlias(true);                 // ⑥ 부드럽게 연결
        paint.setStrokeWidth(3);                  // ⑦ 선의 두께 3px
        paint.setStyle(Paint.Style.STROKE);       // ⑧ 실선
        verticalOffset = 30;                      // ⑨ 위에서 30px을 떨어지게 한다.
        height = getHeight( ) - verticalOffset;   // ⑩ 화면의 전체 높이, 420-30=390
        height/=3;                                // ⑪ 그래프 높이, 화면의 1/3 130
        verticalCenter = height / 2;              // ⑫ 그래프 높이의 중앙, 그래프 높이의 1/2
        period = getWidth( );    //width 360      // ⑬ 그래프 넓이
        dayUnit = period / 12;                    // ⑭ 12등분, 30도 단위로 구분, 360/12=30도
        horizontalCenter=period/2;                // ⑮ 그래프 넓이 중앙

        // 옆으로 upper horizontal ────────────
        path.moveTo(0, verticalOffset);           // ⑯ 선의 시작점
        path.lineTo(period, verticalOffset);      // ⑰ 선의 끝점
        canvas.drawPath(path, paint);             // ⑱ 시작과 끝을 연결하여 선 그리기
        // 옆으로 center line ────────────
        path.moveTo(0, verticalCenter+verticalOffset);
        path.lineTo(period, verticalCenter+verticalOffset);
```

```
        canvas.drawPath(path, paint);
        // 옆으로 under horizontal -----------
        path.moveTo(0, height+verticalOffset);
        path.lineTo(period, height+verticalOffset);
        canvas.drawPath(path, paint);
        // ⑲ 30도 단위로 시작점과 끝점을 연결하는 선 그리기, 30도 단위 수직선 |
        for(int i = 0; i <= period ; i+= dayUnit) {
            path.moveTo(i, verticalOffset);
            path.lineTo(i, height+verticalOffset);
        }
        // ⑳ 시작과 끝을 연결하여 그리기
        canvas.drawPath(path, paint);
    }
    // ㉑ 싸인값
    private double getBioRhythmValue(float n) {
        return verticalCenter*Math.sin(Math.toRadians(n));
    }
    // ❸ 싸인 곡선 그리기 선언
    public void makeGraph(Canvas canvas) {
        Path path = new Path( );
        Paint paint = new Paint( );
        paint.setAntiAlias(true); // 부드럽게 연결
        paint.setStrokeWidth(3); // 선의 두께 3px
        paint.setStyle(Paint.Style.STROKE); // 실선
        paint.setColor(Color.RED);
        // ㉒ x값에 대한 싸인 곡선 그리기
        path.moveTo(0, -(float)getBioRhythmValue(0)+verticalCenter+verticalOffset);
        for(int i = 0; i <= 360; i++) {
            path.lineTo(i*(dayUnit/30.0f),
            -(float)getBioRhythmValue(i)
            +verticalCenter+verticalOffset);
        }
        canvas.drawPath(path, paint);
    }
}
```

❶ onDraw( )는 뷰에 그림을 그린다. 축을 먼저 그리고, 싸인 곡선을 그린다.

❷ 축을 그린다.

❸ 싸인 곡선을 그린다.

❹ 배경색을 검은색으로 설정한다.

❺ 선을 흰색으로 설정한다.

❻ 부드럽게 연결되게 설정한다.

❼ 선의 두께를 3px로 설정한다.

❽ 실선으로 설정한다.

❾ 위에서 30px 떨어지게 해서 그래프를 그린다.

❿ 화면의 전체 높이를 구한다.

⓫ 싸인 그래프의 높이를 화면의 1/3로 설정한다.

⓬ 싸인 그래프 높이의 중앙을 싸인 그래프 높이의 1/2로 한다.

⓭ 싸인 그래프 넓이를 구한다.

⓮ 30도 단위를 표시하기 위해 싸인 그래프 넓이를 12등분한다.

⓯ 그래프 넓이의 중앙을 구한다.

⓰ 선의 시작점으로 이동한다.

⓱ 선의 끝점으로 이동한다.

⓲ 선의 시작점과(16) 끝점(17)을 연결하여 직선을 그린다. (y축의 경계를 3개 그린다.)

⓳ 30도 단위로 위에서 아래로 싸인 그래프 높이만큼 그린다. (x축의 경계를 13개 그린다.)

⓴ 시작점과 끝점들을 연결하여 직선들을 그린다.

㉑ 대입된 x값에 따라 싸인 곡선의 값을 구한다.

㉒ x값에 따라 싸인값을 그리고 연결하여 싸인 곡선을 그린다.

레이아웃을 사용하지 않고 싸인 곡선을 화면에 표시한다.

```
package com.infopub.j4android.basicpic;
import android.app.Activity;
import android.os.Bundle;
public class MainActivity extends Activity {
    @Override
    protected void onCreate(Bundle savedInstanceState) {
        super.onCreate(savedInstanceState);
        setContentView(new SineCurveView(this));
    }
}
```

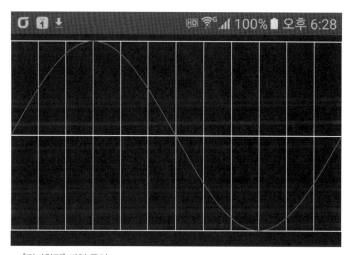

▲ [결과화면] 싸인 곡선

바이오리듬 그리기

이벤트와 그래프 그리기를 이용하여 바이오리듬을 그려보자. 반복문을 사용해서 바이오리듬 공식을 호출하는 방법을 익힌다. 앞에서 배운 생일, 오늘 날짜를 입력받은 이벤트 처리 방법, 싸인 그래프를 그리는 방법을 모두 연결해서 바이오리듬을 그려보자.

바이오리듬은 생일과 오늘을 입력받는다. 생일부터 오늘까지의 경과일수를 구해서 바이오리듬 공식에 입력한 후 각 주기에 따라 그래프를 그리고, 새 그래프를 리니어 레이아웃에 붙인다.

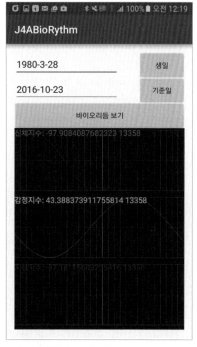

▲ [결과화면] 바이오리듬

View를 상속받아 바이오리듬 그래프를 그린다. 살아온 날을 신체지수, 감정지수, 지성지수와 같은 주기별로 싸인 곡선을 그린다.

[J4Biorythm – BioRhythmGraph]

```
package com.infopub.j4androidj4abiorythm;

import android.content.Context;
import android.graphics.Canvas;
import android.graphics.Color;
import android.graphics.Paint;
import android.graphics.Path;
import android.view.View;
```

```java
import java.util.Calendar;

public class BioRhythmGraph extends View {
    // ❶ 상수에서 설명, 신체지수, 감정지수, 지성지수
    public static final int PHYSICAL = 23;
    public static final int EMOTIONAL = 28;
    public static final int INTELLECTUAL = 33;

    private int index=23;
    private Calendar birth = null;
    private Calendar theDay = null;

    private int daysFromBirth;      // ❷ 태어난 지 며칠 (변수)
    private int verticalCenter;
    private int verticalOffset;
    private int period=23;
    private int dayUnit;
    private int height;

    public BioRhythmGraph(Context context, int index) {
        super(context);
        this.index = index;
    }
    // ❸ 생성할 때 주기, 생일, 오늘을 입력받는다.
    public BioRhythmGraph(Context context, int index, Calendar birth, Calendar theDay) {
        this(context, index);
        this.birth = birth;
        this.theDay = theDay;
    }

    @Override
    protected void onDraw(Canvas canvas) {
        super.onDraw(canvas);
        if(birth != null && theDay != null) {
            canvas.drawColor(Color.BLACK);
            // ❹ 축 그리기
            drawAxis(canvas);
            // ❺ 바이오리듬 그리기
            makeGraph(canvas);
            // ❻ 바이오리듬 종류 – 텍스트로 표시
```

```
        drawText(canvas);
    }
}
// ❻ "신체지수: 56.7"처럼 출력하기
private void drawText(Canvas canvas) {
    Paint paint = new Paint( );
    paint.setStyle(Paint.Style.STROKE);
    paint.setColor(getLineColor( ));
    paint.setTextSize(60);
    canvas.drawText(
        generateTextInformation(getBioRhythmValue(daysFromBirth)),
        0, 60, paint);     // ❼ (0, 60) 좌표에 "신체지수: 56.7"처럼 문자열을 출력 (호출)
}


// ❹ 축 그리기 - 싸인 그래프에서 설명
private void drawAxis(Canvas canvas) {
    Paint paint = new Paint( );
    Path path = new Path( );
    paint.setStyle(Paint.Style.STROKE);
    paint.setColor(Color.GRAY);

    verticalOffset = 15;
    int margin = 50;
    height = getHeight( ) - margin;
    verticalCenter = height / 2;
    period = getWidth( );
    dayUnit = period / 29;

    // upper horizontal --------------- 위 수평선
    path.moveTo(0, verticalOffset);
    path.lineTo(period, verticalOffset);
    canvas.drawPath(path, paint);
    // center line---------- 중간 수평선
    path.moveTo(0, verticalCenter+verticalOffset);
    path.lineTo(period, verticalCenter+verticalOffset);
    canvas.drawPath(path, paint);
    // under horizontal ---------- 아래 수평선
    path.moveTo(0, height+verticalOffset);
    path.lineTo(period, height+verticalOffset);
    canvas.drawPath(path, paint);
    // 수직선 |
```

```java
    for(int i = 0, counter = 0; i <= period; i+=dayUnit, counter++) {
        path.moveTo(i, verticalOffset);
        path.lineTo(i, height+verticalOffset);
    }
    canvas.drawPath(path, paint);
    // 넓이 중앙에 노란선, 오늘 표시, 양 옆으로 15일씩
    path = new Path( );
    paint.setColor(Color.YELLOW);
    path.moveTo(dayUnit*15, verticalOffset);
    path.lineTo(dayUnit*15, height+verticalOffset);
    canvas.drawPath(path, paint);
}
// ❺ 바이오리듬 그래프 그리기
public void makeGraph(Canvas canvas) {
    Path path = new Path( );
    Paint paint = new Paint( );
    paint.setStyle(Paint.Style.STROKE);
    paint.setColor(getLineColor( ));              // ❽ 주기에 따른 색상
    daysFromBirth = daysFromBirth( );             // ❷ 태어난 지 며칠 (계산)
    int startDay = daysFromBirth - 15;    // 앞뒤로 15일, 총 30일을 그래프에 그리기
    path.moveTo(0, -(float)getBioRhythmValue(startDay)+verticalCenter+verticalOffset);
    for(int i = dayUnit, j = startDay+1; i <= period ; i+=dayUnit, j++) {
        path.lineTo(i, -(float)getBioRhythmValue(j)+verticalCenter+verticalOffset);
        // ❾ 바이오리듬 값
    }
    canvas.drawPath(path, paint);
}
// ❼ "신체지수: 56.7"처럼 문자로 만들기 (선언)
private String generateTextInformation(double value) {
    String result = "";
    switch(index) {
        case PHYSICAL :
            result = "신체지수: ";
            break;
        case EMOTIONAL :
            result = "감정지수: ";
            break;
        case INTELLECTUAL :
            result = "지성지수: ";
            break;
    }
```

```
        return String.format("%s %.5f",result,(value*100.0/verticalCenter)) ; // .5f 소수점 다섯째자리
    }
    // ❾ 바이오리듬 값 구하기. 메서드에서 설명
    private double getBioRhythmValue(int days) {
        return verticalCenter* Math.sin((days % index) * 2 * Math.PI / index);
    }
    // ❷ 태어난 지 며칠 . Calendar. 날짜 변환에서 설명 (선언)
    private int daysFromBirth( ) {
        long dateBirth=birth.getTimeInMillis( );
        long dateToDay=theDay.getTimeInMillis( );
        long days=dateToDay-dateBirth;
        return (int)(days/1000/24/60/60);
    }
    // ❽ 바이오리듬별 색상 구하기 (switch)
    private int getLineColor( ) {
        switch(index) {
            case PHYSICAL :
                return Color.RED;
            case EMOTIONAL :
                return Color.GREEN;
            case INTELLECTUAL :
                return Color.BLUE;
            default :
                return Color.BLACK;
        }
    }
}
```

---

❶ 신체지수, 감정지수, 지성지수를 상수(변경할 수 없는 값)로 선언한다. [4장의 '4.8 상수' 참고]

❷ 태어난 지 며칠 되었는지 저장한다. 바이오리듬의 핵심은 태어난 지 며칠을 주기(반복되는 구간)로 나타난다는 데 있다. [3장의 '3.2.9 날짜관련 변환' 참고]

❸ 생성할 때 주기, 생일 날짜, 오늘 날짜를 입력받는다.

❹ 축을 그린다. 싸인 곡선 그리기와 동일하다.

❺ 바이오리듬을 그린다. 싸인 곡선 그리기와 비슷하다.

❻ 바이오리듬의 종류와 리듬 값을 표시한다.

➐ 안드로이드 좌표(0, 60)에 "신체지수: 56.70000"처럼 소수점 다섯째자리(%.5f)까지 표시한다.

➑ 바이오리듬 그래프를 그린다. 주기에 맞는 색상을 구한다. [4장의 '4.4 switch' 참고]

➒ 바이오리듬 값을 구한다. 싸인 곡선 그리기와 주기만 다르고 거의 동일하다. [2장의 '2.2.6 메서드', 4장의 '4.9 사용자정의의 메서드' 참고]

다음 그림은 바이오리듬 그래프를 그린 후 리니어 레이아웃에 붙이는 과정을 보여준다.

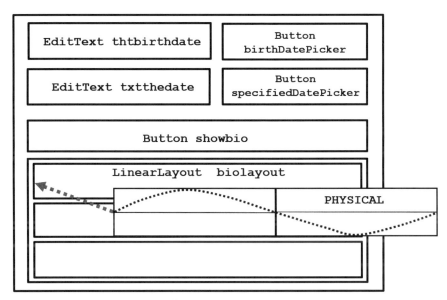

▲ 바이오리듬 그래프를 리니어 레이아웃에 붙이는 과정

레이아웃은 [바이오리듬을 위한 생일 입력받기]의 레이아웃에 다음과 같이 LinearLayout biolayout을 더 붙인다.

[J4Biorythm – activity_bio_main.xml]

```
<RelativeLayout xmlns:android="http://schemas.android.com/apk/res/android"
    <!--생략-->
    >
    <!--생략-->
    <LinearLayout
        android:orientation="vertical"
        android:layout_width="match_parent"
        android:layout_height="match_parent"
```

```
        android:id="@+id/biolayout"
        android:layout_below="@+id/showbio">
    </LinearLayout>
</RelativeLayout>
```

```
package com.infopub.j4android.j4abiorythm;

import android.app.DatePickerDialog;
import android.app.TimePickerDialog;
import android.support.v7.app.AppCompatActivity;
import android.os.Bundle;
import android.util.Log;
import android.view.View;
import android.widget.Button;
import android.widget.DatePicker;
import android.widget.EditText;
import android.widget.LinearLayout;
import android.widget.TimePicker;

import java.util.Calendar;
// ❶ Activity가 onClick( ) 이벤트 핸들러 메서드를 구현한다고 선언
public class BioMainActivity extends AppCompatActivity implements View.OnClick-
Listener {
// ❷ 주기 상수
public static final int PHYSICAL = 23;
public static final int EMOTIONAL = 28;
public static final int INTELLECTUAL = 33;
// ❸ 컴포넌트 선언 – 바이오리듬 그래프, 텍스트뷰, 버튼, 리니어 레이아웃
private BioRhythmGraph phyGraph;
private BioRhythmGraph emoGraph;
private BioRhythmGraph intelGraph;
Button birthDatePicker, specifiedDatePicker,showbio;
EditText txtbirthdate, txtthedate ;
private int mYear, mMonth, mDay;
private int bYear, bMonth, bDay;
private int tYear, tMonth, tDay;
private  LinearLayout graphLinearLayout;        // ❹ BioRhythmGraph들을 붙일 레이아웃
```

```
@Override
protected void onCreate(Bundle savedInstanceState) {
super.onCreate(savedInstanceState);
setContentView(R.layout.activity_bio_main);      // XML 레이아웃 참조
// ❺ XML 레이아웃을 참조하여 객체 생성
birthDatePicker=(Button)findViewById(R.id.birthdate);
specifiedDatePicker=(Button)findViewById(R.id.thedate);
txtbirthdate=(EditText)findViewById(R.id.txtbirthdate);
txtthedate=(EditText)findViewById(R.id.txtthedate);
showbio=(Button)findViewById(R.id.showbio);
graphLinearLayout = (LinearLayout)findViewById(R.id.biolayout);
// ❻ 버튼에 이벤트 등록
birthDatePicker.setOnClickListener(this);
specifiedDatePicker.setOnClickListener(this);
showbio.setOnClickListener(this);
// ❼ DatePickerDialog 기본으로 오늘로 설정
Calendar c = Calendar.getInstance( );   // 오늘의 년월일
mYear = c.get(Calendar.YEAR);
mMonth = c.get(Calendar.MONTH);
mDay = c.get(Calendar.DAY_OF_MONTH);
}


@Override
public void onClick(View v) {
if(v == birthDatePicker) {                    // ❽ 생일 DatePickerDialog, 생일을 찾는다.
   DatePickerDialog datePickerDialog = new DatePickerDialog(this,
       new DatePickerDialog.OnDateSetListener( ) {
           @Override
           public void onDateSet(DatePicker view, int year,
               int monthOfYear, int dayOfMonth) {
               // ❾ DatePickerDialog에서 입력받은 생일, 생일의 년월일
               bYear=year;
               bMonth=monthOfYear+1;
               bDay=dayOfMonth;
               txtbirthdate.setText(bYear + "-" + bMonth+ "-" + bDay);
           }
       }, mYear, mMonth, mDay);               // ❿ DatePickerDialog , 생일을 오늘부터 찾음
   datePickerDialog.show( );
} else if(v == specifiedDatePicker) {   // ⓫ 바이오리듬 확인일
   DatePickerDialog datePickerDialog = new DatePickerDialog(this,
```

```java
            new DatePickerDialog.OnDateSetListener( ) {
                @Override
                public void onDateSet(DatePicker view, int year,
                        int monthOfYear, int dayOfMonth) {
                    // ⑫ 바이오리듬 확인일, DatePickerDialog로 입력
                    tYear=year;
                    tMonth=monthOfYear+1;
                    tDay=dayOfMonth;
                    txtthedate.setText(tYear + "-" + tMonth+ "-" + tDay);
                }
            }, mYear, mMonth, mDay);    // 바이오리듬 확인일을 오늘부터 찾음
        datePickerDialog.show( );
    } else if(v==showbio && bYear!=0 && tYear!=0) {    // ⑬ 바이오리듬 그리기 버튼
        Calendar birth=Calendar.getInstance( );
        birth.set(bYear,bMonth-1,bDay);            // ⑭ 0월 ~11월, 생일
        Calendar theDay=Calendar.getInstance( );
        theDay.set(tYear,tMonth-1,tDay);           // ⑮ 0월 ~11월, 확인일
        // ⑯ 주기에 따른 바이오리듬 그래프
        phyGraph=new BioRhythmGraph(getApplicationContext( ), PHYSICAL, birth, theDay);
        emoGraph=new BioRhythmGraph(getApplicationContext( ), EMOTIONAL, birth, theDay);
        intelGraph=new BioRhythmGraph(getApplicationContext( ), INTELLECTUAL, birth, theDay);
        // ⑰ 리니어 레이아웃이 차지하는 전체 높이를 3등분
        int properHeight = graphLinearLayout.getHeight( ) / 3;    // ⑰ 세 개의 그래프를 위해 3등분
        Log.i("circle","--------------------------------->"+properHeight );
        graphLinearLayout.removeAllViews( );    // ⑱ 붙이기 전 청소
        // ⑲ 리니어 레이아웃에 수직방향으로 세 개의 그래프를 붙이기 위해
        phyGraph.setLayoutParams(
            new LinearLayout.LayoutParams(LinearLayout.LayoutParams.MATCH_PARENT, proper
                Height));
        emoGraph.setLayoutParams(
            new LinearLayout.LayoutParams(LinearLayout.LayoutParams.MATCH_PARENT, proper
                Height));
        intelGraph.setLayoutParams(
            new LinearLayout.LayoutParams(LinearLayout.LayoutParams.MATCH_PARENT, proper
                Height));
        // ⑳ 리니어 레이아웃에 그래프 붙이기
        graphLinearLayout.addView(phyGraph);
        graphLinearLayout.addView(emoGraph);
        graphLinearLayout.addView(intelGraph);
        // ㉑ 그래프 그리기, onDraw( ) 호출
        phyGraph.invalidate( );
```

```
    emoGraph.invalidate();
    intelGraph.invalidate();
    }
  }
}
```

❶ BioMainActivity가 onClick() 이벤트 핸들러 메서드를 구현한다고 선언한다.

❷ 주기별로 상수를 선언한다.

❸ 바이오리듬 그래프, 텍스트뷰, 버튼, 리니어 레이아웃 컴포넌트를 선언한다.

❹ 3개의 바이오리듬 그래프를 붙일 레이아웃이다. 자리를 먼저 잡고 new로 객체를 생성한 후 붙이는 방법을 사용하려고 한다.

❺ 바이오리듬 그래프 외의 다른 모든 컴포넌트는 XML 레이아웃을 참조해서 객체를 생성하는 findViewById() 메서드를 사용한다.

❻ 생일 입력받기 버튼, 바이오리듬 확인일을 입력받는 버튼, 바이오리듬 그리기 버튼에 이벤트를 등록한다. 이 세 버튼을 누르면 onClick() 핸들러 메서드가 호출된다.

❼ 생일을 찾거나 구하려는 날짜를 DatePickerDialog에서 오늘부터 찾도록 기본 날짜를 오늘로 설정한다.

❽ 생일을 입력받는 DatePickerDialog를 호출한다. DatePickerDialog는 오늘을 기본으로 표시하고 년월일을 변경해서 생일을 얻는다.

❾ 입력받은 생일의 년월일을 멤버에 저장한다.

❿ DatePickerDialog는 생일을 찾도록 오늘부터 보여준다.

⓫ 바이오리듬 확인일을 입력받기 위해 DatePickerDialog를 선택한다.

⓬ 바이오리듬 확인일의 년월일을 멤버에 저장한다.

⓭ 바이오리듬 그리기 버튼을 누른다.

⓮ 입력받은 생일을 Calendar로 변환한다.

⓯ 바이오리듬을 구하려고 하는 날을 Calendar로 변환한다.

⓰ 주기에 따른 바이오리듬 그래프를 생성한다. 생성할 때 주기, 생일, 확인일을 입력한다.

⓱ 3개의 그래프를 붙이기 위해 전체 레이아웃의 크기를 3등분한다.

⑱ 레이아웃에 붙이기 전에 청소한다.

⑲ 리니어 레이아웃에 3개의 바이오리듬을 수직방향으로 붙이기 위해 레이아웃의 방향을 설정한다.

⑳ 리니어 레이아웃에 각 그래프를 붙인다.

㉑ 각 그래프를 그리도록 한다. 자동으로 각 그래프의 onDraw( ) 메서드를 호출한다.

6.7 결과를 받는 액티비티를 이용하여 바이오리듬 그리기

앞에서 만든 바이오리듬(6.6)은 한 화면에서 입력받기 때문에 소스가 복잡해 보이지만, 두 개의 액티비티로 만들면 간단하게 처리할 수 있다. 한 액티비티에서 생일과 확인일을 입력받고, 메인 액티비티에 입력받은 정보를 전달하게 한다. 그리고 메인 액티비티가 입력받은 정보로 바이오리듬을 그리게 하면 된다.

이 작업의 주요 내용을 그림으로 표현하면 다음과 같다.

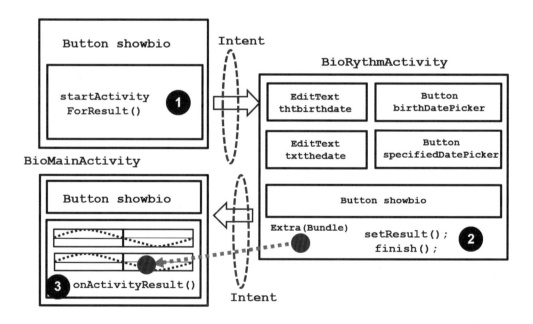

▲ 입력 액티비티와 그래프 그리기 액티비티 분리

❶ 액티비티 이동은 인텐트를 사용한다. 문자열이나 Bundle을 이용해 다른 액티비티에 정보를 전달할 수 있다. startActivityForResult()로 메인 액티비티에서 다른 액티비티로 이동한다.

❷ 작업이 끝나서 메인으로 돌아가려고 할 때 setResult()를 호출하고 자신의 액티비티는 finish()로 끝낸다.

❸ 이 결과를 갖고 메인에 돌아오면 onActivityResult()가 호출된다. 메인에서 인텐트를 통해 Extra(Bundle)를 얻고, 이 정보를 이용해 그래프를 그린다. [5장의 '5.12 결과를 갖고 되돌아오는 액티비티' 참고]

레이아웃과 이벤트는 앞 6.6의 [J4Biorythm-BioMainActivity]를 두 액티비티로 나누게 되므로 언뜻 보면 더 복잡해 보이지만, 각각의 역할은 더 명확해진다.

[J4Biorythm2-BioMainActivity]

```
package com.infopub.j4android.j4abiorythm2;
// 생략
public class BioMainActivity extends AppCompatActivity implements View.OnClickListener {
// 생략
@Override
    public void onClick(View v) {    // ❶ 정보를 입력받기 위해 다른 액티비티로 이동
        startActivityForResult(new Intent(v.getContext( ), BioRhythmActivity.class),
            0 );    // 0번 액티비티
    }

    @Override
    protected void onActivityResult(int requestCode, int resultCode, Intent data) {
    // ❷ 돌아오는 곳
        super.onActivityResult(requestCode, resultCode, data);
        if(requestCode == 0) {        // ❸ 어느 액티비티에서 돌아왔나 - 0번 액티비티
            if(resultCode == RESULT_OK) {        // ❹ 성공적으로 입력받았나
                Bundle b = data.getExtras( );    // ❺ Intent에서 Bundle 찾기
                int bYear=b.getInt("bYear");     // ❻ Bundle에서 getXXX(이름) 찾기
                int bMonth=b.getInt("bMonth");
                int bDay=b.getInt("bDay");
                int tYear=b.getInt("tYear");
                int tMonth=b.getInt("tMonth");
                int tDay=b.getInt("tDay");
```

```
                   Calendar birth = Calendar.getInstance( );    // 가져온 생일과 특정일의 정보를 대입
                   birth.set(bYear, bMonth - 1, bDay);          // 0월~11월, 생일
                   Calendar theDay = Calendar.getInstance( );
                   theDay.set(tYear, tMonth - 1, tDay);         // 0월~11월, 확인일
                   // 주기에 따른 바이오리듬 그래프
                   phyGraph = new BioRhythmGraph(getApplicationContext( ), PHYSICAL, birth,
                       theDay);    // ❼ 그래프
                   emoGraph = new BioRhythmGraph(getApplicationContext( ), EMOTIONAL,
                       birth, theDay);
                   intelGraph = new BioRhythmGraph(getApplicationContext( ), INTELLECTUAL,
  birth, theDay);
                   // 그래프 붙이는 부분 생략
               }
           }
       }
   }
```

설명

❶ 생일과 확인일을 입력받기 위해 다른 액티비티로 이동한다. 작업이 끝나면 돌아오기 때문에 `startActivityForResult( )`를 호출한다.

❷ 돌아오면 `onActivityResult( )`가 실행된다.

❸ 어느 액티비티에서 작업했는지 구별하기 위해 고유 아이디번호로 식별한다.

❹ 성공적으로 입력받고 돌아왔다면 OK다.

❺ 액티비티 이동은 Intent를 이용하는데, Intent에 String이나 Bundle(여러 개의 값을 "키,밸류"로 저장할 수 있는 객체)로 저장해서 보낸(putExtra( )) 정보를 얻는다(getExtra( )).

❻ Intent에서 Bundle을 얻고, Bundle에서 "키" 값을 이용해 저장된 밸류값을 얻는다.

❼ 얻은 정보로 바이오리듬 그래프를 그린다.

이제 생일과 특정일을 입력받은 액티비티를 구현하자. 이 액티비티는 '6.3 생일 입력받기' 예제와 거의 동일하다.

```
package com.infopub.j4android.j4abiorythm2;
// 생략
public class BioRhythmActivity extends AppCompatActivity implements View.OnClick-
Listener {
// 생략
@Override
    protected void onCreate(Bundle savedInstanceState) {
        super.onCreate(savedInstanceState);
        setContentView(R.layout.activity_bio_rhythm);
// 생략
    }
    @Override
    public void onClick(View v) {
        if(v == birthDatePicker) {
// 생략
        } else  if(v == specifiedDatePicker) {
// 생략
        } else if(v==showbio && bYear!=0 && tYear!=0) {
            Bundle b =getResultInformation();      // ❶ Bundle 만들기 (호출)
            Intent i = new Intent();               // ❷ 인텐트 만들기
            i.putExtras(b);                        // ❸ 인텐트에 번들 넣기
            setResult(RESULT_OK, i);               // ❹ 돌아가기
            finish();                              // ❺ 돌아가면서 자신은 끝내기
        }
    }
    public Bundle getResultInformation() {         // ❶ 여러 개의 정보를 Bundle에 저장 (선언)
        Bundle b = new Bundle();
        b.putInt("bYear",bYear);                   // ❻ ("키",밸류) 형식으로 int 타입을 저장
        b.putInt("bMonth",bMonth);
        b.putInt("bDay",bDay);
        b.putInt("tYear",tYear);
        b.putInt("tMonth",tMonth);
        b.putInt("tDay",tDay);
        return b;
    }
}
```

❶ Bundle을 만든다. Bundle에 여러 데이터를 저장(putXXX)할 수 있다.

❷ Bundle을 넣을 Intent를 만든다.

❸ 액티비티 사이의 이동은 인텐트를 이용하므로 인텐트에 Bundle을 넣고 뺄 수 있다.

❹ 메인 액티비티로 돌아간다.

❺ 자신을 끝내고 메인으로 간다.

❻ Bundle에 ("키", 밸류) 형식으로 저장한다. 저장하려는 밸류의 타입은 putXXX("키", 밸류)에서 "XXX" 부분을 보고 알 수 있다. putInt( )의 밸류는 int 타입이다.

6.8 0.1초마다 움직이는 싸인 곡선 그리기

6.8.1 쓰레드 이용하기

작은 원의 중앙이 큰 원의 경계를 따라 일정 시간단위로 회전할 때 작은 원은 싸인 곡선을 그린다. 이를 시간 변화에 따른 싸인 곡선으로 그려보자. 0.1초마다 변화된 값을 구하려면 쓰레드를 사용한다. 서브 쓰레드에서 메인의 화면 쓰레드에 접근할 수 없기 때문에 UI 쓰레드를 사용해야 한다. 쓰레드 작성 방법과 UI 쓰레드 사용법을 익히자.

결과화면

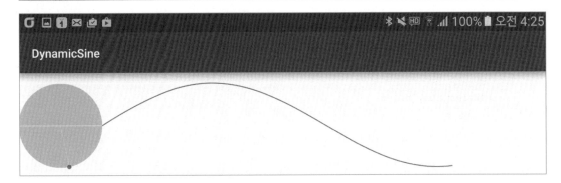

원과 싸인, 코싸인의 관계는 다음 그림과 같이 알려져 있다. 이 공식을 이용하여 0.1초마다 이동하는 싸인 그래프를 그려보자.

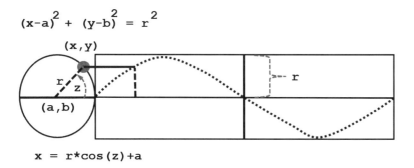

$$(x-a)^2 + (y-b)^2 = r^2$$

$$x = r*cos(z)+a$$

▲ 원과 싸인 그래프

```java
package com.infopub.j4android.dynamicsine;
import android.app.Activity;
import android.content.Context;
import android.graphics.Canvas;
import android.graphics.Color;
import android.graphics.Matrix;
import android.graphics.Paint;
import android.graphics.Paint.Style;
import android.graphics.Path;
import android.os.SystemClock;
import android.view.View;
public class DynamicSineView1 extends View {
    float second;              // ❶ 몇 초 경과했는지, 한 바퀴 도는데 6초 걸리도록 설정
    int width;                 // 화면 넓이
    int height;                // 화면 높이
    int maxwidth,              // ❷ 넓이와 높이 중 큰 값
    int bigRadius =200;        // ❸ 큰 원 반지름
    float ht=6.0f;             // ❹ 각도 변화량. 6초에 한 바퀴 회전. 6도/0.1초
    int verticalOffset=50;
    Context context;           // ❺ Activity의 정보를 갖는 Activity의 부모 클래스
    public DynamicSineView1(Context context) {
        super(context);
```

```java
        this.context=context;      // ⑤ 어떤 컨텍스트 → 어떤 Activity
    }
    @Override
    protected void onDraw(Canvas canvas) {
        super.onDraw(canvas);
        //----------------------------
        init( );                    // ⑥ 넓이, 높이 구하기 (호출)
        drawBigCircle(canvas);      // ⑦ 큰 원과 초침 그리기, ⑩ 작은 원 그리기
        drawSine(canvas);           // ⑧ 싸인 그리기
        clockCalc( );               // ⑨ 0.1초 후 각도 변경, 0.1초마다 onDraw( ) 호출
    }
    // ⑥ 넓이, 높이, 최대값 구하기 (선언)
    public void init( ){
        width =getWidth( );         // 넓이, 생성자에서 0이 됨, onDraw( )에서 구할 것
        height =getHeight( );       // 높이, 생성자에서 0이 됨, onDraw( )에서 구할 것
        maxwidth =Math.max(width, height);   // ❷ 넓이와 높이 중 최대값 구하기
    }
    // ⑦ 큰 원과 초침 그리기
    public void drawBigCircle(Canvas canvas) {
        // ⑪ 큰 원 그리기
        Paint circleIn = new Paint(Paint.ANTI_ALIAS_FLAG);
        circleIn.setColor(Color.LTGRAY);
        canvas.drawCircle(0+ bigRadius, 0+ bigRadius +verticalOffset, bigRadius, circleIn);
        // ⑫ 초침 그리기 - 일정 시간마다 초침 이동
        Matrix mt = new Matrix( );          // ⑬ 이동각 구하기
        Path secondPin = new Path( );       // 이동 전 정보
        secondPin.moveTo(0+ bigRadius, 0+ bigRadius +verticalOffset);
        secondPin.lineTo(0+bigRadius *2, 0+ bigRadius +verticalOffset);   // 0초를 그림
        mt.setRotate(-1.0f *ht * second, 0+ bigRadius, 0+ bigRadius +verticalOffset); // 이동 정보
        secondPin.transform(mt);            // ⑭ 이동, 시간 변화에 따른 각도 변화 반영
        Paint secondPaint = new Paint(Paint.ANTI_ALIAS_FLAG);
        secondPaint.setColor(Color.GREEN);
        secondPaint.setStyle(Style.STROKE);
        secondPaint.setStrokeWidth(3);
        canvas.drawPath(secondPin, secondPaint);   // ⑮ 이동된 초침 그리기
        // ⑯ 큰 원의 x, y 좌표 구하기
        float rex=(float)(bigRadius*Math.cos(Math.toRadians(-1.0f *ht *second)));
        float rey=(float)(bigRadius*Math.sin(Math.toRadians(-1.0f *ht *second)));
        // ⑩ (rex+a, rey+b, 10) 원의 공식, 작은 원 그리기
        drawSmallCircle(canvas, rex+bigRadius,rey+bigRadius+verticalOffset,10);
    }
```

232 _____ 자바 for 안드로이드 프로그래밍

```java
// ❿ 작은 원 그리기
public void drawSmallCircle(Canvas canvas, float fx, float fy, float r) {
    Paint circleIn = new Paint(Paint.ANTI_ALIAS_FLAG);
    circleIn.setStyle(Style.FILL);        // 원을 채움
    circleIn.setColor(Color.RED);         // 붉은색으로
    canvas.drawCircle(fx, fy, r, circleIn);       // 붉은색으로 채운 원을 그림
}
// ❽ 시간 변화에 따른 싸인 그래프 그리기
public void drawSine(Canvas canvas) {
    Path path=new Path( );
    Paint paint=new Paint( );
    paint.setAntiAlias(true);
    paint.setStyle(Style.STROKE);
    int step=(maxwidth-bigRadius*2)/360;        // 넓이에서 원의 지름을 뺀다. 360 등분
    paint.setColor(Color.RED);
    paint.setStrokeWidth(4);
    path.moveTo(0+bigRadius*2, verticalOffset+bigRadius);
    for(int i=0; i<=second*(int)(ht); i++) {
        path.lineTo(i*step+ bigRadius*2,
            (float)(bigRadius*(1-Math.sin(Math.toRadians(i)))+verticalOffset));
    }
    canvas.drawPath(path, paint);
}
// ❾ 0.1초마다 onDraw( ) 호출 → 초기화
public void clockCalc( ) {
    if(second>=59) {        // ⓱ 0~59. 60단위로 다시 시작
        second=0;
    } else {
        second++;        // 0.1초마다 1 증가, 6초 후 한 바퀴
    }
    new Thread( ) {   // 쓰레드 생성
        public void run( ){   // 쓰레드는 run( )을 오버라이딩
            // ⓲ 서브 쓰레드에서 UI 직접 접근 불가능, UI 쓰레드 이용
            ((Activity)context).runOnUiThread(new Runnable( ) {
                @Override
                public void run( ) {        // ⓳ UI 쓰레드 run( ) 구현
                    invalidate( );        // onDraw( ) 호출
                    SystemClock.sleep(100);   // ⓴ 0.1초 후
                }
            });
        }
```

```
    }.start();  // 쓰레드 start( ) → run( ) 호출
  }
}
```

❶ 몇 초 경과했는지 저장한다. 여기서는 0.1초마다 호출하여 한 바퀴 도는데 6초 걸리도록 설정되었다.

❷ 화면의 넓이와 높이 중 큰 값을 저장한다.

❸ 큰 원의 반지름을 저장한다.

❹ 0.1초마다 각도를 변화시켜 한 바퀴 도는데 6초 걸린다. 0.1초마다 6도 이동한다면, 6초 동안 작은 원이 큰 원을 360도(한바퀴) 돈다.

❺ 컨텍스트는 Activity의 정보를 갖는다. 또한 컨텍스트는 Activity의 부모 클래스다.

❻ 화면의 넓이와 높이를 구한다.

❼ 큰 원과 초침을 그린다. 그리고 큰 원 위에 작은 원(10번)을 그린다.

❽ 싸인 곡선을 그린다.

❾ 0.1초마다 각도를 6도씩 변화시킨다. 0.1초마다 onDraw( )를 호출하여 변화된 각도에 따라 큰 원과 초침을 그린다.

❿ 변화된 각도에 따라 큰 원 위에서 이동한 작은 원을 그린다.

⓫ 큰 원을 그린다.

⓬ 초침을 그린다. 초침은 이동 전 값을 구하고, 0.1초 후 6도 이동해서 초침을 그린다.

⓭ 각 변경은 Matrix를 이용하고 setRotate( )로 이동하려는 위치를 설정한다.

⓮ transform( )으로 위치를 이동시킨다.

⓯ 이동된 초침을 그린다.

⓰ 원의 공식을 이용하여 이동한 큰 원의 (x, y) 좌표를 구한다. 작은 원의 중심을 이동한 큰 원의 (x, y) 좌표에 놓는다. 그리고 반지름 10px로 작은 원을 그린다.

⓱ 0.1초마다 작업하기 위해 쓰레드를 사용한다. 쓰레드는 run( ) 메서드를 구현해야 한다.

⓲ 서브 쓰레드는 메인의 UI에 직접 접근할 수 없으므로 UI 쓰레드를 이용해야 한다. UI 쓰레드는 Activity의 runOnUiThread( ) 메서드를 호출해서 사용한다. 컨텍스트는 Activity의 정보를 갖는 Activity의 부모 클래스다. 컨텍스트를 생성자에서 받았는데 Activity가 필요하므로 자식으로 (Activity) 타입캐스팅한다.

⑲ UI 쓰레드는 run( )을 구현한다. Invalidate( )는 onDraw( )를 호출하여 각 변경에 따른 큰 원, 초침, 작은 원을 그린다. 그리고 SystemClock.sleep(100)은 0.1초 동안 기다린다.

⑳ 결국 clockCalc( )는 0.1초 후 onDraw( )를 호출하고, onDraw( )는 clockCalc( )를 다시 호출하기 때문에 0.1초마다 원과 초침을 다시 그리게 된다. clockCalc( ) 자신이 자신을 호출하는 것을 재귀호출이라 한다.

다음은 XML 레이아웃을 사용하지 않고 객체 생성 방법을 사용하여 싸인 곡선을 표시한다.

[DynamicSine – MainActivity]

```
package com.infopub.j4android.dynamicsine;
import android.support.v7.app.AppCompatActivity;
import android.os.Bundle;
public class MainActivity extends AppCompatActivity {
    @Override
    protected void onCreate(Bundle savedInstanceState) {
        super.onCreate(savedInstanceState);
        // setContentView(R.layout.activity_main);
        setContentView(new DynamicSineView1(this));     // ❶ 움직이는 싸인 곡선을 생성한다.
    }
}
```

설명

❶ 움직이는 싸인 곡선을 생성하면 액티비티에 View가 보이게 된다.

넓이를 항상 높이보다 크게 하려면 메니페스트의 방향을 랜드스케이프(landscape)로 설정한다. 반대로 항상 높이를 넓이보다 크게 하려면 포트레이트(portrait)로 설정한다.

[J4Biorythm – AndroidManifest.xml]

```
<activity android:name=".MainActivity" android:screenOrientation="landscape">
```

6.8.2 핸들러 이용하기

핸들러를 사용하여 동적 싸인 그래프를 그려보자. 앞에서 쓰레드와 UI 쓰레드를 사용하였다. 쓰레드와 UI 쓰레드를 사용하는 것보다 핸들러 사용을 권장한다. 핸들러는 sendMessage( )를 호출하면 handleMessage( )가 자동으로 호출되는 방법을 사용한다.

[DynamicSine2 – DynamicSineView2]

```java
package com.infopub.j4android.dynamicsine2;
import android.app.Activity;
import android.content.Context;
import android.graphics.Canvas;
import android.graphics.Color;
import android.graphics.Matrix;
import android.graphics.Paint;
import android.graphics.Paint.Style;
import android.graphics.Path;
import android.os.Handler;
import android.os.Message;
import android.os.SystemClock;
import android.view.View;

public class DynamicSineView2 extends View {
    float second;              // 몇 초 경과했는가. 한 바퀴 도는데 6초가 걸린다.
    int width;
    int height;
    int maxwidth;
    int bigRadius=200;         // 큰 원 반지름
    float ht=6.0f;             // 각도 변화량. 6초에 한 바퀴 회전. 6도/0.1초
    int verticalOffset=50;

    Context context;
    public DynamicSineView2(Context context) {
        super(context);
        this.context=context;
        refreshView();         // ❶ 0.1초 후 invalidate( )를 호출하여 onDraw( )를 실행하게 한다.
    }
    @Override
    protected void onDraw(Canvas canvas) {
        super.onDraw(canvas);
```

```
    //----------------------------
    init( );
    drawBigCircle(canvas);
    drawSine(canvas);
}
public void init( ) {
    width=getWidth( );
    height=getHeight( );
    maxwidth=Math.max(width, height);
}
public void drawSmallCircle(Canvas canvas, float fx, float fy, float r) {
    Paint circleIn = new Paint(Paint.ANTI_ALIAS_FLAG);
    circleIn.setStyle(Style.FILL);
    circleIn.setColor(Color.RED);
    canvas.drawCircle(fx, fy, r, circleIn);
}


public void drawBigCircle(Canvas canvas) {
    Paint circleIn = new Paint(Paint.ANTI_ALIAS_FLAG);
    circleIn.setColor(Color.LTGRAY);
    canvas.drawCircle(0+bigRadius, 0+bigRadius+verticalOffset, bigRadius, circleIn);

    Matrix mt = new Matrix( );
    // 초침
    Path secondPin = new Path( );
    secondPin.moveTo(0+ bigRadius, 0+bigRadius+verticalOffset);
    secondPin.lineTo(0+bigRadius*2, 0+bigRadius+verticalOffset);
    mt.setRotate(-1.0f*ht*second, 0+bigRadius, 0+bigRadius+verticalOffset);
    secondPin.transform(mt);
    Paint secondPaint = new Paint(Paint.ANTI_ALIAS_FLAG);
    secondPaint.setColor(Color.GREEN);
    secondPaint.setStyle(Style.STROKE);
    secondPaint.setStrokeWidth(3);
    // 초침 그리기
    canvas.drawPath(secondPin, secondPaint);

    float rex=(float)(bigRadius*Math.cos(Math.toRadians(-1.0f*ht*second)));
    float rey=(float)(bigRadius*Math.sin(Math.toRadians(-1.0f*ht*second)));
    drawSmallCircle(canvas, rex+bigRadius,rey+bigRadius+verticalOffset,10);
}
```

```java
public void drawSine(Canvas canvas) {
    Path path=new Path( );
    Paint paint=new Paint( );
    paint.setAntiAlias(true);
    paint.setStyle(Style.STROKE);
    int step=(maxwidth-bigRadius*2)/360;    // 넓이에서 원의 지름을 뺀다. 360 등분
    paint.setColor(Color.RED);
    paint.setStrokeWidth(4);
    path.moveTo(0+bigRadius*2, verticalOffset+bigRadius);
    for(int i=0; i<=second*(int)(ht); i++) {
        path.lineTo(i*step+bigRadius*2,
            (float)(bigRadius*(1-Math.sin(Math.toRadians(i)))+verticalOffset));
    }
    canvas.drawPath(path, paint);
}
// ❷ 6초 단위로 한 바퀴. 0.1초마다 invalidate( ) 호출 → onDraw( ) 호출
public void clockCalc( ) {
    if(second>=59) {      // 0~59. 60단위로 다시 시작
    second=0;
    } else {
    second++;             // 0.1초마다 1 증가. 6초 후 한 바퀴
    }
    invalidate( );         // onDraw( ) 호출
}
// ❸ 0.1초 후 핸들러의 sendMessage( )를 호출하게
public void refreshView( ) {
    // 0.1초 후 sendMessage( ) → handleMessage( ) → refreshView( ) →
    refreshViewHandler.sendEmptyMessageDelayed(0, 100);  // ❹ 0.1초 지연(후)
    clockCalc( );                // → invalidate( ) → onDraw( )
}
// ❺ 핸들러 객체를 생성한다.
private RefreshViewHandler refreshViewHandler = new RefreshViewHandler( );
// ❻ 핸들러 클래스를 만든다.
class RefreshViewHandler extends Handler {
    @Override
    public void handleMessage(Message msg) {
    // ❼ sendEmptyMessageDelayed() → handleMessage( ) 호출
        refreshView( );
    }
};
}
```

❶ 핸들러의 sendMessageXXX()(sendMessage(), sendMessageDelayed(), sendEmpty
MessageDelayed())를 호출하면 자동으로 handleMessage( )를 실행시키는 원리를 이용한다.

❷ invalidate( )를 호출하면 자동으로 onDraw( )가 실행되면서 그래프를 그린다.

❸ refreshView( )가 invalidate( )를 호출하면 onDraw( )가 실행되어 그래프를 그린다. 그리고
sendEmptyMessageDelayed(0,100)가 호출된다.

❹ sendEmptyMessageDelayed(0,100) 메서드는 100/1000초(0.1초) 후에 자동으로 핸들러의
handleMessage( )를 호출한다. 결국 handleMessage( )는 다시 refreshView( )를 재귀호출(자신이 자신을
호출하는 형태)하면서 0.1초마다 반복한다.

❺ 핸들러 객체를 생성한다.

❻ 핸들러 클래스를 만든다. Handler를 상속하면 반드시 handleMessage( )를 재정의(오버라이딩) 해야
한다.

❼ 핸들러의 sendMessageXXX( )(sendMessage( ), sendMessageDelayed( ), sendEmptyMessageDelayed( ))를
호출하면 재정의한 handleMessage( )가 실행된다. "sendEmptyMessageDelayed"처럼 "Empty"가 있
을 때는 handleMessage( )에 특별하게 전달할 메시지가 없을 때 사용한다.

6.9 타임존을 고려한 시계 그리기(핸들러)

안드로이드 맵에 위도와 경도에 따라 시계를 그리기 위한 준비를 해보자. 지구는 둥글기 때문에 지역
마다 해가 뜨는 시간이 다르고, 결국 시간도 달라진다. 각 지역마다 시간을 임의로 정하면 혼란이 발
생하므로, '표준 시간대'라는 개념이 도입되었다. 이를 이용하면 서울의 현재시각이 LA에서는 몇 시인
지 계산할 수 있다. 그리니치를 기준으로 서울(사실은 동경)은 9시간 시차가 발생한다. 서울의 타임존은
"Asia/Seoul"이다.

다음 그림은 1초마다 시계침들이 이동하면서 실행되고 있는 시계다.

▲ 실행되고 있는 시계

시, 분, 초 각 시계침을 표시하는 공식은 다음과 같다.

17:54:06

초침

60초:360도 =1:S   S=6도/초 x 6초 =36도
S=6도/초

분침

60분:360도 =1:M   M=6도/분 x 54분 + 0.1도/초 x 6초
M=6도/분=0.1도/초 = 324.6도

시침

12시:360도 =1:H   H=30도/시 x 5시 + 0.5도/분 x 54분
H=30도/시=0.5도/분 = 177도

▲ 시계침 표시 공식

예를 들어 17시 54분 6초일 때의 초침, 분침, 시침의 각도를 구해보자.

• 시침

　　17시는 5시로 계산한다. 시침 공식 "H=30도/시=0.5도/분"에 (17%12)시 54분을 입력한다.

　　H=5*30+0.5*54 =177도

• 분침

　　54분 6초를 분침 공식(6도/분=0.1도/초)에 입력한다.

　　M=6*54+0.1*6= 324.6도

• 초침

    초침 공식(6도/초)에 대입하자.

    S=6*6=36도

원의 중앙을 중심으로 시계침들을 회전시키면 시계가 된다.

이 공식을 소스로 간단하게 만들면 다음과 같다.

```
mt.setRotate(30.0f * (hour % 12) + 0.5f * minute, x중앙, y중앙);    // 시침
mt.setRotate(6.0f * minute + 0.1f * second, x중앙, y중앙);          // 분침
mt.setRotate(6.0f * second, x중앙, y중앙);                         // 초침
```

[BasicPic-ClockView2]

```
package com.infopub.j4android.basicpic;

import android.content.Context;
import android.graphics.Canvas;
import android.graphics.Color;
import android.graphics.Matrix;
import android.graphics.Paint;
import android.graphics.Paint.Style;
import android.graphics.Path;
import android.os.Handler;
import android.os.Message;
import android.view.View;

import java.util.Calendar;
import java.util.TimeZone;

public class ClockView2 extends View {
int hour;
int minute;
int second;
int width;
int height;
int selectw;
int center;
public ClockView2(Context context) {
    super(context);
```

```java
        refreshView( );
    }
    @Override
    protected void onDraw(Canvas canvas) {
        super.onDraw(canvas);
        setBackgroundColor(Color.WHITE);
        width=getWidth( );
        height=getHeight( );
        selectw=Math.min(width, height);    //
        center=selectw/2;
        // 바깥 원
        Paint circleOut = new Paint(Paint.ANTI_ALIAS_FLAG);    // 부드럽게
        circleOut.setColor(Color.DKGRAY);
        Paint circleIn = new Paint(Paint.ANTI_ALIAS_FLAG);
        circleIn.setColor(Color.WHITE);
        // ❶ 시계의 중앙(center, center-10), 반지름(center-20)
        canvas.drawCircle(center, center-10, center-20, circleOut);
        canvas.drawCircle(center, center-10, center-50, circleIn);

        // ❷ 각도 변경
        Matrix mt = new Matrix( );
        // 초침
        Path secondPin = new Path( );
        secondPin.moveTo(center, center-10);
        secondPin.lineTo(center, 60  );
        mt.setRotate(6.0f * second, center, center-10);          // ❸ 초침 각도 변경-초에 따라
        secondPin.transform(mt);                                 // ❹ 이동
        Paint secondPaint = new Paint(Paint.ANTI_ALIAS_FLAG);    // 부드럽게
        secondPaint.setColor(Color.GREEN);
        secondPaint.setStyle(Style.STROKE);     // 실선
        secondPaint.setStrokeWidth(3);
        // 분침
        Path minitePin = new Path( );
        minitePin.moveTo(center, center-10);
        minitePin.lineTo(center, 90);
        mt.setRotate(6.0f * minute + 0.1f * second,center, center-10);    // ❺ 분침 각도 변경
        minitePin.transform(mt);                                         // ❻ 이동
        Paint minitePaint = new Paint(Paint.ANTI_ALIAS_FLAG);
        minitePaint.setColor(Color.BLUE);
        minitePaint.setStyle(Style.STROKE);
```

```java
        minitePaint.setStrokeWidth(8);
        // 시침
        Path hourPin = new Path( );
        hourPin.moveTo(center, center-10);
        hourPin.lineTo(center, 120);
        mt.setRotate(30.0f * (hour % 12) + 0.5f * minute,center, center-10); // ❼ 시침 각도 변경
        hourPin.transform(mt);                                               // ❽ 이동
        Paint hourPaint = new Paint(Paint.ANTI_ALIAS_FLAG);
        hourPaint.setColor(Color.RED);
        hourPaint.setStyle(Style.STROKE);
        hourPaint.setStrokeWidth(15);
        // ❾ 시계침들 그리기
        canvas.drawPath(secondPin, secondPaint);    // 초침 그리기
        canvas.drawPath(minitePin, minitePaint);    // 분침 그리기
        canvas.drawPath(hourPin, hourPaint);        // 시침 그리기
        // ❿ 텍스트 시간 시: 분: 초:
        Paint degitalClockPaint = new Paint(Paint.ANTI_ALIAS_FLAG);
        degitalClockPaint.setColor(Color.BLACK);
        degitalClockPaint.setStrokeWidth(10);
        degitalClockPaint.setTextSize(selectw/10);
        canvas.drawText(hour + " : " + minute + " : " +second,
            selectw/3, selectw*2/3, degitalClockPaint);
}
public void clockCalc( ){
    TimeZone tz=TimeZone.getTimeZone("Asia/Seoul");     // ⓫ 타임존 얻기
    Calendar cal=Calendar.getInstance( );
    cal.setTimeZone(tz);                                // ⓬ 타임존 설정
    hour=cal.get(Calendar.HOUR_OF_DAY);    // 시
    minute=cal.get(Calendar.MINUTE);       // 분
    second=cal.get(Calendar.SECOND);       // 초
    invalidate( );    // onDraw( ) 자동 호출
}
// ⓭ 시간 구하고 시계 그리기. 그리고 1초 후 다시 시간 구하고, 시계 그리기
public void refreshView( ) {
    refreshViewHandler.sendEmptyMessageDelayed(0,1000);      // 1초 후 handleMessage( ) 호출
    clockCalc( );   // 시간 구하고 시계 그리기
}
// ⓮ 핸들러 객체
private RefreshViewHandler refreshViewHandler = new RefreshViewHandler( );
class RefreshViewHandler extends Handler {
```

```
    @Override
    public void handleMessage(Message msg) {    // ⑮ sendMessageXXX( )가 handleMessage( ) 호출
        refreshView( );                          // 1초 후 시간 구하고 시계 그리기
    }
  };
}
```

❶ 시계의 중앙(center, center−10)에서 반지름(center−20)의 큰 원을 그리고, 반지름(center−50)의 작은 원을 그린다. Style.STROKE가 있으면 실선이고 없으면 정해진 색상으로 채운 원이 된다. 회색의 큰 원에 흰색이 작은 원을 그리면 회색의 테두리가 만들어진다.

❷ Matrix의 setRotate( )를 이용하여 회전할 각도를 설정한다.

❸ 1초에 6도 변경하는 초의 각도를 설정한다.

❹ Path의 transform( )을 이용하여 회전시킨다.

❺ 분침은 1분에 6도 이동하고 1초에 0.1도 이동한다. 안드로이드 좌표는 float를 사용하기 때문에 double을 (float)캐스팅했다.

❻ 분침을 이동시킨다.

❼ 시침의 각도를 변경한다.

❽ 시침을 이동시킨다.

❾ 이동시킨 각 시계침들을 그린다.

❿ 시계를 3등분한 후 가장 아래쪽에 "시:분:초"를 출력한다.

⓫ "Asia/Seoul"을 타임존으로 설정한다. 대한민국의 시간을 얻을 수 있다.

⓬ 대한민국의 오늘 시분초를 얻는다.

⓭ 시간을 구하고 시계를 그린 다음 1초 후 다시 시간을 구하고, 시계를 그리는 재귀호출을 반복한다.

⓮ 핸들러 객체를 생성한다. 핸들러는 Handler를 상속하고 handleMessage( )를 구현해야 한다. sendMessageXXX( )를 호출하면 handleMessage ( )가 실행되는 것을 이용한다.

⓯ 핸들러의 sendMessageXXX( )는 handleMessage( )를 자동으로 호출한다. 여기서는 delay(지연)을 이용하여 1초 후 handleMessage( )를 호출한다.

6.10 QR 코드를 이용하여 음악 듣기

빌보드 차트 QR 코드를 이용하여 스마트폰에서 음악을 들어보자. 4장의 4.15에서 빌보트 차트를 QR 목록으로 저장했었다. 이제 QR 리더를 만들어 음악을 들어보자.

결과화면

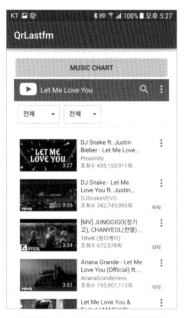

▲ QR 코드 리더를 이용하여 음악 듣기

가장 먼저 버튼과 웹뷰를 만든다. 화면을 그린 다음에 관련 퍼미션을 받아야 한다. [5장의 '5.10 안드로이드 퍼미션' 참고]

[AndroidManifest.xml]에 인터넷 사용과 진동발생 허가를 다음과 같이 입력한다.

```
<uses-permission android:name="android.permission.INTERNET"/>
<uses-permission android:name="android.permission.VIBRATE"/>
```

안드로이드 하단의 [Gradle Scripts]−[build.gradle(Module: app)]에 다음과 같은 zxing 라이브러리를 입력한다. dependencies 블록{ }에 compile 'com.journeyapps:zxing−android−embedded:3.5.0'을 입력한다.

```
dependencies {
    compile 'com.journeyapps:zxing-android-embedded:3.5.0'
}
```

[QrLastfm−ClockView2]

```
package com.infopub.j4android.qrlastfm;
import android.content.Intent;
import android.os.Bundle;
import android.os.Vibrator;
import android.support.v7.app.AppCompatActivity;
import android.util.Log;
import android.view.View;
import android.webkit.WebSettings;
import android.webkit.WebView;
import android.webkit.WebViewClient;
import android.widget.Buttaon;
import android.widget.Toast;
import com.google.zxing.integration.android.IntentIntegrator;
import com.google.zxing.integration.android.IntentResult;
public class MainActivity extends AppCompatActivity
                    implements  View.OnClickListener {  // ❶ 이벤트 리스너
    Button showbio;
    Vibrator vib;
    WebView webView;
    @Override
    protected void onCreate(Bundle savedInstanceState) {
        super.onCreate(savedInstanceState);
        setContentView(R.layout.activity_main);
        showbio=(Button)findViewById(R.id.showbio);
        showbio.setOnClickListener(this);

        vib = (Vibrator) getSystemService(this.VIBRATOR_SERVICE);  // ❷ 진동
        webView=(WebView)findViewById(R.id.webView);              // ❸ 웹뷰 – 웹 화면 보기
    }
    @Override
    public void onClick(View v) {
```

```
        new IntentIntegrator(this).initiateScan( );              // ❹ 버튼을 클릭하면 QR 스캔 시작
    }
    public void makeToast(String str) {
        Toast.makeText(this, str , Toast.LENGTH_LONG).show( );
    }
    @Override
    protected void onActivityResult(int requestCode, int resultCode, Intent data) {
    // ❺ QR 스캔 후
        IntentResult result =
            IntentIntegrator.parseActivityResult(requestCode, resultCode, data);
            // ❻ 스캔 결과를 받는다.
        if(result != null) {
            if(result.getContents( ) != null) {                   // ❼ 내용이 있으니 성공
                vib.vibrate(300);                                 // ❽ 0.3초간 진동
                String contents=result.getContents( );            // ❾ 경로
                contents=contents.substring(contents.lastIndexOf("/")+1);
                contents="https://www.youtube.com/results?search_query="+contents;
                WebSettings webSettings=webView.getSettings( );
                webSettings.setJavaScriptEnabled(true);
                webView.setWebViewClient(new WebViewClient( ));
                webView.loadUrl(contents);                        // ❿ 파싱한 주소를 대입
                makeToast(contents);
            } else {
                makeToast("잘못된 URL입니다. QR 코드를 다시 확인하세요.");
            }
        }
    }
}
```

설명

❶ onClick( ) 핸들러 메서드를 구현하겠다고 View.OnClickListener를 implements한다. MainActivity 가 핸들러 객체가 된다.

❷ QR을 정상적으로 읽으면 진동을 0.3초간 울린다. 진동 퍼미션(허가)을 AndroidManifest.xml에 등 록해야 한다.

❸ 안드로이드에서 이 뷰를 통하여 웹화면을 볼 수 있다. 인터넷을 사용하기 위해 인터넷 퍼미션이 필요하다.

④ QR을 스캔한다. Zxing이 QR을 스캔하고 onActivityResult( )로 돌아온다.

⑤ QR을 스캔 후 onActivityResult( )로 돌아온다.

⑥ 스캔 결과를 받아서 읽는다.

⑦ 스캔된 내용이 있으니 QR 코드가 제대로 읽힌 것이다.

⑧ QR 코드를 성공적으로 읽어서 돌아왔다면 0.3초간 진동한다.

⑨ QR 코드에서 읽은 내용(URL)을 가져온다.

⑩ QR 코드에서 읽은 주소를 파싱하여 유튜브 영상을 웹뷰에 보여준다.

파싱 과정은 다음과 같다.

• QR에서 "http://www.last.fm/music/DJ+Snake/_/Let+Me+Love+You"와 같은 경로를 얻는다.
• 마지막 "/"를 찾아 그 뒤의 문자열 "Let+Me+Love+You"를 얻는다.
• "https://www.youtube.com/results?search_query="뒤에 "Let+Me+Love+You"를 붙여서 "https://www.youtube.com/results?search_query=Let+Me+Love+You"로 유튜브에서 찾는다.

6.11 야후의 환율을 이용하여 환전하기

이벤트와 비동기를 이용하여 환율을 구해보자.

6.11.1 환율을 입력해서 환전하기

간단하게 레이아웃을 만들고 이벤트 처리를 확인하자. 다음 그림은 원화를 달러로 환전하거나 달러를 원화로 바꾸기 위한 앱화면이다. 환율을 알고 있다면 Convert 버튼을 이용하여 환전할 금액을 알 수 있다. 오른쪽은 결과화면에 대한 레이아웃으로 텍스트뷰와 라디오, 에디트뷰를 리니어 레이아웃에 설계하고 아이디를 입력한다.

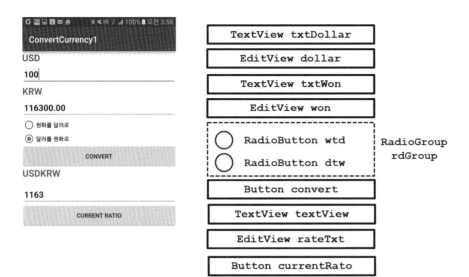

▲ 환율 변환 결과화면과 설계한 레이아웃

```java
package com.infopub.j4android.convertcurrency1;
import android.content.Context;
import android.support.v7.app.AppCompatActivity;
import android.os.Bundle;
import android.view.View;
import android.view.inputmethod.InputMethodManager;
import android.widget.Button;
import android.widget.EditText;
import android.widget.RadioButton;
public class MainActivity extends AppCompatActivity implements View.OnClickListener {
    EditText dollars;
    EditText wons;
    RadioButton dtw;
    RadioButton wtd;
    Button convert;
    EditText rateTxt;
    Button currentRatio;
    InputMethodManager inMgr;
    @Override
    public void onCreate(Bundle icicle) {
```

```java
        super.onCreate(icicle);
        setContentView(R.layout.activity_main);
        dollars = (EditText)this.findViewById(R.id.dollor);
        wons = (EditText)this.findViewById(R.id.won);
        rateTxt= (EditText)this.findViewById(R.id.rateTxt);
        dtw = (RadioButton)this.findViewById(R.id.dtw);
        dtw.setChecked(true);                             // ❶ 기본환전: 달러를 원화로
        wtd = (RadioButton)this.findViewById(R.id.wtd);
        convert = (Button)this.findViewById(R.id.convert);
        currentRatio= (Button)this.findViewById(R.id.currentRatio);
        convert.setOnClickListener(this);                 // ❷ onClick을 구현한 객체 this
        currentRatio.setOnClickListener(this);            // ❸ onClick을 구현한 객체 this
        inMgr = (InputMethodManager) getSystemService(Context.INPUT_METHOD_SERVICE);
    }
    public void onClick(View v) {
        if(v==convert) {                                  // ❹ 환전 버튼을 눌렀다면
            if(dtw.isChecked( )) {                        // ❺ 달러를 원화로
                double rate=Double.parseDouble(rateTxt.getText( ).toString( ));
                // ❻ 환율을 얻는다.
                convertDollarsToWons(rate);               // ❼ 달러와 환율을 이용하여 원화로 계산한다.
            } else if(wtd.isChecked( )) {                 // ❽ 원화를 달러로
                double rate=Double.parseDouble(rateTxt.getText( ).toString( ));
                // ❾ 환율을 얻는다.
                convertWonsToDollars(rate);               // ❿ 원화를 달러로 계산한다.
            }
        } else {
            rateTxt.setText("1163");                      // ⓫ 환율을 1163으로 설정한다.
        }
        inMgr.hideSoftInputFromWindow(convert.getWindowToken( ), 0);
    }
    protected String formats(double money) {     // ⓬ 소수점 두 자리로 표현
        return String.format("%1$.2f", money);
    }
    protected void convertDollarsToWons(double rates) {     // ⓭ 달러를 원화로
        double val = Double.parseDouble(dollars.getText( ).toString( ));
        wons.setText(formats(val*rates));
    }
    protected void convertWonsToDollars(double rates) {     // ⓮ 원화를 달러로
        double val = Double.parseDouble(wons.getText( ).toString( ));
        dollars.setText(formats(val/rates));
    }
}
```

❶ 달러를 원화로 환산하는 것으로 기본선택한다.

❷ 버튼에 이벤트를 등록한다. 버튼이 눌리면 onClick( )이 실행된다.

❸ `View.OnClickListener`의 onClick( )을 구현한 객체가 this(MainActivity)다.

❹ 환전 버튼을 누르면 환산액을 계산한다.

❺ 달러를 원화로 환산한다.

❻ 환율을 얻는다.

❼ 원화로 환산한다.

❽ 원화를 달러로 환전하려 한다.

❾ 환율을 얻는다.

❿ 달러로 환산한다.

⓫ rateTxt 에디트뷰에 환율을 입력해도 된다. 환율 버튼(currerntRatio)을 누르면 환율이 1163원이 된다.

⓬ 소수점 둘째자리(%.2f)까지만 표시한다.

⓭ 달러를 원화로 바꿔서 결과값을 표시한다.

⓮ 원화를 달러로 바꿔서 결과값을 표시한다.

6.11.2 JSON과 비동기를 이용하여 환율 얻기

IO, JSON, 비동기를 사용해서 현재의 환율을 Yahoo에서 얻어 환전할 액수를 계산해 보자. 야후는 다음 그림과 같이 실시간으로 환율을 제공하고 있다. USDKRW는 1달러당 원화의 가치다. JPYKRW를 이용하면 1엔화당 원화의 가치를 구할 수 있다. 웹에서 제공하는 환율을 얻으려면 IO를 이용해야 하며, 비동기를 이용해 쉽게 작업할 수 있다. IO를 이용하여 String으로 가져오고, String을 JSON 객체로 바꿔서 필요한 정보를 읽는다.

▲ 야후에서 제공하는 환율 JSON 서비스

레이아웃은 ConvertCurrentcy1(6.11.1)과 동일하다. JSON으로 제공되는 정보를 저장하기 위하여 Finance 클래스를 만든다. 저장과 전달용으로 사용하기 위해 간단하게 만들었다.

[ConvertCurrentcy2 – Finance]

```
package com.infopub.j4android.convertcurrency2;
public class Finance {
    public String id;
    public String name;
    public String rate;
    public String date;
    public String time;
    public String ask;
    public String bid;
}
```

IO를 이용하여 문자열을 가져온다. IO는 다음과 같은 순서로 정보를 가져온다. [3장의 '3.3.12 IO' 참고]

① 야후 주소를 찾고 연결한다.

② 야후 주소지에 빨대를 꽂는다.

③ 빨대에서 한 줄씩 읽어서 전체 문자열을 붙인다.

④ 전체 문자열을 JSON 객체로 바꾼다.

⑤ JSON 객체에서 원하는 정보를 찾는다.

가져온 정보를 요약하면 아래와 같다. 이 문자열에서 데이터를 바로 파싱하기는 어려우므로 문자열을 JSON 객체로 바꾼다. JSON은 "query → results → rate → Rate"와 같이 순서가 결정되어 있어 환율을 아주 쉽게 찾을 수 있다. [5장의 '5.5 JSON' 참고]

[yahoo-json]

```
{"query":
    { "results":
        { "rate":
            {
                "id": "USDKRW",
                "Name": "USD/KRW",
                "Rate": "1134.5500",
                "Date": "10/24/2016",
                "Time": "5:58pm",
                "Ask": "1135.5500",
                "Bid": "1134.5500"
            }
        }
    }
}
```

웹에서 데이터를 가져올 때는 비동기를 사용한다[5장의 '5.8 비동기 작업' 참고]. 비동기는 execute( )를 호출하면 자동으로 비동기의 메서드 onPreExecute( ), doInBackground( ), onPostExecute( )를 순서대로 호출한다. 그리고 onPostExecute( )는 비동기 작업에서 얻은 결과를 Activity에 넘겨주어야 한다. Activity는 다시 결과값을 View에 뿌려준다. 단, 비동기도 다른 하나의 서브 쓰레드이기 때문에 Activity의 화면에 직접 접근할 수 없으므로 UI 쓰레드를 이용해야 한다. UI 쓰레드에 관해서는 5장의 5.3.4를 참고하자.

다음 그림은 비동기를 이용하여 환율을 얻는 과정을 보여준다.

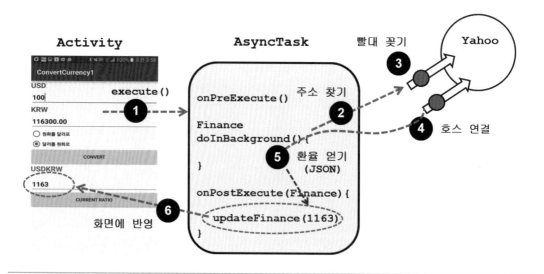

▲ 비동기를 이용하여 Yahoo에서 환율 얻기

위 그림에서 onPreExecute()는 데이터를 읽어들인다는 표시(프로그레스)를 활성화한다. doInBack ground()는 비동기의 핵심으로, IO를 이용하여 웹의 정보를 문자열로 가져온다. 이렇게 가져온 문자 열은 JSON 객체로 바꿔서 필요한 값을 얻는다. 정상적으로 끝나면 onPostExecute()에서 Activity 화면 에 환율을 넣는다. [5장의 '5.8 비동기 작업']을 한 번 더 참고하자.

그림 설명

❶ 새로 시작되거나 "현재 환율 구하기" 버튼을 누르면 execute()가 실행된다.

❷ doInBackground()가 호출된다.

❸ IO를 이용하여 주소를 찾고 연결한다.

❹ 빨대를 꽂는다.

❺ 호스를 연결한다.

❻ 호스를 통해 Yahoo에서 문자열을 얻고 JSON 객체로 변환한다. JSON 객체에서 환율을 얻어 액티 비티 화면에 환율을 표시한다.

```
package com.infopub.j4android.convertcurrency2;

import android.app.Activity;
import android.app.AlertDialog;
import android.app.ProgressDialog;
import android.content.DialogInterface;
import android.content.DialogInterface.OnClickListener;
import android.os.AsyncTask;
import android.util.Log;

import org.json.JSONArray;
import org.json.JSONException;
import org.json.JSONObject;

import java.io.BufferedInputStream;
import java.io.BufferedReader;
import java.io.IOException;
import java.io.InputStream;
import java.io.InputStreamReader;
import java.net.HttpURLConnection;
import java.net.URL;
import java.util.ArrayList;
// ❶ 야후 환율 서비스
//
http://query.yahooapis.com/v1/public/yql?q=select%20*%20from%20yahoo.finance.xchange%20where%20
pair%3D%22USDKRW%22&format=json&diagnostics=true&env=store%3A%2F%2Fdatatables.org%2Falltableswith
keys
public class FinanceRequestAsync extends AsyncTask<String, Void,Finance> {
String newUrls="";
// ❷ 경로가 너무 길어서 세 조각으로 잘랐다.
String newUrls1 = "http://query.yahooapis.com/v1/public/yql" +
    "?q=select%20*%20from%20yahoo.finance.xchange" +
    "%20where%20pair%3D%22";
String newUrls2 = "USDKRW" ;
String newUrls3 ="%22&format=json&diagnostics=true&"+
    "env=store%3A%2F%2Fdatatables.org%2Falltableswithkeys";
Activity activity;
ProgressDialog progressDialog;
```

```java
    boolean isConnection=false;
    Finance finance=new Finance( );                           // ❸ 비동기에서 얻으려고 하는 최종 목표
    public FinanceRequestAsync(Activity ac) {
        super( );
        activity = ac;
    }
    @Override
    protected void onPreExecute( ) {                           // ❹ 시작을 알리는 표시(프로그레스)
        super.onPreExecute( );
        progressDialog = ProgressDialog.show(activity, "Reading", "Reading Finance datas!");
    }
    @Override
    protected Finance doInBackground(String...params) {       // ❺ 비동기 핵심
        InputStream inputStream;
        String jsonString = "";
        String newUrls4="JPYKRW";
        newUrls=newUrls1+newUrls2+newUrls3;                   // ❷ 달러, 경로가 길어서
        // newUrls=newUrls1+newUrls4+newUrls3;                // 엔화를 구하고 싶다면
    try {
        URL url = new URL(newUrls);                           // ❻ 주소를 찾고
        HttpURLConnection urlConnection = (HttpURLConnection) url.openConnection( );
        // ❼ 주소 연결
        inputStream = new BufferedInputStream(urlConnection.getInputStream( )); // ❽ 빨대 꽂기
        BufferedReader reader = new BufferedReader(
            new InputStreamReader(inputStream, "UTF-8"), 8);  // ❾ 호스 연결
        StringBuilder sb = new StringBuilder( );
        String line = null;
        while ((line = reader.readLine( )) != null)           // ❿ 한 줄씩 붙여서
        {
            sb.append(line + "\n");
        }
        jsonString = sb.toString( );                          // ⓫ 전체 문자열을 만들고
        isConnection = true;
        inputStream.close( );
        finance=parseJSON(jsonString);                        // ⓬ 문자열을 json 객체로, 그리고 정보 얻기
    } catch (Exception je) {
        Log.e("Exception ", je.getMessage( ));
        isConnection = false;
    }
        return finance;
    }
```

```java
    @Override
    protected void onPostExecute(Finance result) {                    // ⑬ 다 끝나면
        super.onPostExecute(result);
        if(isConnection) {
            if(activity instanceof MainActivity) {
                ((MainActivity)activity).updateFinance(result);       // ⑭ 액티비티의 화면에 반영
            }
            progressDialog.dismiss( );
        } else {
            progressDialog.dismiss( );
        }
    }
    public Finance parseJSON(String data) throws Exception {
        JSONObject jObject = new JSONObject(data);                     // ⑮ json 객체로
        // ⑯ query → results → rate → Rate순으로 데이터 찾기
        JSONObject query=jObject.getJSONObject("query");
        JSONObject results=query.getJSONObject("results");
        JSONObject rate=results.getJSONObject("rate");
        // ⑰ 최종 목표에 저장
        Finance finance=new Finance( );
        finance.ask=rate.getString("Ask");
        finance.bid=rate.getString("Bid");
        finance.date=rate.getString("Date");
        finance.id=rate.getString("id");
        finance.name=rate.getString("Name");
        finance.rate=rate.getString("Rate");
        finance.time=rate.getString("Time");
        return finance;
    }
}
```

설명

❶ 야후 환율 서비스 주소. USDKRW는 1달러에 대한 원화의 환율을 의미한다. JPYKRW로 바꾸면
1엔당 원화의 가치를 알 수 있다.

❷ 경로가 너무 길어서 세 조각으로 잘랐다.

❸ 비동기에서 얻으려고 하는 최종 목표다. 환율 정보를 저장한다.

④ execute( )를 호출하면 비동기 doInBackground( )를 호출하는데 이 doInBackground( )전에 onPreExecute( )가 실행된다. 실행되고 있다는 표시를 나타내기 위해 프로그레스 다이얼로그를 시작한다.

⑤ doInBackground( )는 비동기의 핵심이다.

⑥ IO를 통해서 웹에 접근하여 정보를 얻는다. 주소를 찾는다.

⑦ 주소에 연결한다.

⑧ 주소에 빨대를 꽂는다.

⑨ 호스를 연결한다.

⑩ 한 줄씩 가져온다.

⑪ 한 줄씩 붙여서 문자열을 만든다.

⑫ 문자열을 JSON 객체로 만들어 정보를 얻는다.

⑬ doInBackground( )가 끝나면 doInBackground( )의 결과값을 받는다.

⑭ doInBackground( )에서 얻은 결과를 화면으로 넘긴다.

⑮ 문자열을 JSON 객체로 변환한다.

⑯ 야후 환율 서비스 JSON은 query → results → rate → Rate순으로 데이터를 찾기 쉽게 되어 있다.

⑰ 최종목표인 Finance 객체에 야후에서 얻은 환율 서비스 정보를 대입한다. 이 Finance 객체를 onPostExecute( )에서 화면으로 넘겨, 화면에서 환율을 사용할 수 있게 한다.

비동기 호출 외에 레이아웃 및 소스는 [6.11 ConvertCurrentcy1]과 동일하다. 현재 사용된 비동기 공식, IO 공식, UI 쓰레드 사용 공식, JSON 파싱 방법 등은 어려운 부분이 많지만 안드로이드 프로그래밍에서 공식처럼 사용되는 소스들이다.

[ConvertCurrentcy2－MainActivity]

```
package com.infopub.j4android.convertcurrency2;

import android.content.Context;
import android.support.annotation.UiThread;
import android.support.v7.app.AppCompatActivity;
import android.os.Bundle;
import android.util.Log;
import android.view.View;
import android.view.inputmethod.InputMethodManager;
```

```java
import android.widget.Button;
import android.widget.EditText;
import android.widget.RadioButton;

import org.json.JSONObject;

public class MainActivity extends AppCompatActivity implements View.OnClickListener {
    EditText dollars;
    EditText wons;
    RadioButton dtw;
    RadioButton wtd;
    Button convert;
    Button currentRatio;
    double rate=1168.3;
    EditText rateTxt;
    String jsonStr="";
    InputMethodManager inMgr;
    FinanceRequestAsync financeAsync;      // ❶ 비동기를 선언
    @Override
    public void onCreate(Bundle icicle) {
        super.onCreate(icicle);
        setContentView(R.layout.activity_main);
        dollars = (EditText)this.findViewById(R.id.dollor);
        rateTxt = (EditText)this.findViewById(R.id.rateTxt);
        wons = (EditText)this.findViewById(R.id.won);
        dtw = (RadioButton)this.findViewById(R.id.dtw);
        dtw.setChecked(true);
        wtd = (RadioButton)this.findViewById(R.id.wtd);
        convert = (Button)this.findViewById(R.id.convert);
        currentRatio= (Button)this.findViewById(R.id.currentRatio);
        convert.setOnClickListener(this);
        currentRatio.setOnClickListener(this);
        inMgr = (InputMethodManager) getSystemService(Context.INPUT_METHOD_SERVICE);

        financeAsync=new FinanceRequestAsync(this);     // ❷ 비동기를 생성한다.
        financeAsync.execute();      // ❸ 비동기를 실행한다.  doInBackground( ) 호출
    }

    public void onClick(View v) {
```

```
        if(v==convert) {
            if ( dtw.isChecked( )) {
                double rate=Double.parseDouble(rateTxt.getText( ).toString( ));
                convertDollarsToWons(rate);
            } else if (wtd.isChecked( )) {
                double rate=Double.parseDouble(rateTxt.getText( ).toString( ));
                convertWonsToDollars(rate);
            }
        } else {                      // ❹ 새롭게 환율을 구하고 싶다면 비동기 생성, 실행
            financeAsync=new FinanceRequestAsync(this);
            financeAsync.execute( );
        }

        inMgr.hideSoftInputFromWindow(convert.getWindowToken( ), 0); // 버튼이 끝나면 포커스도 종료
    }
    public void updateFinance( final Finance result) {
    // ❺ 비동기 onPostExecute( )에서 updateFinance( )
        this.runOnUiThread(new Runnable() {
            // ❻ 익명 내부 클래스, 지역변수는 접근불가 final 필요
            @Override
            public void run() {    // ❼ 다른 쓰레드에서 UI 화면 접근 불가 → UI 쓰레드 이용
                rateTxt.setText(result.rate);    // ❽ 비동기에서 얻은 환율을 얻어옴
            }
        });
    }
    protected String formats(double money) {
        return String.format("%1$.2f", money);
    }
    protected void convertDollarsToWons(double rate) {
        double val = Double.parseDouble(dollars.getText( ).toString( ));
        wons.setText(formats(val*rate));
    }
    protected void convertWonsToDollars(double rate) {
        double val = Double.parseDouble(wons.getText( ).toString( ));
        dollars.setText(formats(val/rate));
    }
}
```

❶ 비동기를 선언한다.

❷ 비동기를 생성한다.

❸ 비동기를 실행한다. doInBackground( )를 실행시킨다.

❹ 새롭게 환율을 구하고 싶다면 비동기를 생성하고 실행한다.

❺ 비동기에서 얻은 결과를 화면에 반영한다. 흐름은 다음과 같다.

- execute( )는 비동기의 onPreExecute( )를 실행시켜 웹에서 정보를 읽고 있는 중이라는 표시를 하기 위해 표시(프로그레스)한다.

- doInBackground( )가 호출되고 야후에서 환율 정보를 읽어온다.

- onPostExecute( )는 doInBackground ( )에서 얻은 환율 정보가 반영되도록 updateFinance( )를 통해서 Activity(화면)에 넘겨준다.

❻ 익명 내부 클래스이므로 지역변수 Finance result를 사용할 수 없어서 final Finance result로 선언한다.

❼ 다른 쓰레드에서 UI에 접근할 수 없다. 그래서 UI 쓰레드를 사용한다.

❽ 비동기에서 얻은 환율을 화면에 대입하여 사용할 수 있게 한다.

자바
F O R
안드로이드

Chapter 7

안드로이드
본격 앱 프로젝트

이번 장에서 다루는 안드로이드 앱의 화면은 ListView, GridView, 안드로이드 맵을 주로 사용한다. 화면을 터치하는 등의 상호작용이 많아서 이벤트도 자주 발생하므로 이벤트 처리가 필수적이다. 또한 리스트뷰와 그리드뷰는 화면과 데이터를 연결해주는 어댑터가 필수며, 데이터 처리, 파싱하는 기본 기술도 많이 사용한다. 마지막으로, 인터넷 상의 자료(자원)도 사용해야 하므로 I/O, 쓰레드, 핸들러도 잘 알아두어야 한다. 6장까지 따로 살펴보았던 이런 요소들을 종합적으로 사용해보자.

7.1 ListView와 GridView를 이용해 국기 이미지 보여주기

위키피디어(위키백과)에서 제공하는 각 나라의 국기를 핸드폰 앱으로 보여주려면 어떻게 해야 할까? 우선 위키피디어에서 세계 국가에 대한 정보를 제공하는 ISO 3166-1 페이지(https://ko.wikipedia.org/wiki/ISO_3166-1)를 살펴보자.

7.1.1 ListView를 이용해 국기 이미지 보여주기

목록 [편집]

다음은 가나다 순으로 표기한 ISO 3166-1의 목록이다.

나라 이름	숫자	alpha-3	alpha-2
가나	288	GHA	GH
가봉	266	GAB	GA
가이아나	328	GUY	GY
감비아	270	GMB	GM
건지 섬	831	GGY	GG
과들루프	312	GLP	GP
과테말라	320	GTM	GT
괌	316	GUM	GU
그레나다	308	GRD	GD
그리스	300	GRC	GR
그린란드	304	GRL	GL
기니	324	GIN	GN
기니비사우	624	GNB	GW
나미비아	516	NAM	NA
나우루	520	NRU	NR
나이지리아	566	NGA	NG
남극	010	ATA	AQ
남수단	728	SSD	SS
남아프리카 공화국	710	ZAF	ZA
네덜란드	528	NLD	NL
네덜란드령 안틸레스	530	ANT	AN
네팔	524	NPL	NP

핸드폰으로 보여주려는 화면은 다음과 같다.

▲ 리스트뷰를 이용한 국기 이미지 표시

1 이미지 준비

이번 단계에서는 [drawable] 디렉토리에 여러 나라의 국기 이미지를 넣어서 사용한다. 국기 이미지를 [drawable] 디렉토리에 복사해 넣는다. [drawable]에 이미지를 넣으면 이미지 고유번호가 int값으로 자동으로 생성된다. 이미지 사용 형식은 "R.drawable.이미지이름"이다.

2 화면 레이아웃

수직방향으로 설정한 리니어 레이아웃에 텍스트뷰, 이미지뷰, 리스트뷰를 가져다 놓는다. 리스트뷰에서 한 국가는 아이템(item), 모든 국가는 아이템즈(items)다. 한 아이템의 레이아웃을 만들고 어댑터를 이용하여 국가 정보를 입력하는 과정을 반복하면 아이템즈가 된다.

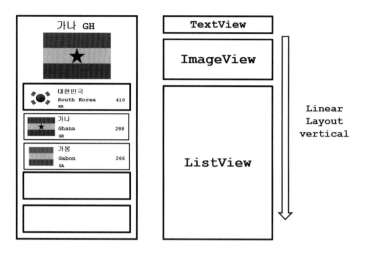

▲ 액티비티의 메인 레이아웃

메인 레이아웃을 만드는 순서는 다음과 같다.

① 수직방향의 리니어 레이아웃을 선언한다.

② 텍스트뷰, 이미지뷰, 리스트뷰 순으로 선언한다.

③ 이미지뷰의 기본 이미지를 선언한다. android:src="@drawable/kr"는 이미지 소스가 [drawable] 디렉토리의 kr.png라는 의미다. [drawable] 디렉토리에 있는 kr.png이라는 이미지를 사용할 때는 'R.drawable.kr'로 사용한다.

액티비티의 메인 레이아웃을 만드는 소스는 다음과 같다.

[WikiSovereignFlagsApp – activity_main.xml]

```xml
<?xml version="1.0" encoding="utf-8"?>
<LinearLayout xmlns:android="http://schemas.android.com/apk/res/android"
    xmlns:tools="http://schemas.android.com/tools"
    android:layout_width="match_parent"
    android:layout_height="match_parent"
    android:paddingBottom="@dimen/activity_vertical_margin"
    android:paddingLeft="@dimen/activity_horizontal_margin"
    android:paddingRight="@dimen/activity_horizontal_margin"
    android:paddingTop="@dimen/activity_vertical_margin"
    tools:context="com.jungbo.j4android.wikisovereignflagsapp.MainActivity"
    android:orientation="vertical"
```

```xml
        android:weightSum="1">

    <TextView
        android:layout_width="match_parent"
        android:layout_height="30dp"
        android:text="대한민국"
        android:textAlignment="center"
        android:textColor="#312aed"
        android:textSize="20dp"
        android:id="@+id/textView" />

    <ImageView
        android:layout_width="match_parent"
        android:layout_height="100dp"
        android:id="@+id/bigflag"
        android:src="@drawable/kr" />

    <ListView
        android:layout_width="match_parent"
        android:layout_height="wrap_content"
        android:id="@+id/listView"
        android:layout_below="@+id/textView"
        android:layout_alignParentStart="true"
        android:layout_gravity="bottom|center_horizontal" />

</LinearLayout>
```

③ 리스트뷰의 아이템 레이아웃

리스트뷰의 아이템에 대한 레이아웃을 선언하자. 어댑터는 한 아이템의 레이아웃인 [list_flag_item. xml]를 이용해 한 국가의 정보를 하나의 아이템에 대입한다. 모든 국가의 정보를 같은 방법으로 각 아이템에 대입해서 리스트뷰를 완성한다.

아이템의 레이아웃은 크기와 방향이 다르므로 상대(Relative) 레이아웃을 사용한다. 다음 그림처럼 레이아웃을 만드는 순서는 다음과 같다.

① 이미지뷰의 크기를 50x50으로 선언한다. 기본 이미지는 kr.png로 설정한다.
② 이미지뷰의 오른쪽에 텍스트뷰를 놓고, 이미지뷰와 텍스트뷰의 간격은 4dp를 띄운다.

③ 텍스트뷰에 필요한 항목(국가명, 영문국가명, 약자)을 수직으로 나열한다.

④ 영문국가명을 작게 하고, 그 오른쪽에 국가코드를 넣는다.

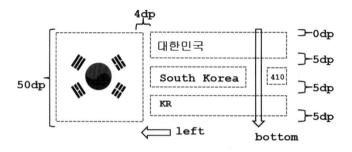

▲ 리스트뷰 아이템의 레이아웃(이미지뷰 1개, 텍스트뷰 2개)

리스트뷰 아이템의 레이아웃을 만드는 소스는 다음과 같다.

[WikiSovereignFlagsApp – list_flag_item.xml]

```xml
<?xml version="1.0" encoding="utf-8"?>
<RelativeLayout xmlns:android="http://schemas.android.com/apk/res/android"
    android:layout_width="match_parent"
    android:layout_height="match_parent">
    <ImageView
        android:layout_width="50dp"
        android:layout_height="50dp"
        android:id="@+id/flagimage"
        android:src="@drawable/kr "
        android:layout_alignParentStart="true"
        android:layout_alignParentTop="true"
        android:layout_alignBottom="@+id/flagshortname" />

    <TextView
        android:id="@+id/flagkorname"
        android:layout_width="match_parent"
        android:layout_height="wrap_content"
        android:paddingBottom="0dip"
        android:paddingTop="5dip"
        android:text="flagkorname"
        android:textSize="16sp"
```

```
        android:textStyle="bold"
        android:layout_marginLeft="4dip"
        android:layout_alignParentTop="true"
        android:layout_toEndOf="@+id/flagimage" />

    <TextView
        android:id="@+id/flagname"
        android:layout_width="match_parent"
        android:layout_height="wrap_content"
        android:paddingBottom="0dip"
        android:paddingTop="0dip"
        android:layout_marginLeft="4dip"
        android:text="flagname"
        android:layout_below="@+id/flagkorname"
        android:layout_toEndOf="@+id/flagimage" />

    <TextView
        android:id="@+id/flagshortname"
        android:layout_width="match_parent"
        android:layout_height="wrap_content"
        android:gravity="left"
        android:layout_marginLeft="4dip"
        android:paddingBottom="5dip"
        android:paddingTop="0dip"
        android:text="flagshortname"
        android:layout_below="@+id/flagname"
        android:layout_toEndOf="@+id/flagimage"
        android:textSize="8dp" />

    <TextView
        android:layout_width="30dp"
        android:layout_height="20dp"
        android:textAppearance="?android:attr/textAppearanceSmall"
        android:text="flagcode"
        android:id="@+id/flagcode"
        android:layout_below="@+id/flagkorname"
        android:layout_alignEnd="@+id/flagkorname" />

</RelativeLayout>
```

리스트뷰는 윤곽만 잡아준다. 리스트뷰에 데이터를 넣어서 화면을 완성시키는 것은 리스트뷰 어댑터다. 어댑터는 DTO(=아이템)에 저장된 정보를 가져와서 화면에 뿌려주는데, 아이템의 개수가 많으면 그만큼 시간도 많이 걸리므로 더 효율적으로 작업하기 위해 뷰홀더라는 객체를 사용한다.

리스트뷰 어댑터를 만들 때 가장 먼저 필요한 것은 정보를 저장하는 DTO 객체다. 이 객체의 정보를 아이템에 대입하면 편리하게 사용할 수 있다. DTO 객체를 만드는 순서는 다음과 같다.

① 국가명, 단축 국가명(alpha-2), 국가코드, 국기의 이미지 고유번호를 저장할 수 있는 변수들을 선언한다.
② 생성자, get()/set() 메서드, toString() 메서드를 선언한다.

[WikiSovereignFlagsApp – SovereignFlag]

```
public class SovereignFlag implements Serializable {
    private String name;        // South Korea
    private String shortname;   // KR
    private String code;        // 410
    private String flag;
    private String korname;
    //for android R
    private int rid;            // 이미지별 고유 아이디
// 생략
}
```

어댑터가 DTO의 정보를 아이템의 개수만큼 반복하여 전달할 때 정보의 수가 적으면 그냥 전달해도 되지만, 앱은 대부분 많은 정보를 전달하므로 효율적인 도구가 필요하다. 이 도구를 '뷰홀더'라고 부른다.

예를 들어 앞에서 만든 아이템이 100개라면, 어댑터는 이 100개 아이템의 화면(이미지뷰 1개, 텍스트뷰 4개)을 100번(이미지뷰 100개 + 텍스트뷰 400개 = 총 500개) 생성해야 한다. 아이템과 관련 컴포넌트가 많을 때 이런 방식으로 실행하면 앱의 속도가 너무 느려진다. 이런 현상을 방지하기 위해 만든 뷰홀더를 사용하면, 한 아이템을 생성했을 때 만든 화면을 재활용해 필요한 정보를 대입하여 리스트에 반영되도록 해서 화면 작성에 소요되는 시간을 대폭 줄일 수 있다. 그래서 뷰홀더를 '재활용 객체'라고도 한다.

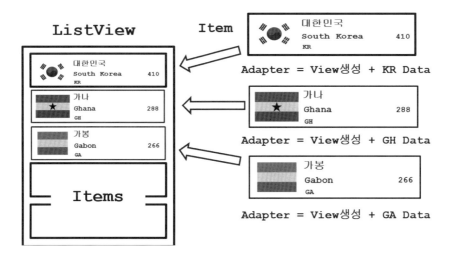

▲ 뷰홀더가 없는 어댑터

어댑터는 위의 그림처럼 아이템의 화면을 생성하고 데이터를 대입한 후 하나의 리스트뷰에 반영한다. 아이템이 100개면 화면이 100번 생성되고 데이터도 100번 대입된다.

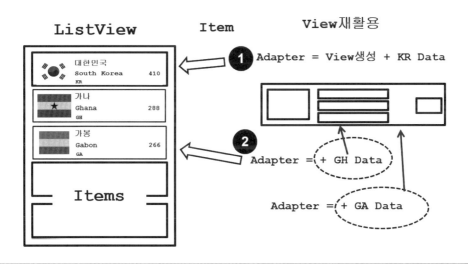

▲ 뷰홀더가 있는 어댑터

반면 위의 그림과 같이 생성된 화면을 재활용해서 데이터만 넣고 리스트뷰에 반영하게 만들면, 화면을 생성하는 수고와 시간이 많이 줄어든다.

뷰홀더는 대부분 해당 어댑터의 파일 안에 같이 만든다.

뷰홀더가 포함된 어댑터를 만들기 위한 소스는 다음과 같다.

```java
// ① 어댑터를 상속한다.
public class FlagsAdapter extends ArrayAdapter<SovereignFlag> {
    // ④ 국가 정보를 저장할 국가 목록을 선언, 생성한다.
    ArrayList<SovereignFlag> flags=new ArrayList<SovereignFlag>( );
    Activity activity;
    // ⑤ 어댑터는 액티비티와 레이아웃이 꼭 필요하다.
    public FlagsAdapter(Activity activity, ArrayList<SovereignFlag> flags) {
        super(activity, R.layout.list_flag_item, flags);   // 어댑터의 레이아웃 설정
        this.flags=flags;
        this.activity=activity;    // context를 통해서 inflate( ) 얻음
    }
    @Override
    public View getView(int position, View convertView, ViewGroup parent) {
    // ② 아이템 화면에+국가 정보
        // 화면을 재사용하기 위한 객체
        FlagViewHolder flagViewHolder=null;
        // 한 국가의 정보
        SovereignFlag flag = flags.get(position);
        // ⑥ 아이템 화면을 담당하는 뷰
        View itemView = convertView;
        if(itemView == null) {
        // ⑦ 아직 화면을 담당하는 뷰 객체가 생성되지 않았다면 화면 재활용 객체를 준비하자.
            flagViewHolder = new FlagViewHolder( );   // ⑧ 화면 재활용 객체
            itemView = activity.getLayoutInflater( ).inflate(R.layout.list_flag_item, parent,
                false);
            flagViewHolder.imageView = (ImageView)itemView.findViewById(R.id.flagimage);
            // ⑨ 이미지뷰 생성
            flagViewHolder.flagkorname = (TextView) itemView.findViewById(R.id.flagkor
                name);   // 홀더에 대입
            flagViewHolder.flagcode = (TextView) itemView.findViewById(R.id.flagcode);
            flagViewHolder. flagname = (TextView) itemView.findViewById(R.id.flagname);
            flagViewHolder.flagshortname = (TextView) itemView.findViewById(R.id.flag
                shortname);
            itemView.setTag(flagViewHolder);        // ⑩ 화면담당뷰 객체에 홀더 준비
        } else {
```

```
            flagViewHolder = (FlagViewHolder) itemView.getTag( );
                // ⑪ 화면담당뷰 객체에서 홀더 찾기
        }
            // ⑫ 재활용을 이용해 화면에 데이터를 입력한다.
        flagViewHolder.imageView.setImageResource(flag.getRid( ));
        flagViewHolder.flagkorname.setText(flag.getKorname( ));
        flagViewHolder. flagcode.setText(flag.getCode( ));
        flagViewHolder. flagname.setText(flag.getName( ));
        flagViewHolder.flagshortname.setText(flag.getShortname( ));

        return itemView;
    }
}   // FlagsAdapter
// ❸ 한 파일에 두 클래스를 선언할 때 파일명과 다른 클래스는 public을 붙일 수 없다.
class FlagViewHolder {
    public ImageView imageView;
    public TextView flagkorname;
    public TextView flagcode;
    public TextView flagname;
    public TextView flagshortname;
}
```

설명

❶ 배열형태(ArrayList)의 자료(국가 목록)를 사용하기 위해 ArrayAdapter를 상속한다.

❷ Adapter에서 꼭 오버라이딩해야 할 getView( ) 메서드를 선언한다. 리스트가 어댑터의 getView( ) 아이템별로 자동 호출해서 화면에 데이터를 대입하여 아이템을 완성한다.

❸ 화면 객체의 재활용을 위한 뷰홀더 클래스를 만든다. 보통 뷰홀더는 get( ), set( ) 메서드가 없다.

❹ 국가 정보를 저장할 국가 목록을 선언하고 생성한다.

❺ 어댑터는 현재 작업 중인 액티비티에 대한 정보(컨텍스트)를 입력받고, 아이템에 대한 레이아웃을 설정한다.

❻ 아이템 화면을 담당하는 뷰를 받는다.

❼ 아직 담당 객체가 생성되지 않았다면 화면담당 객체와 재활용 객체를 생성하자.

❽ 화면 재활용 객체를 생성한다.

⑨ 이미지뷰, 텍스트뷰를 생성하고 재활용 객체에 대입한다.

⑩ 화면담당뷰 객체에 뷰홀더를 등록한다.

⑪ 화면담당뷰 객체가 있다면 등록된 뷰홀더를 얻는다. 생성되었지만 아직 비어 있다.

⑫ 뷰홀더를 이용하여 데이터를 넣는다. 드디어 한 아이템에 대한 작업이 끝났다. 리스트뷰는 이 작업을 아이템 개수만큼 반복한다.

지금까지 나온 레이아웃, DTO, 어댑터 등을 이용해서 국가 정보와 국기를 리스트뷰로 보여주는 앱의 소스는 다음과 같다.

[WikiSovereignFlagsApp - MainActivity]

```java
public class MainActivity extends AppCompatActivity {
    // ❶ 국가 목록
    ArrayList<SovereignFlag> manyflags=new ArrayList<SovereignFlag>();
    // ❷ 국가 목록을 뿌려줄 리스트뷰
    ListView list;
    // ❸ 리스트뷰를 누르면 해당 아이템의 정보를 리스트뷰 상단에 표시한다.
    ImageView bigflag;
    TextView textView;

    @Override
    protected void onCreate(Bundle savedInstanceState) {
        super.onCreate(savedInstanceState);
        setContentView(R.layout.activity_main);
        setTitle("국가 국기");
        // 화면 UI 객체 생성
        list = (ListView) findViewById(R.id.listView);
        bigflag = (ImageView) findViewById(R.id.bigflag);
        textView= (TextView) findViewById(R.id.textView);
        // ❹ 국가 목록 만들기
        manyflags=readFlags();
        // ❺ 어댑터 만들기
        ArrayAdapter<SovereignFlag> adapter = new FlagsAdapter(this,manyflags);
        // ❻ 리스트뷰에 어댑터 설정
        list.setAdapter(adapter);
        // ❼ 리스트뷰에서 한 아이템을 선택하면 실행
        list.setOnItemClickListener(new AdapterView.OnItemClickListener() {
            @Override
            public void onItemClick(AdapterView<?> parent, View viewClicked,
```

```
                            int position, long id) {
                    // ❽ 선택된 국가
                SovereignFlag selectedflag = manyflags.get(position);
                String message = "You clicked position " + position
                    + " Sovereign is " + selectedflag.getName( );
                    // ❾ 선택된 나라의 국기를 큰 화면에 표시
                bigflag.setImageResource(selectedflag.getRid( ));
                    // 선택된 나라의 정보 표시
                textView.setText(selectedflag.getKorname( )+" "+selectedflag.getShortname( ));

                Toast.makeText(MainActivity.this, message, Toast.LENGTH_LONG).show( );
            }
        });
    }
    // ❹ 각 나라의 국기 등 국가의 정보를 국가 목록에 넣는다.
    public ArrayList<SovereignFlag> readFlags( ) {
        ArrayList<SovereignFlag> flags=new ArrayList<SovereignFlag>( );
        // 국가 목록-국가 정보들을 저장
        flags.clear( );
        flags.add(new SovereignFlag("Ghana","GH","288","가나",R.drawable.gh));
        // 국가명, 국가 이미지 아이디
        flags.add(new SovereignFlag("Gabon","GA","266","가봉",R.drawable.ga));
        // 국가명, 국가 이미지 아이디
    // 국가 정보 생략
        return flags;
    }
}
```

---

❶ 국가 목록을 저장하기 위해 생성한다.

❷ 국가 목록을 뿌려줄 리스트뷰를 선언한다.

❸ 리스트뷰의 한 아이템을 선택하면, 선택된 아이템의 국가 정보 중 국기와 나라이름을 리스트 상단 부분에 보여준다.

❹ 국가 목록을 얻는다.

❺ 어댑터를 만든다. 아이템의 레이아웃과 국가 목록을 대입하여 국가 목록을 리스트뷰에 출력한다.

⑥ 리스트뷰에 어댑터를 설정한다. 리스트뷰가 어댑터의 getView( )를 목록 개수만큼 호출하여 리스트뷰를 완성한다.

⑦ 리스트뷰를 선택하면 선택된 국가 정보 중 국기, 나라이름 등을 리스트뷰 상단에 출력한다.

⑧ 선택된 국가 정보를 받는다.

⑨ '이미지뷰.setImageResource(R.drawble.국기이미지고유번호)' 형태로 이미지뷰에 국기의 이미지 고유번호를 넣으면 리스트뷰 상단에 이미지가 표시된다.

7.1.2 GridView를 이용해 국기 이미지 보여주기

GridView를 이용하여 여러 국가들의 정보를 표시해보자. 우선 [WikiSovereignFlagsApp1g − activity_main.xml]의 레이아웃을 설계한다. '7.1.1 ListView를 이용해 국기 이미지 보여주기'와 과정이 거의 동일하다.

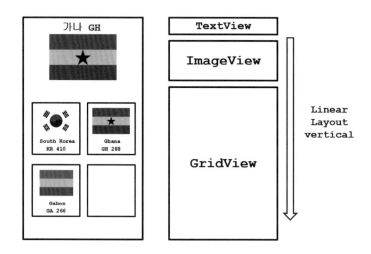

▲ 액티비티의 화면 레이아웃

앞에서 사용한 ListView를 GridView로 바꾼다.

```
[WikiSovereignFlagsApp1g − activity_main.xml]

<?xml version="1.0" encoding="utf-8"?>
<LinearLayout xmlns:android="http://schemas.android.com/apk/res/android"
```

```
<!--생략 -->
    <GridView
        android:id="@+id/listView"
        android:layout_width="match_parent"
        android:layout_height="match_parent"
        android:gravity="center"
        android:numColumns="5"
        android:layout_gravity="center_vertical"
        android:layout_weight="1">
    </GridView>
</LinearLayout>
```

아이템에 대한 레이아웃에서도 flagimage 이미지뷰, flagname, flagshortname 텍스트뷰만 사용한다.

▲ 그리드뷰 아이템의 레이아웃
(이미지뷰 1개, 텍스트뷰 2개)

▲ 그리드뷰를 이용한 국기 이미지 보여주기

```xml
<?xml version="1.0" encoding="utf-8"?>
<LinearLayout xmlns:android=http://schemas.android.com/apk/res/android
<!--생략 -->
/>
<ImageView
<!--생략 -->
android:src="@drawable/kr"
android:id="@+id/flagimage" />
<!--생략 -->
<TextView
<!--생략 -->
    android:id="@+id/flagname"/>
<TextView
<!--생략 -->
android:id="@+id/flagshortname"/>
</LinearLayout>
```

어댑터에서 사용하는 flagimage 이미지뷰, flagname 텍스트뷰, flagshortname 텍스트뷰를 277쪽 왼쪽의 레이아웃 그림과 같이 배치한다.

```java
package com.jungbo.j4android.wikisovereignflagsapp;
import android.app.Activity;
import android.view.View;
import android.view.ViewGroup;
import android.widget.ArrayAdapter;
import android.widget.ImageView;
import android.widget.TextView;
import java.util.ArrayList;
// ❶ 어댑터를 상속한다.
public class FlagsAdapterG extends ArrayAdapter<SovereignFlag> {
    // ❹ 국가 정보를 저장할 국가 목록을 선언, 생성한다.
    ArrayList<SovereignFlag> flags=new ArrayList<SovereignFlag>( );
    Activity activity;
    // ❺ 어댑터는 액티비티와 레이아웃이 꼭 필요하다.
    public FlagsAdapterG (Activity activity, ArrayList<SovereignFlag> flags) {
        super(activity, R.layout.grid_flag_item, flags);     // 어댑터의 레이아웃 설정
```

➡

```
            this.flags=flags;
            this.activity=activity;     // context를 통해서 inflate() 얻음
        }
        @Override
        public View getView(int position, View convertView, ViewGroup parent) {
        // ❷ 아이템 화면에+국가 정보
            // 화면을 재사용하기 위한 객체
            FlagViewHolder flagViewHolder=null;
            // 한 국가의 정보
            SovereignFlag flag = flags.get(position);
            // ❻ 아이템 화면을 담당하는 뷰
            View itemView = convertView;
            if(itemView == null) {
            // ❼ 아직 화면을 담당하는 뷰 객체가 생성되지 않았다면 화면 재활용 객체를 준비하자.
                flagViewHolder = new FlagViewHolder( );      // ❽ 화면 재활용 객체
                itemView = activity.getLayoutInflater( ).inflate(R.layout.grid_flag_item, parent,
                    false);
                flagViewHolder.imageView = (ImageView)itemView.findViewById(R.id.flagimage);
                // ❾ 이미지뷰 생성
                flagViewHolder. flagname = (TextView) itemView.findViewById(R.id.flagname);
                flagViewHolder.flagshortname = (TextView)  itemView.findViewById(R.id.flag
                    shortname);
                itemView.setTag(flagViewHolder);            // ❿ 화면담당뷰 객체에 홀더 준비
            } else {
                flagViewHolder = (FlagViewHolder) itemView.getTag( );
                    // ⓫ 화면담당뷰 객체에서 홀더 찾음
            }
            // ⓬ 재활용을 이용하여 화면에 데이터를 입력한다.
            flagViewHolder.imageView.setImageResource(flag.getRid( ));
            flagViewHolder. flagname.setText(flag.getName( ));
            flagViewHolder.flagshortname.setText(flag.getShortname( ));
            return itemView;
        }
}  // FlagsAdapterG
// ❸ 한 파일에 두 클래스를 선언할 때 파일명과 다른 클래스는 public을 붙일 수 없다.
class FlagViewHolder {
    public ImageView imageView;
    public TextView flagname;
    public TextView flagshortname;
}
```

❶ 국가 목록을 저장하기 위해 생성한다.

❷ 국가 목록을 뿌려줄 그리드뷰를 선언한다.

❸ 그리드뷰의 한 아이템을 선택하면 선택된 아이템의 국가 정보 중 국기와 나라이름을 그리드뷰 상단부분에 표시한다.

❹ 국가 목록을 얻는다.

❺ 어댑터를 만든다. 아이템의 레이아웃과 국가 정보를 대입하여 국가 목록을 그리드뷰에 출력한다.

❻ 그리드뷰에 어댑터를 설정한다. 그리드뷰가 어댑터의 getView( )를 목록 개수만큼 호출하여 그리드뷰를 완성한다.

❼ 그리드뷰를 선택하면 선택된 국가 정보 중 국기, 나라이름 등을 그리드뷰 상단에 출력한다.

❽ 선택된 국가 정보를 받는다.

❾ '이미지뷰.setImageResource(R.drawble.국기이미지고유번호)' 형태로 이미지뷰에 국기의 이미지 고유번호를 넣으면 그리드뷰 상단에 이미지가 표시된다.

> **참고** ▸ 7.1.1과 7.1.2에서는 국기 이미지를 스마트폰에 저장한 다음 불러오는 경우를 다루었다. 소스코드 예제에는 7.1.3이 추가되어 있는데, 리스트뷰와 비동기를 이용해 WIKI의 이미지를 인터넷상에서 바로 끌어와서 보여주는 경우의 코드다. 필요한 경우에 참고하자.

어댑터를 사용하여 여러 도시의 시간을 알아보자. 어댑터는 레이아웃에 정보를 넣어서 한 아이템을 만든다. 그리고 리스트뷰는 어댑터를 이용하여 여러 아이템을 반복적으로 붙여서 아이템즈를 생성해 리스트를 완성한다.

7.2.1 사용자가 정의한 뷰(시계) 만들기

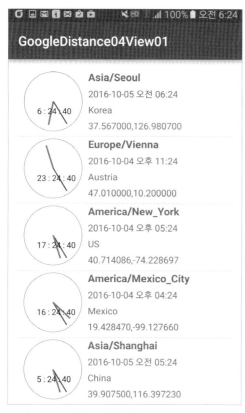

▲ 리스트뷰로 여러 도시의 시간 보여주기

1 **다음과 같이 빈(empty) 액티비티를 만든다.**

- ApplicationName: GoogleDistance04View01
- Company Domain: j4android.jungbo.com
- 액티비티 종류: Empty Activity
- 액티비티 이름: GDViewActivity
- 액티비티 레이아웃: activity_gdview

2 **아이템 레이아웃 설계**

어댑터는 아이템 레이아웃에 아이템 정보를 넣어서 아이템 객체를 만드는 역할을 한다.

요약하면 "어댑터 = 레이아웃 + 데이터 맵핑"이다. 어댑터는 아이템의 레이아웃에 데이터를 대입해서 리스트뷰 또는 그리드뷰를 만든다.

어댑터를 만들기 위해 한 개 아이템의 레이아웃을 설계해보자.

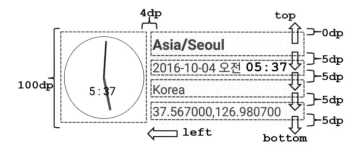

▲ 도시의 '시간 아이템' 레이아웃

뷰들의 크기가 다를 때는 상대 레이아웃(RealtiveLayout)을 사용하는 편이 좋다. ClockView(사용자정의뷰)를 왼쪽에 놓는다. 텍스트뷰들은 왼쪽 4dp를 띄어 ClockView에 붙인다. 각 텍스트뷰 위쪽(top)은 띄지 않고, 아래(bottom)로 5dp를 띈다.

> **참고** 안드로이드 스튜디오의 작업창에서 [디자인] 탭을 눌러 디자인을 확인해가며 작업하면 편리하다.

[GoogleDistance04View01 - list_clock_item.xml]

```xml
<?xml version="1.0" encoding="utf-8"?>
<LinearLayout xmlns:android="http://schemas.android.com/apk/res/android"
android:layout_width="match_parent"
```

```xml
        android:layout_height="match_parent"
        android:orientation="vertical"
        android:weightSum="1">
        <RelativeLayout
        android:layout_centerVertical="true"
        android:paddingLeft="4dp"
        android:layout_width="match_parent"
        android:layout_height="100dp"
        android:id="@+id/relativeLayout"
        android:layout_gravity="center_vertical">
        <com.infopub.j4android.googledistance04view01.ClockView
        android:layout_width="100dp"
        android:layout_height="100dp"
        android:id="@+id/clockview"
        android:layout_alignParentStart="true"
        android:layout_alignParentBottom="true" />
        <TextView
            android:id="@+id/tvtimezone"
            android:layout_width="match_parent"
            android:layout_height="wrap_content"
            android:layout_marginLeft="4dip"
            android:paddingBottom="5dip"
            android:paddingTop="0dip"
            android:text="earthimage"
            android:textSize="16sp"
            android:textStyle="bold"
            android:layout_alignParentTop="true"
            android:layout_toEndOf="@+id/clockview" />
        <TextView
// 생략
/>
        <TextView
// 생략
/>
        <TextView
// 생략
/>
</RelativeLayout>
</LinearLayout>
```

3 DTO 만들기

하나의 아이템에는 도시의 위도, 경도, 나라이름, 타임존 아이디 같은 여러 정보를 저장한다. 많은 데이터를 전달하기 위해 전송 객체(DTO-Data Transfer Object)인 ClockCity가 필요하다. 도시 정보를 멤버 필드에 선언한 후 생성자, get( )/set( ) 메서드, toString( )을 구현하자.

[GoogleDistance04View01-ClockCity]

```java
public class ClockCity implements Serializable {
    private double lat=37.5670;
    private double lng=126.9807;
    private String timezoneId="Asia/Seoul";
    private String countryName="Korea";
    // get( )/set( ) 생략
    // toString( ) 생략
}
```

4 어댑터 만들기

아이템의 레이아웃을 설계했다. '아이템에 데이터를 어떻게 대입할 것인가'에 대한 해답은 '어댑터 이용'이다. CitiesAdapter를 구현하자. 어댑터는 리스트뷰를 구성하는 아이템즈(아이템들)를 모아놓은 것이다. 아이템즈는 아이템들로 구성된다. 어댑터는 아이템의 레이아웃에 도시 정보 데이터를 입력해서 아이템을 만들고 도시 개수만큼 아이템을 만들어 리스트뷰를 완성한다. 아이템을 도시의 개수만큼 반복적으로 생성할 때 뷰홀더를 사용하면 성능을 향상시킬 수 있다.

[GoogleDistance04View01-CitiesAdapter]

```java
package com.infopub.j4android.googledistance04view01;
import android.annotation.SuppressLint;
import android.content.Context;
import android.view.LayoutInflater;
import android.view.View;
import android.view.ViewGroup;
import android.widget.ArrayAdapter;
import android.widget.TextView;
import java.util.ArrayList;
// ❶ ArrayAdapter를 상속한다.
public class CitiesAdapter extends ArrayAdapter<ClockCity> {
    // ❷ 액티비티에 대한 정보를 갖는 컨텍스트 선언
    private  Context context;
    // ❸ 리스트뷰에 표시할 도시 목록 선언
```

```
private  ArrayList<ClockCity> clockCities =new ArrayList<ClockCity>( );
// ❹ 컨텍스트와 도시 목록을 대입받기 위한 생성자를 선언한다.
public CitiesAdapter(Context context, ArrayList<ClockCity> values) {
    super(context, android.R.layout.simple_list_item_1, values);
        // ❺ ArrayAdapter의 아이템즈의 레이아웃
    this.context = context;          // 컨텍스트 대입
    this.clockCities = values;    // 도시 목록 대입
}
// ❻ 각 아이템을 만들 getView( )
@SuppressLint("ViewHolder")
@Override
public View getView(int position, View convertView, ViewGroup parent) {
    // ❼ 한 아이템의 레이아웃 준비
    LayoutInflater inflater =
        (LayoutInflater) context.getSystemService(Context.LAYOUT_INFLATER_SERVICE);
    View rowView = inflater.inflate(R.layout.list_clock_item, parent, false);
    // ❽ position에 있는 한 도시의 정보
    ClockCity city= clockCities.get(position);      // getView(0) → 도시 목록.get(0)
    // ❾ Item 하나에 대한 화면 뷰(컴포넌트) 객체 생성
    TextView tvtimezone = (TextView) rowView.findViewById(R.id.tvtimezone);
    TextView tvtimes = (TextView) rowView.findViewById(R.id.tvtimes);
    TextView tvlocation = (TextView) rowView.findViewById(R.id.tvlocation);
    TextView tvlatlng = (TextView) rowView.findViewById(R.id.tvlatlng);
    ClockView clockview=(ClockView)rowView.findViewById(R.id.clockview);
    clockview.setTimezoneId(city.getTimezoneId( ));   // ❿ 타임존 넣기 America/New_York
    String latlng = String.format("%f,%f", city.getLat( ), city.getLng( ));
    // ⓫ 데이터를 화면에 붙이기
    tvtimezone.setText(city.getTimezoneId( ));
    tvtimes.setText(clockview.getTimes( ));
    tvlocation.setText(city.getCountryName( )  );
    tvlatlng.setText(latlng); return rowView;
}
}
```

설명

❶ 어댑터를 만들기 위해서 **ArrayAdapter<ClockCity>**를 상속한다.

❷ 어댑터가 어떤 액티비티를 위해서 실행될지 알려주기 위한 컨텍스트(Context)를 선언한다. 생성자를 통해 컨텍스트를 얻는다.

❸ 리스트뷰에 표시할 도시 목록을 선언한다. 도시 목록에서 도시 정보를 하나씩 가져와 getView( )를 통해 아이템으로 만든다.

❹ 컨텍스트와 도시 목록을 대입받기 위한 생성자를 선언한다.

❺ ArrayAdapter의 아이템즈의 레이아웃을 선언한다. `simple_list_item_1`은 리스트에서 가장 기본적인 형태의 레이아웃을 제공한다.

❻ 각 아이템을 만들 getView( )를 구현한다.

❼ 리스트뷰에서 한 아이템의 레이아웃을 찾는다. 이 레이아웃에서 이미지뷰, 텍스트뷰 등 컴포넌트를 생성한다. 한 아이템의 레이아웃을 준비한다. 이때 한 아이템의 레이아웃인 `list_clock_item.xml`을 대입해야 한다.

❽ 리스트뷰가 아이템의 개수만큼 반복되면서 getView(0), getView(1), getView(2), …을 자동 호출한다. 이때 0, 1, 2, ..가 아이템의 위치(position)로, 이 위치(position)가 도시 목록의 위치(index)가 된다. getView(0)은 도시 목록.get(0), getView(1)은 도시 목록.get(1)과 같이 반복하면서 도시 목록에서 선택된 도시 정보를 리스트뷰의 아이템으로 옮긴다.

❾ 한 아이템의 컴포넌트(이미지뷰, 텍스트뷰)들을 생성한다.

❿ 도시에 해당하는 타임존을 대입한다. 타임존을 이용하여 도시의 시간을 얻는다.

⓫ 도시 정보를 한 아이템의 컴포넌트(이미지뷰, 텍스트뷰)에 대입한다.

5 액티비티 구현

액티비티에서는 리스트뷰와 어댑터를 생성한다. 리스트뷰에 어댑터를 설정하고 어댑터에 도시 목록을 대입하여 도시 목록에 있는 데이터를 리스트뷰에 보여주게 한다.

[GoogleDistance04View01–GDViewActivity]

```
public class GDViewActivity extends AppCompatActivity {
    // ❶ 도시 목록을 저장하기 위해 ArrayList<ClockCity>를 선언, 생성한다.
    private ArrayList<ClockCity> cities=new ArrayList<ClockCity>( );
    // ❷ 도시 목록을 보이기 위한 리스트뷰
    private ListView listView;
    // ❸ 어댑터를 선언한다.
    private CitiesAdapter citiesAdapter;
    @Override
    protected void onCreate(Bundle savedInstanceState) {
```

```java
        super.onCreate(savedInstanceState);
        setContentView(R.layout.activity_gdview);
        //-----------개발자가 추가
        getCities( );           // ➍ 도시 목록 가져오기
        Toast.makeText(this, "Ready~~~~", Toast.LENGTH_LONG).show( );
        showComponent( );       // ➎ 어댑터를 이용하여 리스트뷰에 보여주기
    }
    public void showComponent( ) {
        // ➏ 리스트뷰를 생성한다.
        listView = (ListView) findViewById(R.id.listView);
        // ➐ 어댑터를 생성한다.
        citiesAdapter = new CitiesAdapter(this, cities);
        // ➑ 리스트뷰에 어댑터를 설정한다.
        listView.setAdapter(citiesAdapter);
        // ➒ 리스트의 한 아이템을 누르면 선택된 도시의 정보를 토스트로 보여준다.
        listView.setOnItemClickListener(new AdapterView.OnItemClickListener( ) {
            @Override
            public void onItemClick(AdapterView<?> parent, View view, int position, long id) {
                // ➓ 선택된 도시 정보 → 아이템
                ClockCity eq = (ClockCity) parent.getItemAtPosition(position);
                String latlng = String.format("%s, %s, [%f,%f]",
                    eq.getTimezoneId( ), eq.getCountryName( ), eq.getLat( ), eq.getLng( ));
                Toast.makeText(getApplicationContext( ), latlng, Toast.LENGTH_LONG).show( );
            }
        });
    }
    // ➍ 도시 목록을 만든다.
    public  void getCities( ) {
        cities.clear( );     // 도시 목록을 비운다.
        cities.add(new ClockCity(37.5670, 126.9807, "Asia/Seoul", "Korea"));
        cities.add(new ClockCity(47.01, 10.2, "Europe/Vienna", "Austria"));
        cities.add(new ClockCity(40.714086, -74.228697, "America/New_York", "US"));
        cities.add(new ClockCity(19.42847, -99.12766, "America/Mexico_City", "Mexico"));
        cities.add(new ClockCity(39.9075, 116.39723, "Asia/Shanghai", "China"));
        cities.add(new ClockCity(55.75222, 37.61556, "Europe/Moscow", "Russia"));
    }
}
```

❶ 도시 목록을 저장하기 위해 **ArrayList<ClockCity>**를 선언, 생성한다.

❷ 리스트뷰를 선언한다. 도시 정보를 리스트로 보여주는 데 사용한다.

❸ 어댑터를 선언한다. 하나의 도시 정보를 하나의 아이템(item)으로 만들고, 모든 도시 목록을 리스트 뷰에 보여주기 위해 필요하다.

❹ 도시 정보를 도시 목록 **ArrayList<ClockCity> cities**에 저장한다.

❺ 어댑터를 이용하여 리스트뷰에 도시 정보를 보여준다.

❻ 리스트뷰를 생성한다.

❼ 어댑터를 생성한다. 이때 어댑터가 작동하는 액티비티와 도시 목록을 생성자로 넣어준다.

❽ 리스트뷰에 어댑터를 설정한다. 어댑터가 도시 목록의 데이터를 리스트로 바꿔서 화면에 보여준다.

❾ 리스트뷰의 한 아이템을 선택하면 그 아이템의 정보를 토스트로 화면에 보여준다. 이를 위해서 리 스트뷰의 한 아이템을 선택할 때 처리하는 이벤트 핸들러를 등록하고 구현한다.

❿ 선택된 한 아이템은 선택된 도시 정보다. 이 선택된 도시 정보를 토스트로 화면에 출력한다.

7.2.2 핸들러를 이용해 도시의 시간 보여주기

원래 시계앱은 화면이 1초마다 한 번씩 갱신되는데, 세계 시계는 초침의 영향을 거의 받지 않으므로 핸들러를 이용해 1분마다 시계와 시간 텍스트뷰를 함께 수정되게 하자.

1 사용자정의 클락뷰

우선 ClockView에서 생성자와 **setTimezoneId()** 메서드의 **refreshView()**를 코멘트한다. 그리고 시계를 그리는 **clockCalc()**를 호출하자. 이렇게 하면 **setTimezoneId()**를 호출할 때 시계가 표시 된다.

[GoogleDistance04View02−ClockView]

```
public ClockView(Context context, AttributeSet attrs) {
    super(context, attrs);
    //refreshView( );
    clockCalc( );        // ❶ 시간을 구하고 시계 그리기
}
```

```
public void setTimezoneId(String timezoneId) {
    this.timezoneId = timezoneId;
    //refreshView( );
    clockCalc( );
}
```

설명

❶ 7.2.1에서 refreshView( )는 1초마다 시간을 구하고 시계를 그렸다. 이번 7.2.2에서는 시간을 구
하고 시계를 그리는 부분만 있다. 시계들이 각각 "1초마다" 작업하던 것을 리스트뷰가 "1분마다"
모든 시계의 시간을 변경하는 것으로 수정하였다. 초침도 제거하였다.

❷ 액티비티

GDViewActivity는 [GoogleDistance04View01-GDViewActivity]와 거의 동일하므로 핸들러 소스를
추가해 사용한다. 7.2.1에서 시계뷰(사용자정의뷰)가 각각 "1초마다" 시간을 변경되던 것을 7.2.2에서
는 핸들러가 60초마다 시계들의 정보를 변경하고, 어댑터를 이용하여 변경된 도시들의 시간을 리스트
뷰에 보여주게 한다.

[GoogleDistance04View02-GDViewActivity]

```
public class GDViewActivity extends AppCompatActivity {
    // 생략
    protected void onCreate(Bundle savedInstanceState) {
        // 생략
    }
    public void showComponent( ){
        // 생략
        refreshView( );      // ❶ 핸들러 시작
    }
    public  void getCities( ) {
        // 생략
    }
    // ❷ 핸들러를 실행시킨다.
    public void refreshView( ) {
        refreshViewHandler.sleep(1000 * 60);    // ❸ 60초 후 핸들러 작업을 하도록 설정
        cities=new ArrayList<ClockCity>( );     // 도시 목록 저장 준비
        getCities( );                           // 도시 목록 가져오기
        citiesAdapter.clear( );                 // ❹ 어댑터 청소 - 어댑터에 있던 도시 목록 제거
```

```
        citiesAdapter.addAll(cities);           // ❺ 새로운 도시 목록을 어댑터에 반영
    }
    // ❻ 핸들러를 생성한다.
    private RefreshViewHandler refreshViewHandler = new RefreshViewHandler();
    // ❼ 핸들러를 상속해서 RefreshView 핸들러를 만든다.
    class RefreshViewHandler extends Handler {
        @Override
        public void handleMessage(Message msg) {
        // ❽ sendMessage( ),sendMessageDelayed( )가 호출되면 실행
            refreshView();       // ❾ 다시 sendMessageDelayed( )를 호출, 결국 60초마다 실행
        }
        // ❸ 선언, sendMessageDelayed(60*1000) 60초 후 handleMessage( )를 호출
        public void sleep(long delayMillis) {
            this.removeMessages(0);
            sendMessageDelayed(obtainMessage(0), delayMillis);
            // ❿ delayMillis 후 handleMessage( )를 호출
        }
    };
}
```

설명

❶ 핸들러를 작동시킨다. 핸들러.sendMessage( )는 handleMessage( )를 자동 호출한다. 핸들러. send
　 MessageDelayed(X초)는 X초 후 handleMessage( )를 자동 호출한다.

❷ 핸들러를 호출하는 메서드를 선언한다.

❸ 60초 후 sendMessageDelayed(60초)를 호출한다. sendMessageDelayed(60초)는 60초 후 자동으로
　 handleMessage( )를 호출한다.

❹ 어댑터를 청소한다. 어댑터에 있는 도시 목록을 제거한다.

❺ 새로운 도시 목록을 어댑터에 반영하여 새로운 도시 목록을 반영한 리스트뷰를 보여준다.

❻ 핸들러 객체를 생성한다.

❼ 핸들러 클래스를 만든다. 핸들러는 Handler를 상속해야 한다.

❽ sendMessage( ), sendMessageDelayed( )가 호출되면 실행 자동으로 handleMessage( )가 실행한다.

❾ 60초 후 다시 refreshView( )를 호출하여 새로운 도시 목록을 어댑터에 반영한다. 결국 refreshView( )
　 가 refreshView( )를 호출하게 되어 60초마다 새로운 리스트뷰를 보게 된다.

❿ sendMessageDelayed(60초)는 60초 후 자동으로 handleMessage( )를 호출한다.

7.3 ListView를 이용해 지진 정보 보여주기

리스트뷰는 대량의 정보를 보여줄 때 사용한다. 리스트뷰를 보여주게 하는 핵심 로직은 어댑터다. 리스트뷰가 필요한 이유부터 어댑터를 만드는 방법, 대량의 데이터를 가져와서 보여주는 방법까지 살펴보자.

- ▪ **일반 앱을 만들자.**
  ① [File]−[New]−[New Project], 어플리케이션 이름과 저장 위치를 선택한다.
    - 어플리케이션 이름: EarthQuakeView01
    - 회사 도메인: j4android.jungbo.com
  ② SDK를 선택한다.
  ③ [Empty Activity]를 선택한다.
  ④ 액티비티 이름: EarthQuakeMainActivity

기본 소스는 메인 레이아웃이 설정되어 있으므로 개발자가 `setContentView(R.layout.activity_earth_quake_main);` 아래 부분에 코딩해야 한다.

[EarthQuakeView1−EarthQuakeMainActivity]

```
public class EarthQuakeMainActivity extends AppCompatActivity {
    @Override
    protected void onCreate(Bundle savedInstanceState) {
        super.onCreate(savedInstanceState);
        setContentView(R.layout.activity_earth_quake_main);
        //----------아래에 코딩
    }
}
```

[res]−[layout]의 layout.activity_earth_quake_main.xml을 열어서 LinearLayout으로 바꾼다. 그리고 방향(orientation)은 수직방향으로 입력한다.

```
<?xml version="1.0" encoding="utf-8"?>
<LinearLayout xmlns:android="http://schemas.android.com/apk/res/android"
    xmlns:tools="http://schemas.android.com/tools"
    android:orientation="vertical"

<!-- 소스 생략 -->
</LinearLayout>
```

[Design] 모드는 다음 그림과 같이 되어 있다.

▲ 비어 있는 액티비티 화면

7.3.1 상대 레이아웃을 이용해 레이아웃 만들기

레이아웃을 변경하고 여러 컴포넌트를 설계한다.

① [drawable] 디렉토리에 이미지를 붙여넣는다.
② LinearLayout 안에 여러 크기를 상대적으로 설계할 수 있는 RelativeLayout을 선언한다.
③ 태극기는 ImageView, 나머지는 모두 TextView다.

이번에 디자인(설계)하려는 화면은 다음과 같다.

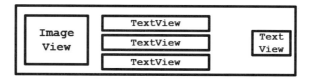

▲ 상대 레이아웃을 이용한 메인 액티비티 레이아웃

디자인을 끝내면 다음과 같이 확인할 수 있다.

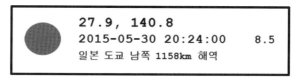

▲ 지진 정보가 입력된 메인 액티비티

[디자인] 부분에서 작업하면 편하지만, 위치를 잡기가 어려울 수 있으므로 익숙해질 때까지 이 책의
소스를 붙여서 사용하자.

[activity_earth_quake_main.xml]

```xml
<?xml version="1.0" encoding="utf-8"?>
<LinearLayout xmlns:android="http://schemas.android.com/apk/res/android"
    xmlns:tools="http://schemas.android.com/tools"
    android:orientation="vertical"
    android:layout_width="match_parent"
    android:layout_height="match_parent"
    android:paddingBottom="@dimen/activity_vertical_margin"
    android:paddingLeft="@dimen/activity_horizontal_margin"
    android:paddingRight="@dimen/activity_horizontal_margin"
    android:paddingTop="@dimen/activity_vertical_margin"
    tools:context="com.jungbo.j4android.earthquakeview01.EarthQuakeMainActivity">
    <RelativeLayout
        android:layout_centerVertical="true"
        android:paddingLeft="4dp" android:layout_width="wrap_content"
        android:layout_height="wrap_content"
        android:id="@+id/relativeLayout">
        <ImageView
            android:layout_width="50dp"
            android:layout_height="50dp"
```

```xml
        android:id="@+id/earthimage"
        android:src="@drawable/kr"
        android:layout_alignParentStart="true"
        android:layout_alignParentTop="true"
        android:layout_alignBottom="@+id/tvlocation" />
<TextView
        android:id="@+id/tvlatlng"
        android:layout_width="match_parent"
        android:layout_height="wrap_content"
        android:paddingBottom="0dip"
        android:paddingTop="5dip"
        android:text="tvlatlng"
        android:textSize="16sp"
        android:textStyle="bold"
        android:layout_marginLeft="4dip"
        android:layout_alignParentTop="true"
        android:layout_toEndOf="@+id/earthimage" />
<TextView
        android:id="@+id/tvtime"
        android:layout_width="match_parent"
        android:layout_height="wrap_content"
        android:paddingBottom="0dip"
        android:paddingTop="0dip"
        android:layout_marginLeft="4dip"
        android:text="tvtime"
        android:layout_below="@+id/tvlatlng"
        android:layout_toEndOf="@+id/earthimage" />
<TextView
        android:id="@+id/tvlocation"
        android:layout_width="match_parent"
        android:layout_height="wrap_content"
        android:gravity="left"
        android:layout_marginLeft="4dip"
        android:paddingBottom="5dip"
        android:paddingTop="0dip"
        android:text="tvlocation"
        android:layout_below="@+id/tvtime"
        android:layout_toEndOf="@+id/earthimage"
        android:textSize="8dp" />
<TextView
```

```
        android:layout_width="30dp"
        android:layout_height="20dp"
        android:textAppearance="?android:attr/textAppearanceSmall"
        android:text="tvmagi"
        android:id="@+id/tvmagni"
        android:layout_below="@+id/tvlatlng"
        android:layout_alignEnd="@+id/tvlatlng" />
    </RelativeLayout>
</LinearLayout>
```

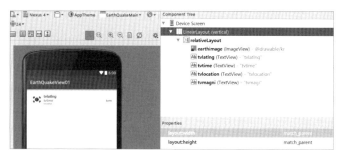

▲ 디자인을 이용하여 레이아웃 설계하기

레이아웃에 선언한 컴포넌트들을 객체로 생성해서 사용해야 한다. 안드로이드의 화면 컴포넌트들은 findViewById( )로 객체를 생성한다.

[EarthQuakeView1 – EarthQuakeMainActivity]

```java
public class EarthQuakeMainActivity extends AppCompatActivity {
// ❶ activity_earth_quake_main.xml에서 선언한 컴포넌트들
    private ImageView earthimage;
    private TextView tvlatlng;
    private TextView tvtime;
    private TextView tvlocation;
    private TextView tvmagni;

    @Override
    protected void onCreate(Bundle savedInstanceState) {
        super.onCreate(savedInstanceState);
        setContentView(R.layout.activity_earth_quake_main);
        //-----------개발자가 추가
        Toast.makeText(this, "이미지를 누르면 지진 정보가 보여요", Toast.LENGTH_LONG).show( );
showComponent( );    // layout에서 설계한 것을 생성
```

```
        }
    private void showComponent() {
        // ❷ findViewById를 이용하여 레이아웃에서 설계한(선언한) 컴포넌트를 객체로 생성
        earthimage=(ImageView)findViewById(R.id.earthimage);
        tvlatlng=(TextView)findViewById(R.id.tvlatlng);
        tvtime=(TextView)findViewById(R.id.tvtime);
        tvlocation=(TextView)findViewById(R.id.tvlocation);
        tvmagni=(TextView)findViewById(R.id.tvmagni);
    }
}
```

설명

❶ activity_earth_quake_main.xml에서 선언한 컴포넌트들을 멤버변수에 선언한다. 컴포넌트를 생성하지 않으면 사용할 수 없다.

❷ 선언한 컴포넌트들을 객체로 생성한다. 이때 findViewById()를 사용한다.

실행(Run)하면 의도한 대로 이미지뷰와 텍스트뷰가 표시된다. 이미지를 누르면 "이미지가 눌렸어요"를 토스트(Toast)로 보여주게 하자. 이벤트 리스너를 붙이고 이벤트 핸들러 메서드를 구현한다.

showComponent() 메서드 내에 이벤트 핸들러를 등록해서 이벤트를 처리해보자.

```
private void showComponent() {
// findViewById를 이용하여 레이아웃에서 설계한(선언한) 컴포넌트를 객체 생성
earthimage=(ImageView)findViewById(R.id.earthimage);
tvlatlng=(TextView)findViewById(R.id.tvlatlng);
tvtime=(TextView)findViewById(R.id.tvtime);
tvlocation=(TextView)findViewById(R.id.tvlocation);
tvmagni=(TextView)findViewById(R.id.tvmagni);
// 이벤트 핸들러 객체 등록
// 이미지뷰가 눌리면 컨트롤인 액티비티가 감지
// 액티비티가 등록된 이벤트 핸들러 객체의 핸들러 메서드 호출
earthimage.setOnClickListener(          // ❶ 리스너 붙이기
new View.OnClickListener(){              // ❷ 핸들러 객체 선언, 생성
    @Override
    public void onClick(View v) {        // ❸ 핸들러 메서드 선언
        Toast.makeText(getApplicationContext(),
```

```
                    "이미지가 눌렸어요.", Toast.LENGTH_LONG).show( );
        }
    }); }
}
```

❶ 이미지뷰에 `earthimage.setOnClickListener()`를 붙인다.

❷ 핸들러 객체를 선언, 생성한다. 핸들러 객체는 이미지뷰가 눌렸을 때 실행(처리)될 메서드(핸들러 메서드)를 구현한 객체다.

❸ 핸들러 메서드를 선언한다. 이미지뷰가 눌리면 자동으로 호출되면서 "이미지가 눌렸어요"를 표시한다.

자세한 이벤트 처리 방법은 앞쪽의 [5.1 이벤트 처리]를 참고한다. '이벤트 처리'는 안드로이드 프로그래밍의 필수 문법이다.

7.3.2 화면 이벤트 처리하기

가장 먼저 지진 정보를 저장하는 KREarthQuake를 만들자. 지진의 위치(경위도, 세기, 시간, 위치)를 저장한다.

지진 정보 준비

하나의 지진 정보를 저장할 수 있는 KREarthQuake 클래스를 선언한다. 지진 정보 중 중요한 데이터를 저장하기 위해 멤버변수를 클래스 안에 선언한다.

[GoogleEarthQuakeMap1−KREarthQuake]

```
public class KREarthQuake   implements Serializable {
private double latitude;        // 위도
private double longitude;       // 경도
private String time;            // 발생 시간
private String location;        // 발생 장소
private double magnitude;       // 크기
}
```

1 멤버변수를 선언한 후 [Code]−[Generate⋯]를 선택한다.

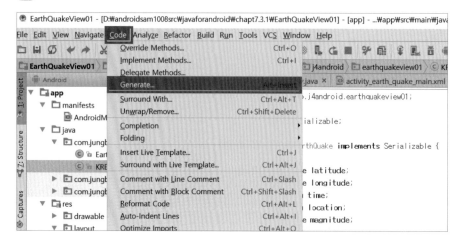

2 같은 방법으로 [Generate Constructors]를 이용하여 생성자를 만든다.

3 Shift 를 누른 상태로 멤버변수를 선택하면 선택한 멤버를 갖는 생성자를 만들 수 있다.

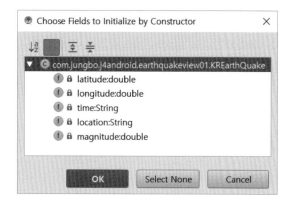

4 같은 방법으로 [Code-Generate-toString( ), Code-Generate-Getter and Setter]로 메서드를 만든다.

```java
package com.jungbo.j4android.googleearthquakemap;
import java.io.Serializable;
public class KREarthQuake  implements Serializable {
    private double latitude;
    private double longitude;
    private String time;
    private String location;
    private double magnitude;

    public KREarthQuake() {
        super();
    }
    public KREarthQuake(double latitude, double longitude, String time,
                        String location, double magnitude) {
        super();
        this.latitude = latitude;
        this.longitude = longitude;
        this.time = time;
        this.location = location;
        this.magnitude = magnitude;
    }
    @Override
    public String toString() {
        return "KREarthQuake [latitude=" + latitude + ", longitude="
        + longitude + ", time=" + time + ", location=" + location
        + ", magnitude=" + magnitude + "]";
    }
    public double getLatitude() {
        return latitude;
    }
    public void setLatitude(double latitude) {
        this.latitude = latitude;
    }
    public double getLongitude() {
        return longitude;
    }
    public void setLongitude(double longitude) {
```

```
        this.longitude = longitude;
    }
    public String getTime() {
        return time;
    }
    public void setTime(String time) {
        this.time = time;
    }
    public String getLocation() {
        return location;
    }
    public void setLocation(String location) {
        this.location = location;
    }
    public double getMagnitude() {
        return magnitude;
    }
    public void setMagnitude(double magnitude) {
        this.magnitude = magnitude;
    }
}
```

KREarthQuake는 위도, 경도, 발생 시간, 발생 위치, 진도 크기를 저장할 수 있다. 쉽게 말하면 필통처럼 연필, 지우개, 칼 등 여러 종류의 데이터를 저장하므로 편리하게 저장하거나 전송할 수 있다. 로직 없이 데이터를 저장해서 전송하려고 하는 객체를 전송 객체(Data Transfer Object)라고 부르기도 한다.

이미지뷰를 누르면 "이미지가 눌렸어요." 메시지 대신 지진 정보를 바꿔가면서 표시하게 해보자. [EarthQuakeView1 - EarthQuakeMainActivity]에 이벤트를 등록하고, 이벤트가 발생하면 다음 지진 정보를 보여준다.

[EarthQuakeView2 - EarthQuakeMainActivity]

```
public class EarthQuakeMainActivity extends AppCompatActivity
    implements View.OnClickListener{     // ❶ 리스너를 구현한다고 선언
// ❸ 지진 목록
private ArrayList<KREarthQuake> kREarthQuakes=new ArrayList<KREarthQuake>();
// ❹ 지진 목록에서 지진 정보 위치
private  int index=0;
@Override
```

300 __ 자바 for 안드로이드 프로그래밍

```java
public void onClick(View v) {        // ❷ 이벤트 핸들러 → 이미지가 눌리면 자동으로 실행
    showEach(earth);                 // 지진 정보 보이기
}
@Override
protected void onCreate(Bundle savedInstanceState) {
}
// ❺ 모든 지진 정보
public void getEarthQuakes() {
}
// ❻ 이미지뷰, 텍스트뷰 선언 생성
private void showComponent() {
// ❼ 이벤트 등록 → 이미지를 누르면 onClick() 실행
earthimage.setOnClickListener(this);
}
// ❽ 지진발생 지역을 바꿔가며 표시하기
private void showEach(KREarthQuake earth) {
}
// ❾ 지진발생 장소의 국가 찾기
public  int imageResource(String msg) {
}
}
```

설명

❶ 이미지뷰를 클릭(Click)하면 다른 지진 정보를 표시하기 위해 OnClickListener가 필요하다.

❷ OnClickListener의 이벤트 핸들러 메서드를 선언한다.

❸ 지진 목록을 저장하기 위해 ArrayList<KREarthQuake>를 선언한다.

❹ 목록에서 몇 번째인지 파악하기 위한 index를 선언한다.

❺ 모든 지진 정보를 지진 목록에 저장한다.

❻ 이미지뷰, 텍스트뷰를 생성한다.

❼ 이미지뷰에 이벤트를 등록한다. 이미지뷰를 누르면 onClick()이 호출된다.

❽ 지진발생 지역을 바꿔가며 표시한다.

❾ 지진발생 장소의 국가를 찾는다.

위의 소스는 메서드만 만들어 놓은 것이다. 이제 다음의 구현순서와 내용을 참고하여 리스트뷰의 이벤트를 구체적으로 구현해 보자.

① `View.OnClickListener`를 implements하면 onClick( ) 메서드를 선언해야 한다.

② `ArrayList<KREarthQuake> kREarthQuakes`를 선언, 생성한다. getEarthQuakes( )를 호출하여 지진 목록에 지진 정보들을 저장한다. kREarthQuakes.add(지진 정보 객체)는 지진 정보를 지진 목록에 저장한다.

③ showComponent( )는 이미지뷰, 텍스트뷰를 선언, 생성한다. findViewById(고유아이디번호)는 레이아웃을 선언할 때 자동으로 만들어지는 고유아이디번호를 통해 객체를 생성한다.

④ `earthimage.setOnClickListener(this)` - View.OnClickListener의 핸들러 메서드 onClick( )을 구현한 객체의 레퍼런스를 대입한다. `View.OnClickListener`의 구현한 객체가 자신이기 때문에 여기서는 this를 사용했다.

⑤ 이미지뷰를 누르면 onClick( )이 자동으로 실행된다. "지진 목록.get(현재 위치 index)" 형식으로 현재 위치 index를 이용하여 지진 목록에서 현재 위치의 지진 객체인 KREarthQuake를 가져온다.

⑥ imageResource(String msg)는 imageResource ("일본 오키나와현 오키나와 북동쪽 161km 해역") 형식으로 지진발생 위치를 받는다. "일본 오키나와현 오키나와 북동쪽 161km 해역"에서 "일본"이라는 문자열이 있는지 String.contains("일본")를 이용해 일본국기의 이미지 고유번호를 얻는다. 이미지뷰.setImageResource(이미지 고유번호)는 해당 이미지를 이미지뷰에 표시한다.

[EarthQuakeView2 – EarthQuakeMainActivity]

```
public class EarthQuakeMainActivity extends AppCompatActivity
    implements View.OnClickListener{    // ❶ 리스너를 구현한다고 선언
// 레이아웃에 선언한 컴포넌트 선언
private ImageView earthimage;
private TextView tvlatlng;
private TextView tvtime;
private TextView tvlocation;
private TextView tvmagni;

// ❸ 지진 목록 → 지진 가방, KREarthQuake 한 지진의 정보 → 필통
private ArrayList<KREarthQuake> kREarthQuakes=new ArrayList<KREarthQuake>( );
// ❹ 지진 목록에서 지진 정보 위치
private  int index=0;

@Override
```

```java
protected void onCreate(Bundle savedInstanceState) {
super.onCreate(savedInstanceState);
setContentView(R.layout.activity_earth_quake_main);
//----------개발자가 추가
getEarthQuakes( );          // ❺ 호출, 지진 정보 준비
Toast.makeText(this, "이미지를 누르면 지진 정보가 보여요", Toast.LENGTH_LONG).show( );
showComponent( );          // ❻ 호출, layout에서 설계한 것을 생성
}
// ❻ 이미지뷰, 텍스트뷰 선언 생성
private void showComponent( ) {
// findViewById를 이용하여 레이아웃에서 설계한(선언한) 컴포넌트를 객체 생성
earthimage=(ImageView)findViewById(R.id.earthimage);
tvlatlng=(TextView)findViewById(R.id.tvlatlng);
tvtime=(TextView)findViewById(R.id.tvtime);
tvlocation=(TextView)findViewById(R.id.tvlocation);
tvmagni=(TextView)findViewById(R.id.tvmagni);
        // ❼ 이벤트 등록 → 이미지를 누르면
    earthimage.setOnClickListener(this);
}
@Override
public  void onClick(View v) {      // ❷ 이벤트 핸들러 → 이미지가 눌리면 자동으로 실행
if(index>=kREarthQuakes.size( )){      // size( )는 목록의 총 개수, 현재 위치 >= 목록의 개수
    index=0;                            // 정해진 개수의 정보를 보여주고 나면 처음으로 돌아간다
}
// 지진 목록에서 index 위치의 한 지진 가져오기
KREarthQuake earth=kREarthQuakes.get(index++);      // 이미지를 누르면 index 1증가
// 지진 정보 보이기
showEach(earth);      // ❽ 호출, 한 지진에 대한 정보 표시
}
// ❽ 지진발생 지역을 바꿔가며 표시하기
private void showEach(KREarthQuake earth) {
String latlng = String.format("%f,%f", earth.getLatitude( ), earth.getLongitude( ));
// 데이터를 화면에 붙이기
// 찾은 국기를 이미지뷰에 표시하기 setImageResource(발생국가)
earthimage.setImageResource(imageResource(earth.getLocation( )));      // ❾ 호출, 발생국가 이미지
tvlatlng.setText(latlng);                      // 위도·경도
tvtime.setText(earth.getTime( ));              // 발생 시간
tvlocation.setText(earth.getLocation( ));      // 발생 위치
tvmagni.setText(earth.getMagnitude( )+"");     // 세기
}
```

```java
// ❾ 지진발생 장소 국가 찾기
public  int imageResource(String msg) {
// 발생 위치에서 "일본"이라는 문자열이 있다면 drawable 디렉토리의 jp 이미지를 반환
if(msg.contains("일본")) { return R.drawable.jp;      // "일본 오키나와현 오키나와 북동쪽 161km 해역"
} else  if(msg.contains("페루")) { return R.drawable.pe;   // "페루 …"
} else  if(msg.contains("뉴질랜드")) { return R.drawable.nz;
} else  if(msg.contains("칠레")) { return R.drawable.cl;
} else  if(msg.contains("대만")) { return R.drawable.tw;
} else  if(msg.contains("러시아")) { return R.drawable.ru;
} else  if(msg.contains("미국")) { return R.drawable.us;
} else  if(msg.contains("인도")) { return R.drawable.in;
} else  if(msg.contains("중국")) { return R.drawable.cn;
} else return R.drawable.kr;
}
// ❺ 모든 지진 정보
public  void getEarthQuakes( ) {
// 지진 가방을 비운다.
kREarthQuakes.clear( );
// 지진 필통에 지진 정보를 넣고, 지진 가방에 지진 필통을 저장한다.
kREarthQuakes.add(new KREarthQuake(27.400000,128.600000,"2016-09-26  14:20:00",
    "일본 오키나와현 오키나와 북동쪽 161km 해역", 5.700000));
// 소스 생략
    }
}
```

설명

❶ 이미지뷰를 클릭(Click)하면 다른 지진 정보를 표시하기 위해 OnClickListener가 필요하다.

❷ OnClickListener의 이벤트 핸들러 메서드를 선언한다.

❸ 지진 목록을 저장하기 위해 ArrayList<KREarthQuake>를 선언한다.

❹ 목록에서 몇 번째인지 파악하기 위한 index를 선언한다.

❺ 모든 지진 정보를 지진 목록에 저장한다.

❻ 이미지뷰, 텍스트뷰를 생성한다.

❼ 이미지뷰에 이벤트를 등록한다. 이미지뷰를 클릭하면 onClick( )이 호출된다.

❽ 지진발생 지역을 바꿔가며 표시한다.

❾ 지진발생 장소의 국가를 찾는다.

7.3.3 리스트뷰를 이용하여 지진 정보 보여주기

앞에서 만들어본 지진 정보를 반복적으로 표시하려면 ListView를 사용한다. 리스트뷰는 같은 모습의 아이템(item)들을 모은 아이템즈(items)로 구성된다. 리스트뷰는 리스트 형태로 보여주기 위한 하나의 정해진 규칙(템플릿)을 제공한다. 하나의 아이템 레이아웃을 만들고 모든 아이템에 적용한다.

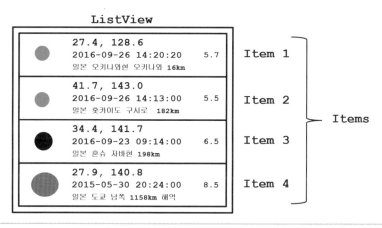

▲ 여러 개의 아이템으로 구성된 리스트뷰

리스트뷰는 정해진 규칙(템플릿)만을 제공하기 때문에 아이템에 레이아웃을 만들고, 각 아이템에 해당하는 데이터만 넣어주면 된다. 이런 작업을 모든 아이템에 적용하면 리스트뷰에 리스트 형태로 출력된다. 이때 어댑터(Adaptor)는 하나의 아이템 레이아웃에 해당 데이터를 넣어주는 작업을 아이템의 개수만큼 한다.

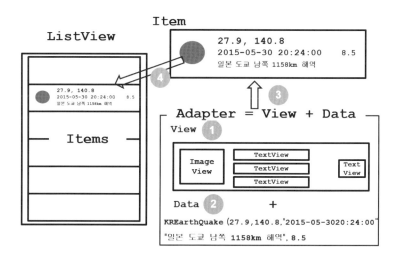

어댑터(Adapter)의 작동원리는 다음과 같다.

❶ 리스트뷰가 아이템의 레이아웃을 확인한다.

❷ 리스트뷰가 전체 아이템즈의 개수를 확인한다.

❸ 리스트뷰가 0번째 위치(position)의 아이템을 만들기 위해 getView(position)를 호출한다.

❹ getView(0)은 레이아웃의 컴포넌트를 생성해서 각 컴포넌트에 지진 목록의 0번째 지진 정보(데이터)를 대입한다.

❺ ❹와 같은 방법으로 리스트뷰는 getView(1)을 호출해서 레이아웃의 컴포넌트를 생성하고 지진 목록의 첫 번째 지진 정보(데이터)를 대입한다.

❻ ❺와 같은 방법으로 리스트뷰는 지진 목록의 개수만큼 getView(position)를 호출한다.

결국 리스트뷰가 getView()를 호출하므로 개발자는 아이템의 화면 컴포넌트를 생성하고 데이터를 대입하는 로직을 getView() 메서드 안에 구현만 하면 된다.

어댑터를 구현하기 전에 한 아이템에 대한 레이아웃을 만들어야 한다. 앞에서 만들어 본 activity_earth_quake_main.xml과 동일하다.

[EarthQuakeView2- activity_earth_quake_main.xml]의 소스를 모두 복사해서 list_earth_item.xml에 덮어쓴다.

[EarthQuakeView3 - EarthquakeAdapter]

```
// ❶ ArrayAdapter를 상속한다.
public class EarthquakeAdapter extends ArrayAdapter<KREarthQuake> {
// ❷ 액티비티에 대한 정보를 갖는 컨텍스트 선언
private final Context context;
// ❸ 리스트뷰에 보여줄 지진 목록 선언
private final ArrayList<KREarthQuake> earthQuakes;

// ❹ 컨텍스트와 지진 목록을 대입받기 위한 생성자를 선언한다.
public EarthquakeAdapter(Context context, ArrayList<KREarthQuake> values) {
super(context, android.R.layout.simple_list_item_1, values);
// ❺ ArrayAdapter의 아이템즈의 레이아웃
this.context = context;        // 컨텍스트 대입
this.earthQuakes = values;   // 지진 목록 대입
}
// ❻ 각 아이템을 만들 getView( )
@SuppressLint("ViewHolder")
```

```
@Override
public View getView(int position, View convertView, ViewGroup parent) {
// ViewGroup parent → 리스트뷰
// ❼ 한 아이템의 레이아웃 준비
LayoutInflater inflater = (LayoutInflater) context.getSystemService(Context.LAYOUT_IN
FLATER_SERVICE);
// 한 아이템의 레이아웃 list_earth_item.xml
View rowView = inflater.inflate(R.layout.list_earth_item , parent, false);

// ❽ position에 있는 한 지진 정보 얻기
KREarthQuake earth=earthQuakes.get(position);      // getView(0) → 지진 목록.get(0)
// ❾ Item 1개에 대한 화면 컴포넌트 객체 생성
TextView tvlatlng = (TextView) rowView.findViewById(R.id.tvlatlng);
TextView tvtime = (TextView) rowView.findViewById(R.id.tvtime);
TextView tvlocation = (TextView) rowView.findViewById(R.id.tvlocation);
TextView tvmag = (TextView) rowView.findViewById(R.id.tvmagni);
ImageView view1=(ImageView)rowView.findViewById(R.id.earthimage);
String latlng = String.format("%f,%f", earth.getLatitude( ), earth.getLongitude( ));
// ❿ 데이터를 화면에 붙이기
view1.setImageResource(imageResource(earth.getMagnitude( )));   // ⓫ 지진세기별 이미지 고유번호
tvlatlng.setText(latlng);
tvtime.setText(earth.getTime( ));
tvlocation.setText(earth.getLocation( )
tvmag.setText(earth.getMagnitude( )+"");
return rowView;
}
// ⓫ 지진세기별 이미지 고유번호를 구하는 메서드 선언
// 지진세기별 원의 크기와 색깔이 다르다.
public  int imageResource(double magnitude) {
if (magnitude >= 8.0) {
    return R.drawable.e509;
} else if (magnitude >= 7.0) {
    return R.drawable.e507;
} else if (magnitude >= 6.0) {
    return R.drawable.e505;
} else {
    return R.drawable.e503;
}
    }
}
```

❶ 어댑터를 만들기 위해 `ArrayAdapter<KREarthQuake>`를 상속한다.

❷ 어댑터가 어떤 액티비티를 위해 실행될 것인지 알려주기 위한 컨텍스트(Context)를 선언한다. 생성자를 통해 컨텍스트를 얻는다.

❸ 리스트뷰에 보여줄 지진 목록을 선언한다. getView( )를 통해 지진 정보(데이터)를 하나씩 가져와 아이템으로 만든다.

❹ 컨텍스트와 지진 목록을 대입받기 위한 생성자를 선언한다.

❺ ArrayAdapter에 아이템 레이아웃을 선언한다. `simple_list_item_1`은 리스트의 가장 기본적인 레이아웃을 제공한다.

❻ 각 아이템을 만들 getView( )를 구현한다.

❼ 리스트뷰에서 한 개 아이템의 레이아웃을 찾는다. 이 레이아웃에서 이미지뷰, 텍스트뷰 등 컴포넌트를 생성한다. 그 아이템의 레이아웃을 준비한다. 이때 해당 아이템의 레이아웃인 `list_earth_item.xml`을 대입해야 한다.

❽ 리스트뷰가 아이템의 개수만큼 반복하면서 getView(0), getView(1), getView(2), …을 자동 호출한다. 이때 0, 1, 2, ..가 아이템의 위치(position)다. 이 위치(position)가 지진 목록의 위치(index)가 된다. getView(0)은 지진 목록.get(0), getView(1)은 지진 목록.get(1)과 같이 반복하면서 지진 목록에서 선택된 정보를 리스트뷰의 아이템으로 옮긴다.

❾ 한 개 아이템의 컴포넌트(이미지뷰, 텍스트뷰)들을 생성한다.

❿ 지진 정보를 한 아이템의 컴포넌트(이미지뷰, 텍스트뷰)에 대입한다.

⓫ 지진세기별로 해당 이미지 고유번호를 찾아서 이미지뷰에 이미지를 붙인다.

액티비티를 구현하기 위해 레이아웃이 필요하다. LinearLayout을 선언하고 방향(orientation)을 수직(vertical)으로 설정한다. 그리고 리스트뷰를 선언한다.

[EarthQuakeView3 – activity_earth_quake_main.xml]

```xml
<?xml version="1.0" encoding="utf-8"?>
<LinearLayout xmlns:android="http://schemas.android.com/apk/res/android"
    xmlns:tools="http://schemas.android.com/tools"
    android:layout_width="match_parent"
    android:layout_height="match_parent"
    android:paddingBottom="@dimen/activity_vertical_margin"
```

```
        android:paddingLeft="@dimen/activity_horizontal_margin"
        android:paddingRight="@dimen/activity_horizontal_margin"
        android:paddingTop="@dimen/activity_vertical_margin"
        tools:context="com.jungbo.j4android.googleearthquakeview01.MainActivity"
        android:orientation="vertical">
    <ListView
            android:layout_width="match_parent"
            android:layout_height="match_parent"
            android:id="@+id/listView"
            android:layout_gravity="center_horizontal" />
</LinearLayout>
```

어댑터에 지진 목록을 대입하여 지진 정보들을 리스트뷰에 반영하게 한다.

```
public class EarthQuakeMainActivity extends AppCompatActivity {
// ❶ 지진 목록
private ArrayList<KREarthQuake> kREarthQuakes=new ArrayList<KREarthQuake>( );
// ❷ 리스트 형식으로 지진 정보 표시하기
private ListView listView ;
// ❸ 어댑터 → view+data => item
private EarthquakeAdapter earthquakeAdapter;


@Override
protected void onCreate(Bundle savedInstanceState) {
super.onCreate(savedInstanceState);
setContentView(R.layout.activity_earth_quake_main);
//-----------개발자가 추가
getEarthQuakes( );   // ❹ 지진 정보 가져오기 (호출)
Toast.makeText(this, "Ready~~~~", Toast.LENGTH_LONG).show( );
showComponent( );    // ❺ 어댑터를 이용하여 리스트뷰 완성
}
// ❺ 어댑터를 이용하여 리스트뷰 완성
public void showComponent( ) {
// ❻ 리스트뷰 생성
listView = (ListView) findViewById(R.id.listView);
// ❼ 어댑터 생성
earthquakeAdapter = new EarthquakeAdapter(this, kREarthQuakes);
// ❽ 리스트뷰에 어댑터 설정
```

```
listView.setAdapter(earthquakeAdapter);
// ❾ 리스트뷰의 한 아이템을 선택할 때 처리하는 이벤트 핸들러를 등록하고 구현한다.
listView.setOnItemClickListener(new AdapterView.OnItemClickListener() {
    @Override
    public void onItemClick(AdapterView<?> parent, View view, int position, long id) {
        // ❿ 선택된 한 아이템의 정보
        KREarthQuake eq = (KREarthQuake) parent.getItemAtPosition(position);
        String latlng = String.format("%s, %s, %f",
        eq.getLocation() ,eq.getTime( ),eq.getMagnitude( ));
        Toast.makeText(getApplicationContext(), latlng, Toast.LENGTH_LONG).show( );
    }
});
}
// ❹ 지진 정보 가져오기 (선언)
public void getEarthQuakes( ) {
// 지진 가방을 비운다.
kREarthQuakes.clear( );
// 지진 필통에 지진 정보를 넣고, 지진 가방에 지진 필통을 저장한다.
kREarthQuakes.add(new KREarthQuake(27.400000,128.600000,"2016-09-26 14:20:00",
"일본 오키나와현 오키나와 북동쪽 161km 해역",5.700000));
// 소스 생략
    }
}
```

설명

❶ 지진 목록을 저장하기 위해 `ArrayList<KREarthQuake>`를 선언한다.

❷ 리스트뷰를 선언한다. 지진 정보를 리스트로 보여주는 데 사용한다.

❸ 어댑터를 선언한다. 하나의 지진 정보를 아이템(item)으로 만드는 과정을 반복해 모든 지진 목록을 리스트뷰에 표시하는 데 필요하다.

❹ 지진 정보를 지진 목록 `ArrayList<KREarthQuake> kREarthQuakes`에 저장한다.

❺ 어댑터를 이용하여 리스트뷰에 지진 정보를 보여준다.

❻ 리스트뷰를 생성한다.

❼ 어댑터를 생성한다. 이때 어댑터가 작동하는 액티비티와 지진 목록을 생성자로 넣어준다.

❽ 리스트뷰에 어댑터를 설정한다. 어댑터가 지진 목록의 데이터를 리스트로 바꿔서 화면에 표시한다.

⑨ 리스트뷰의 한 아이템을 선택하면 그 아이템의 정보를 토스트로 화면에 보여준다. 이를 위해서 리스트뷰에 한 아이템을 선택할 때 처리하는 이벤트 핸들러를 등록하고 구현한다.

⑩ 선택된 한 아이템은 선택된 지진 정보다. 이 선택된 지진 정보를 토스트로 화면에 출력한다.

7.3.4 비동기와 HTML 초급 파싱으로 지진 정보 가져오기

■ [EarthQuakeView4]

이번에는 지진 정보를 가져와서 리스트뷰에 표시하려고 한다. 우리나라 기상청에서 웹으로 제공하는 데이터를 초급 파싱을 이용해 지진 목록으로 만들고 리스트뷰로 출력한다.

▲ 리스트뷰에 지진 정보 보여주기

안드로이드에서 인터넷 접속 시 웹을 사용하려면 사용자 허가(uses-permission)가 필요하다. [5장의 '5.10 안드로이드 퍼미션' 참고] 사용자 허가는 왼쪽 [Project]-[app]-[manifests]-AndroidManifest.xml 에서 설정한다. 인터넷을 사용하기 위해 application 태그(〈application〉 위에 다음 코드를 입력한다.

〈uses-permission android:name="android.permission.INTERNET"/〉

1 초급 파싱

getAllHtml()은 공백을 제거한 후 한 줄씩 읽어 ArrayList<String> htmls에 저장하는 메서드다. getEarthQuakes()는 ArrayList<String> htmls에서 저장된 html을 한 줄씩 읽어들이면서 지진 정보를 추출하고 지진 객체에 저장하는 메서드다.

초급 파싱의 예제로 기상청의 지진 정보 목록을 사용한다. 다음 링크를 참고하자.
http://web.kma.go.kr/weather/earthquake_volcano/domesticlist.jsp

▲ 기상청에서 제공하는 지진 정보

웹브라우저의 소스보기로 보면 상당히 복잡하다. 간략히 정리하면 다음과 같다.

[http://web.kma.go.kr/weather/earthquake_volcano/domesticlist.jsp]

```
<!DOCTYPE html PUBLIC "-//W3C//DTD XHTML 1.0 Transitional//EN"
"http://www.w3.org/TR/xhtml1/DTD/xhtml1-transitional.dtd">
<html xmlns="http://www.w3.org/1999/xhtml" xml:lang="ko" lang="ko">
<head>
<title>국내지진 목록 &gt; 지진 &gt; 지진·화산 &gt; 날씨 &gt; 기상청 </title>
<table class="table_develop"
summary="진원시, 규모, 위도, 경고, 위치, 파형 자료를 확인할 수 있는 국내 지진발생 표입니다.">
<caption>국내 지진 목록 검색결과</caption>
<tbody>
<tr>
<td>197</td>
<td>2016/09/28 21:10:34</td>
<td>2.7</td>
<td>35.77 N</td>
<td>129.17 E</td>
<td class="align_left">경북 경주시 남남서쪽 9km 지역</td>
</tr>
<tr>
<td>196</td>
<td>2016/09/28 19:00:02</td>
<td>2.9</td>
<td>38.74 N</td>
<td>125.69 E</td>
<td class="align_left">북한 황해북도 송림 동쪽 5km 지역</td>
</tr>
```

소스를 보면 규칙을 찾을 수 있으나, 사람마다 생각하는 바가 다르므로 파싱도 다르게 할 수 있다. 정답은 없지만, 파싱의 핵심은 한 번뿐인 시작점을 잡는 것이다. 필자는 파싱 시작점과 순서를 다음과 같이 잡았다.

❶ 〈table class="table_develop"은 한 번만 나오기 때문에 시작점으로 선택한다.

❷ 시작점 중에서도 〈tbody〉를 기준점으로 잡는다. 〈/tbody〉에서 파싱을 멈춘다.

❸ 〈tbody〉안의 〈tr〉~〈/tr〉이 하나의 지진 정보다. 〈tr〉〈td〉로 시작하면 더 확실하다.

❹ 〈td〉197〈/td〉에서 lastIndexOf("〈")와 substring( )을 이용하여 〈td〉197을 만든다.

⑤ 〈td〉197에서 indexOf(">")와 substring( )을 이용하여 197을 얻는다.

⑥ **④**, **⑤**와 같은 방법으로 〈td〉2016/09/28 21:10:34〈/td〉, 〈td〉2016/09/28 21:10:34, 2016/09/28 21:10:34 순으로 찾고 잘라서 발생 시간을 얻는다.

⑦ 데이터를 필요한 형태로 변환한다. "2016/09/28 21:10:34"을 "2016-09-28 21:10:34"로 변환한다.

⑧ 위도와 경도에 대하여 "N", "E"는 양수로, "S", "W"는 음수로 변경한다. "35.3 S"를 "-35.3"로 변환한다.

⑨ 실수형 문자열을 실수로 변환한다. "-35.3"을 -35.3으로 변환한다.

⑩ **④**, **⑨**와 같은 방법으로 진도세기, 위도·경도, 발생 장소를 얻는다.

⑪ 〈tr〉~〈/tr〉이 하나의 지진 정보이므로 지진 정보 객체 KREarthQuake에 저장한다.

⑫ **④**~**⑪**을 반복해서 지진 목록을 만든다. ArrayList〈KREarthQuake〉 krEarthQuakes에 저장하여 모든 지진 정보를 저장한다.

[GoogleMapActivity04 – RequestFromKMA]

```java
public class RequestFromKMA {
private ArrayList<String> htmls=new ArrayList<String>();
private ArrayList<KREarthQuake> krEarthQuakes =new ArrayList<KREarthQuake>();
public RequestFromKMA() {
    htmls.clear();              // 청소
    krEarthQuakes.clear();      // 청소
}
public ArrayList<KREarthQuake> getKREarthQuakes() {
    return krEarthQuakes;
}
private boolean isConnection=false;
public boolean isConnection() {
    return isConnection;
}
// 웹에서 HTML을 한 줄씩 읽어서 ArrayList<String> htmls에 저장한다.
public void getAllHtml(String newUrls) {
    htmls.clear();                          // html 저장 전에 청소
    InputStream inputStream=null;
    URL url=null;
    try {                                   // 예외 처리
        url= new URL(newUrls);              // 기상청 주소 대입
```

```java
                // 기상청 주소에 연결
                HttpURLConnection urlConnection = (HttpURLConnection) url.openConnection( );
                // 연결된 기상청에 수도꼭지 설치
                inputStream = new BufferedInputStream(urlConnection.getInputStream( ));
                // 수도꼭지에 호스 연결
                BufferedReader reader = new BufferedReader(new InputStreamReader(inputStream,
                        "euc-kr"), 8);
                // 호스에서 한 줄씩 읽는다.
                String line = null;
                while ((line = reader.readLine( )) != null)      // 다 읽을 때까지, null이면 끝낸다.
                {
                    if( ! line.trim( ).equals("")) {             // 1개 이상의 문자열이 있다면
                        htmls.add( line.trim( ) );               // 양쪽 공백 제거 후 한 줄씩 저장
                    }
                }
                inputStream.close( );       // 다 사용한 후 수도꼭지를 닫는다.
                isConnection=true;          // 읽는 데 성공

        } catch (Exception e) {
            isConnection = false;       // 예외가 발생하면 읽는 데 실패
        }
    }
    // ❹ ❺ <td>2016/09/28 21:10:34</td>에서 <td></td>을 제거하는 메서드
    public String rm(String msg) {
        String mt=msg.substring(0, msg.lastIndexOf("<"));       // ❹ <td>2016/09/28 21:10:34
        mt=mt.substring(mt.indexOf(">")+1);                     // ❺ 2016/09/28 21:10:34
        return mt.trim( );
    }
    // ❼ String "2016/09/28 21:10:34" 을 String "2016-09-28 21:10:34"로 수정
    public String toD(String msg) {
        return msg.replace("/", "-");
    }
    // ❽ S, W는    를 붙임, 50 S 는 -50
    public String toM(String msg) {
        String mt="";
        if(msg.contains("N") || msg.contains("E")) {            // N이나 E면 양수
            mt=msg.replaceAll("N", "");                         // "N"을 ""으로 변경
            mt=mt.replaceAll("E", "");
            mt=mt.trim( );
        } else {                                                // S나 W면 음수
```

```
            mt=msg.replaceAll("S", "");
            mt=mt.replaceAll("W", "");
            mt="-"+mt.trim( );                   // "-"+"30"은 "-30"
        }
        return mt.trim( );
    }
    // ❾ 랩퍼 Double을 이용하여 실수형 문자열을 실수로 변환 "35.3" → 35.3
    public double toDb(String msg) {
        return Double.parseDouble(msg);
    }
    // 저장된 html을 한 줄씩 읽으면서 파싱. 지진 정보 객체로 만든다. 파싱
    public void getEarthQuakes(String msg) {
        krEarthQuakes.clear( );                  // 여러 지진 정보들을 저장하기 전 청소
        int count=0;
        for (int i=0; i<htmls.size( ); i++) {
            String ss=htmls.get(i);     // 저장된 html을 한 줄씩 가져온다.
            if(ss.contains(msg)){       // ❶ class="table_develop이 있다면 파싱 시작점
                    count++;
                break;
            }
        }
        int k=1;
        for (int i=count; i<htmls.size( ); i++) {
            String ss=htmls.get(i+k);
            if(ss.contains("<tbody>")) {   // ❶ class="table_develop 밑에 <tbody>를 찾을 때까지
                k++;
                    break;
            }
        }
        // class="table_develop 밑에 <tbody>를 찾았다면 여기서부터 파싱 시작. 기준점
        for (int i=count+k; i<htmls.size( ); i++) {
            String ss=htmls.get(i);        // <tr>
            String tt=htmls.get(i+1);      // <tr> 한 줄 아래 <td>

            if(ss.contains("<tr>") && tt.contains("<td>")) {   // ❸ <tr><td> 파싱 시작
                String a=htmls.get(i+1);   // <td>197</td>
                String b=htmls.get(i+2);   // <td>2016/09/28 21:10:34</td>
                String c=htmls.get(i+3);   // <td>2.7</td>
                String d=htmls.get(i+4);   // <td>35.77 N</td>
                String e=htmls.get(i+5);   // <td>129.17 E</td>
```

```java
        String f=htmls.get(i+6);      // <td class="align_left">경북 경주시 남남서쪽 9km 지역</td>


        if(d.trim( ).contains("-") || e.trim( ).contains("-")) {     // <td>-</td> 가끔 발생
            continue;    // 위도나 경도 데이터가 없다면 다음 데이터 파싱
        } else {         // ❿ 위도와 경도가 모두 있는 경우 원하는 타입으로 변환
            KREarthQuake quake =new KREarthQuake(
                toDb(toM(rm(d))),    // latitude, ❹❺ rm( ): <td></td> 제거,
                toDb(toM(rm(e))),    // longitude, ❼ toM( ) :S, W이면 음수로,
                toD(rm(b)),          // time, toD( ): 2016/09/28을 2016-09-28로 수정
                rm(f),               // location
                toDb(rm(c))          // magnitude ❾ toDb( ) : 실수 문자열을 실수로 변환

            );    // ⓫ 변환한 위도·경도, 발생 시간, 발생 장소, 지진세기를 지진 객체에 저장
            krEarthQuakes.add(quake);         // ⓬ 지진 목록에 저장
        }    // else
    }    // ⓬ 지진 목록이 완성될 때까지 파싱 반복
    if(ss.contains("</tbody>")) {             // ❶ </tbody>가 있다면 파싱 끝
        break;
    }
  }


}
}
```

사용자정의 메서드

메서드	설명
public String rm(String msg)	<td>2016/09/28 21:10:34</td>에서 <td></td>를 제거하는 메서드 (순서) <td>2016/09/28 21:10:34 // 오른쪽 "<" 찾아서 태그 제거 2016/09/28 21:10:34 // 왼쪽 ">" 찾아서 태그 제거
public String toD(String msg)	"2016/09/28"을 "2016-09-28"로 수정 모든 "/"를 "-"로 변경
public String toM(String msg)	S, W를 포함하고 있다면 음수로 변경. "35.3 S"를 "-35.3"로 변환 "S", "W"를 포함하고 있다면 제거 후 "-"을 붙인다.
public double toDb(String msg)	Double 랩퍼 클래스를 이용하여 실수형 문자열을 실수로 변환한다. "-35.3"을 -35.3으로 변환한다.

안드로이드에서 인터넷 사용 시 웹을 이용하려면 사용자 허가(uses-permission)가 필요하다. 사용자 허가는 왼쪽 [Project]-[app]-[manifests]-AndroidManifest.xml에서 설정한다.

인터넷을 사용하려면 〈uses-permission android:name="android.permission.INTERNET"/〉을 추가한다.

이제 비동기를 구체적으로 구현하자.

① onPreExecute()에 웹에서 지진 정보를 읽어오는 객체 RequestFromKMA를 생성한다.

② doInBackground()에서 getEarthQuakes()를 호출하고, 모든 지진 정보를 읽어 ArrayList <KREarthQuake> kREarthQuakes에 저장한다.

③ onPostExecute()는 doInBackground()에서 가져온 모든 지진 정보를 updateResult()로 화면에 표시한다.

[GoogleMapActivity04 – EarthQuakeRequestAsync]

```
public class EarthQuakeRequestAsync extends AsyncTask<String, Void, ArrayList
<KREarthQuake>> {

Activity activity;
ArrayList<KREarthQuake> kREarthQuakes=new ArrayList<KREarthQuake>();
ProgressDialog progressDialog;
boolean isConnection=false;

RequestFromKMA rfw;      // ❶ 웹에서 지진 정보를 읽어오는 객체 선언

public EarthQuakeRequestAsync(Activity ac) {
    activity = ac;
}
@Override
protected void onPreExecute() {
    super.onPreExecute();
```

```java
        rfw=new RequestFromKMA( );        // ❶ 생성. 웹에서 읽어오는 객체를 생성
        progressDialog = ProgressDialog.show(activity, "Reading", "Reading Earthquake datas!");
    }
    @Override
    protected ArrayList<KREarthQuake> doInBackground(String...params) {
        getEarthQuakes( );                            // ❷ 호출. 웹에서 지진 정보를 가져와 멤버 kREarthQuakes에 저장
        return kREarthQuakes;
    }
    @Override
    protected void onPostExecute(ArrayList<KREarthQuake> result) {
        super.onPostExecute(result);
        if(isConnection) {                        // 성공적으로 웹에서 지진 정보를 가져왔다면
            if(activity instanceof MapsActivity) {
                ((MapsActivity) activity).updateResult(result);    // ❸ 맵에 지진 정보 표시
            }
            progressDialog.dismiss( );
        } else {
            progressDialog.dismiss( );
            // 경고창 생략
        }
    }
    // "key=value" 형식으로 문자열을 만든다.
    public String para(String key, String value) {
        return String .format("%s=%s",key,value);
    }
    // ❷ 선언. 웹에서 읽어오는 객체를 이용하여 지진 정보를 가져온다.
    public void getEarthQuakes(String...params) {
        kREarthQuakes.clear( );
        // 기상청 국내 지진 목록
        String urls="http://web.kma.go.kr/weather/earthquake_volcano/domesticlist.jsp";
        // 기상청 국외 지진 목록
        String urls2="http://www.kma.go.kr/weather/earthquake_volcano/internationallist.jsp";
        // execute(datas)는 doInBackground(params)를 호출. datas가 params로 넘어온다.
        // params ={ "2011-01-01","2011-09-30","2" ,"999"};
        String startTm=params[0];        // 발생시기 범위 시작일 "2011-01-01"
        String endTm=params[1];          // 발생시기 범위 종료일 "2011-09-30"
        String startSize=params[2];   // 지진세기 최소 "2"
        int endSize=999;
        String a=String.format("%s?%s&%s&%s&%s",
            urls2,                              // 국외 지진 정보
```

```
        para("startTm",startTm),        // startTm=2011-01-01
        para("endTm",endTm),
        para("startSize",startSize+""),
        para("endSize",endSize+"")
    );
// 아래와 같이 기상청에 요구하는 경로가 만들어진다. 아래 두 줄은 원래 한 줄이며 공백이 없다.
// String a="http://web.kma.go.kr/weather/earthquake_volcano/domesticlist.jsp?
// startTm=2000-01-01&endTm=2016-09-30&startSize=2&endSize=999";
    Log.i("doInBackground", "----------------------------------------------" + a);
    rfw.getAllHtml(a);                              // 웹에서 얻은 모든 문자열을 저장
    isConnection=rfw.isConnection( );               // 문자열을 정상적으로 읽었나
    String str="<table class=\"table_develop";      // 파싱 시작점
    rfw.getEarthQuakes(str);                        // html 문자열에서 파싱하여 지진 객체로 변환
    kREarthQuakes=rfw.getKREarthQuakes( );          // 웹에서 얻은 지진 객체들을 멤버에 저장
  }
}
```

결국 비동기가 정상적으로 실행이 되면 기상청의 경로와 요구 조건에 알맞은 결과를 HTML로 응답
받는다. 이 응답 HTML을 우선 ArrayList htmls에 저장한다. 그리고 한 줄씩 읽어 들이면서 파싱할 시
작점을 찾는다. 파싱 시작점에서 규칙을 찾아 파싱한 데이터를 지진 객체로 바꾼다. 반복적으로 파싱
한 데이터들을 지진 객체에 담고, 지진 객체를 ArrayList에 저장한다.

3 액티비티 만들기
비동기와 어댑터를 모두 이용하여 지진 정보를 리스트뷰에 출력해보자.

[EarthQuakeView4 – EarthQuakeMainActivity]

```
public class EarthQuakeMainActivity extends AppCompatActivity {

// ❶ 지진 목록
private ArrayList<KREarthQuake> kREarthQuakes=new ArrayList<KREarthQuake>( );
// ❷ 리스트 형식으로 지진 정보를 표시하기
private ListView listView;
// ❸ 어댑터 → view+data ⇒ item
private EarthquakeAdapter earthquakeAdapter;
// ❹ 비동기 AsyncTask
private  EarthQuakeRequestAsync async;
@Override
```

```java
protected void onCreate(Bundle savedInstanceState) {
super.onCreate(savedInstanceState);
setContentView(R.layout.activity_earth_quake_main);
//-----------개발자가 추가
// ❺ getEarthQuakes( ) 제거, 가져온 지진 목록 보여주기는 비동기로 이동 updateResult( )를 호출
Toast.makeText(this, "Ready~~~~", Toast.LENGTH_LONG).show( );
showComponent( );
}
// ❻ 어댑터를 이용하여 리스트뷰 완성
public void showComponent() {
// ❼ 리스트뷰 생성
listView = (ListView) findViewById(R.id.listView);
// ❽ 어댑터 생성
earthquakeAdapter = new EarthquakeAdapter(this, kREarthQuakes);
// ❾ 리스트뷰에 어댑터 설정
listView.setAdapter(earthquakeAdapter);
// ❿ 리스트뷰에 한 아이템을 선택할 때 처리하는 이벤트 핸들러를 등록하고 구현한다.
listView.setOnItemClickListener(new AdapterView.OnItemClickListener() {
    @Override
    public void onItemClick(AdapterView<?> parent, View view, int position, long id) {
        // ⓫ 선택된 한 아이템의 정보
        KREarthQuake eq = (KREarthQuake) parent.getItemAtPosition(position);
        String latlng = String.format("%s, %s, %f",
        eq.getLocation( ) ,eq.getTime( ),eq.getMagnitude( ));
        Toast.makeText(getApplicationContext( ), latlng, Toast.LENGTH_LONG).show( );
    }
});
// ⓬ 비동기 AsyncTask 객체를 생성한다.
async =new EarthQuakeRequestAsync(this);
String [] datas=new String [] {"2010-01-01",todate2(new Date( )),"5" ,"999"};
// ⓭ 2010부터 오늘까지 진도5 이상의 지진 정보를 요구한다.
async.execute(datas);      // AsyncTask doInBackground(datas) 호출
}
// ⓮ 비동기가 모두 실행되면 호출됨. 지진 정보를 어댑터에 넣어 최신 리스트뷰 표시
public void updateResult(final ArrayList<KREarthQuake> result) {
this.kREarthQuakes=result;
runOnUiThread(new Runnable( ) {
    @Override
    public void run( ) {
// ⓯ 어댑터에 있는 지진 정보를 모두 지우고 새로운 지진 정보를 넣어서 최신 리스트뷰 표시
        earthquakeAdapter.clear( );
```

```
            earthquakeAdapter.addAll(kREarthQuakes);
            // earthquakeAdapter = new EarthquakeAdapter(this, kREarthQuakes);
            // listView.setAdapter(earthquakeAdapter);
        }
    });
}
// Date를 String으로 변환 "2016-09-28"
public String todate2(Date dd) {
SimpleDateFormat sdf=new SimpleDateFormat("yyyy-MM-dd");
return sdf.format(dd);
    }
}
```

설명

❶ 지진 목록을 저장하기 위해 `ArrayList<KREarthQuake>`를 선언한다.

❷ 리스트뷰를 선언한다. 지진 정보를 리스트로 보여주는 데 사용한다.

❸ 어댑터를 선언한다. 하나의 지진 정보를 아이템(item)으로 만드는 과정을 반복해 모든 지진 목록을 리스트뷰에 표시하는 데 필요하다.

❹ 비동기로 인터넷을 통해 지진 정보를 가져와 화면에 반영한다.

❺ 비동기를 실행하면, 결과적으로 자동으로 updateResult( )를 호출하여 리스트뷰에 지진 정보를 표시한다.

❻ 어댑터를 이용하여 리스트뷰에 지진 정보를 표시한다.

❼ 리스트뷰를 생성한다.

❽ 어댑터를 생성한다. 이때 어댑터가 작동하는 액티비티와 지진 목록을 생성자로 넣어준다.

❾ 리스트뷰에 어댑터를 설정한다. 어댑터가 지진 목록의 데이터를 리스트로 바꿔서 화면에 보여준다.

❿ 리스트뷰의 한 아이템을 선택하면 그 아이템의 정보를 토스트로 화면에 보여준다. 이를 위해 리스트뷰에서 한 아이템을 선택할 때 처리하는 이벤트 핸들러를 등록하고 구현한다.

⓫ 선택된 한 아이템은 선택된 지진 정보다. 이 선택된 지진 정보를 토스트로 화면에 출력한다.

⓬ 비동기 AsyncTask 객체를 생성한다.

⓭ 2010부터 오늘까지 진도5 이상의 지진 정보를 요구한다. execute(datas)는 비동기 객체의 doInBackground(datas)를 자동 호출한다.

⓮ 비동기가 모두 실행되면 호출된다. 지진 정보를 어댑터에 넣어 최신 리스트뷰를 보여준다.

⓯ 어댑터에 있는 지진 정보를 모두 지우고 새로운 지진 정보를 넣어서 최신 리스트뷰를 표시한다.

구글맵의 다양한 응용법 중 가장 간단한 이벤트 처리를 사용해 두 도시 간의 거리를 구해보자.

▪ 구글맵 앱을 만들자.

1 [File]-[New]-[New Project], 어플리케이션 이름과 저장 위치를 선택한다.

- 어플리케이션 이름: GoogleDistance01
- 회사 도메인: j4android.jungbo.com

2 SDK를 선택한다.

3 [Google Map Activity]를 선택한다.

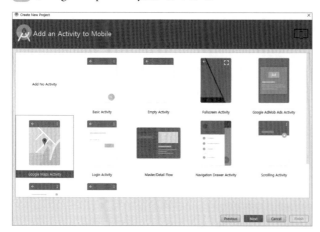

4 Activity 이름: GoogleMapsActivity

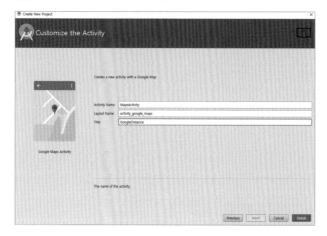

7.4.1 구글맵 API 키 얻기

구글맵을 사용해 위치를 표시하려면 가장 먼저 구글맵 API 키를 얻어야 한다. 우선 구글맵을 사용하기 위한 환경을 다음과 같이 설정한다.

1 프로젝트의 [app]-[res]-[values]-[google_maps_api.xml]을 더블클릭한다.

2 xml 소스에서 https://console 부분을 찾아서 https://console을 포함해 한 줄 전체를 복사한다.

3 브라우저에 복사한 경로를 붙이고 [Enter]를 누른다. 로그인 되어 있지 않다면 사용자 아이디와 패스워드를 입력한다. 그 다음, map을 사용하기 위한 고유키를 생성하는 과정이 필요하다. 처음이면 [프로젝트를 만들기]에서 [계속]을 누르고, 처음이 아니라면 프로젝트를 선택할 수 있다.

4 신뢰성 있는 앱을 만들기 위해서 개발자의 컴퓨터 정보를 이용하여 API 키를 만들자. [API 키 만들기]를 선택한다.

5 API 키를 복사한다.

6 사용자 인증 정보를 확인할 수 있다.

7 google_maps_api.xml 소스에서
`<string name="google_maps_key" templateMergeStrategy="preserve" translatable="false">YOUR_KEY_HERE</string>`를 찾아 YOUR_KEY_HERE에 생성된 키를 입력한다.

```
<string name="google_maps_key" templateMergeStrategy="preserve" translatable="false">
```

앱을 실행하면 "시드니"를 맵에서 볼 수 있다.

이제 위도·경도 정보를 이용해 서울을 구글지도에 표시해보자.

구글맵을 만들면 다음과 같은 기본 소스로 설정되어 있다.

```
@Override
public void onMapReady(GoogleMap googleMap) {
    mMap = googleMap;
    // Add a marker in Sydney and move the camera
    LatLng sydney = new LatLng(-34, 151);
    mMap.addMarker(new MarkerOptions( ).position(sydney).title("Marker in Sydney"));
    mMap.moveCamera(CameraUpdateFactory.newLatLng(sydney));
}
```

구글맵이 기본적으로 제공하는 메서드는 다음과 같다.

중요 메서드	설명
protected void onCreate(Bundle savedInstanceState)	첫 번째로 호출되는 Activity 메서드. 구글맵을 위한 기본 정보를 설정한다.
public void onMapReady(GoogleMap googleMap)	OnMapReadyCallback의 이벤트 핸들러(메서드). onCreate( )에 의해 구글맵이 설정되면 구글맵에 기본 정보(마커)를 표시한다.

자동으로 작성된 기본 소스 중 일부를 다음과 같이 수정하자.

[GoogleDistance01]

```
private String otitle="Seoul";    // mMap 밑에 추가
@Override
public void onMapReady(GoogleMap googleMap) {
    mMap = googleMap;
    LatLng seoul = new LatLng(37.5670, 126.9807);    // 서울 위도·경도 설정
    String mytitle=String.format("%s [%f, %f]",otitle,seoul.latitude,seoul.longitude);
    mMap.addMarker(new MarkerOptions( ).position(seoul).title(mytitle));
    mMap.setMapType(GoogleMap.MAP_TYPE_NORMAL);
    CameraUpdate update = CameraUpdateFactory.newLatLngZoom(seoul, 7);
    mMap.animateCamera(update);
    Toast.makeText(this, mytitle, Toast.LENGTH_LONG).show( );
}
```

시드니의 위도·경도를 서울의 위도·경도로, 제목은 시드니에서 서울로, 그리고 카메라 줌을 7로 조정해서 대한민국 위주로 보이게 한다.

`MAP_TYPE_NORMAL`은 정수(int)형 상수로, 일반지도를 의미한다. 줌(1~23)을 당겨서 대한민국을 앵글에 담자. 줌1은 세계전도를 볼 수 있으며, 숫자가 클수록 자세히 볼 수 있다.

GoogleMap 타입	설명
`MAP_TYPE_NORMAL`	일반지도
`MAP_TYPE_SATELLITE`	위성지도
`MAP_TYPE_TERRAIN`	지형지도

Toast는 화면에 제목을 잠깐 보여주고 사라진다. String.format( ) 메서드의 ("%s [%f, %f]") 부분에 ("otitle [seoul.latitude, seoul.longitude]")처럼 순서와 타입(%s:문자열, %f실수)에 맞게 데이터를 입력하면 문자열이 된다.

붉은색의 마커를 누르면 "Seoul [37.5670, 126.9807]"이라는 제목을 볼 수 있다.
위도와 경도는 기본타입 double로 표시한다. 마커에 표시하기 위한 제목은 String을 이용한다. 줌은 정수 int를 사용한다.

7.4.2 메서드 만들기

7.4.1과 동일한 결과가 나오는 메서드를 새로 만들고 사용해보자.

[GoogleDistance02]

```java
private double latitude=37.5670;
private double longitude=126.9807;
private String otitle="Seoul";


@Override
public void onMapReady(GoogleMap googleMap) {
    mMap = googleMap;
    // 처음을 서울로 설정한다.
    LatLng seoul = new LatLng(latitude, longitude);   // 서울 위도·경도 설정
    showMap(seoul);   // 호출 - private void showMap(LatLng nation)을 실행
}
```

```
private void showMap(LatLng city) {    // 선언
    String mytitle=String.format("%s [%f, %f]",otitle,city.latitude,city.longitude);
    mMap.addMarker(new MarkerOptions( ).position(city).title(mytitle.trim( )));
    mMap.setMapType(GoogleMap.MAP_TYPE_NORMAL);
    CameraUpdate update = CameraUpdateFactory.newLatLngZoom(city, 3);
    mMap.animateCamera(update);
    Toast.makeText(this, mytitle, Toast.LENGTH_LONG).show( );
}
```

위도, 경도, 제목(otitle)을 옮겨 멤버변수로 선언한다.

사용자정의 메서드

중요 메서드	설명
private void showMap(LatLng city)	onMapReady( )에 모두 있던 소스 중 복잡한 코드를 showMap( ) 메서드로 옮김. 서울을 중심으로 대한민국을 화면 전체에 채우는 줌 7로 설정한다.

메서드는 복잡하거나 반복되는 소스 일부분을 따로 분리하고 이름을 붙여서 간단하게 만드는 방법이다. 그림은 showMap(seoul)은 분리한 소스 전체의 대표이름이다. 결국 showMap(seoul) 메서드는 분리한 소스 전체를 실행한다. 이때 seoul은 city라는 매개체(인자)를 이용해 전달된다.

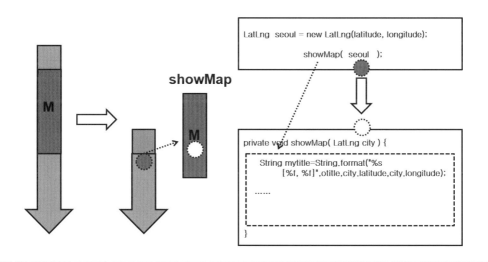

▲ 복잡하거나 반복되는 부분을 분리하는 메서드

7.4.3 두 도시 사이의 거리 구하기

구글맵에서 두 지점을 선택하면 두 지점 사이의 거리와 반경을 표시하는 앱을 만들자.

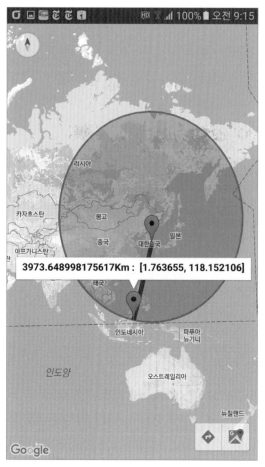

▲ 상대적으로 가까운 도시 사이의 거리

▲ 상대적으로 먼 도시 사이의 거리

두 위치 사이의 거리를 구해보자. 앞에서 자바로 작성한 Haversine 방법을 이용한다. (4장의 4.10 참고)

1 HaversineDistance 클래스를 복사해서 넣는다.

2 GoogleMap.OnMapLongClickListener를 GoogleMapsActivity 클래스 OnMapReadyCall
back 옆에 선언한다.

```
public class GoogleMapsActivity extends FragmentActivity
    implements OnMapReadyCallback, GoogleMap.OnMapLongClickListener {
```

GoogleMap.OnMapLongClickListener 옆에서 [Alt]+[Enter]를 이용하여 구현할 메서드를 자동으로
만들도록 implement methods를 선택한다.

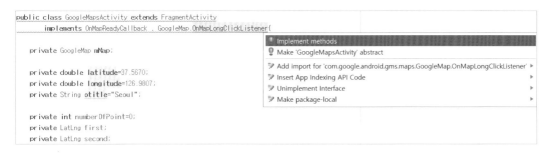

3 첫 번째, 두 번째 위치를 저장할 LatLng 객체를 선언한다. 현재 위치가 첫 번째인지 두 번째인지
판단하기 위한 numberOfPoint 정수를 선언한다.

```
public class GoogleMapsActivity extends FragmentActivity
    implements OnMapReadyCallback, GoogleMap.OnMapLongClickListener {
```

```
    private int numberOfPoint=0;
    private LatLng first;
    private LatLng second;
```

4 onMapReady 메서드의 mMap = googleMap; 아래에 mMap에 대한 OnMapMapLongClick Listener를 등록한다.

```
@Override
public void onMapReady(GoogleMap googleMap) {
    mMap = googleMap;
    mMap.setOnMapLongClickListener(this);      // 이벤트 등록— 롱클릭을 감지한다.
```

5 GoogleMap.OnMapLongClickListener의 이벤트 핸들러 메서드인 onMapLongClick(LatLng latLng)를 구현한다. 맵을 오래 누르면 onMapLongClick() 메서드가 자동으로 호출된다.

소스의 흐름은 다음과 같다.

화면을 길게 눌러 첫 번째 위치를 찾고 표시한다. 그리고 다시 화면을 길게 눌러 두 번째 위치를 찾고 표시한다. 두 번째 위치를 표시할 때 두 위치를 직선으로 연결하고, 첫 번째 위치를 중심으로 원을 그린다.

[GoogleDistance03]

```
@Override
public void onMapLongClick(LatLng latLng) {      // 롱클릭이 감지되면 자동으로 실행된다.
    otitle="";
    if(numberOfPoint==0){              // 첫 번째 위치 0
        mMap.clear( );                 // 맵에서 마커 제거
        first=latLng;                  // 첫 번째 위치
        numberOfPoint++;               // 1
    } else {                           // numberOfPoint=1이면 두 번째 위치
        numberOfPoint=0;               // 첫 번째로 0
        second=latLng;                 // 두 번째 위치
        // 거리를 구한다.
        double dist=HaversineDistance.distance(
            first.latitude, first.longitude, second.latitude, second.longitude);
        String msg=""+dist+"Km : ";    // km로 표시
        // 두 위치 사이에 직선
        Polyline line = mMap.addPolyline(new PolylineOptions( )
            .add(first, second)        // 두 번째 위치를 선택할 때 첫 번째, 두 번째 연결
```

➡

```
        .width(25)
        .color(Color.BLUE)
        .geodesic(true));
    // 첫 번째 위치를 중심으로 두 번째 위치까지의 거리를 반지름으로 원 그리기
    Circle circle = mMap.addCircle(new CircleOptions()
        .center(first)
        .radius(dist * 1000)         // km로 지도에 표시
        .strokeColor(Color.RED)
        .fillColor(0x3aff0000)       // 투명도 3af, ff면 100% 투명
    );
    otitle="\n"+msg;    // 거리 포함
    }
    showMap(latLng);          // 롱클릭할 때마다 마커 표시하기
}
```

사용자정의 메서드

중요 메서드	설명
private void showMap(LatLng city)	대입된 위도·경도 정보(LatLng)를 받아 원으로 표시
public void onMapLongClick(LatLng latLng)	GoogleMap.OnMapLongClickListener의 이벤트 핸들러(메서드). 맵을 롱클릭하면 호출된다. 두 번째 위치를 롱클릭할 때 첫 번째 위치를 중심으로 첫 번째와 두 번째 위치를 반지름으로 원을 그린다.

public static double
    HaversineDistance.distance (
      double lat1, double lon1,
        double lat2, double lon2)
	두 지점의 위도·경도를 입력받아 두 지점 간의 거리를 km로 반환한다.

가까운 두 거리는 반경이 원형으로 표시되지만, 멀어질수록 타원형으로 변한다. 어느 범위를 넘어서면 내부를 표시할 수 없어 생각하지 못한 결과가 나온다. 구글맵에 적용된 횡축 메르카토르도법(transverse Mercator projection) 때문으로, 이 도법은 적도 부근(중앙경선)에서 멀수록 확대되고, 적도에 가까울수록 정확하게 표시된다.

지금까지 배운 내용을 활용해 서울–부산의 직선거리도 구해보자.

7.5 구글 Map을 이용해 여러 도시의 시간 보여주기

7.5.1 구글맵 마커를 이용하여 도시의 시간 보여주기

여러 국가에 마커(marker)를 표시하고, 마커를 선택하면 국가별 시간을 보여주게 한다.

▲ 마커와 시간 표시

앞에서 만들었던 시계를 그대로 이용한다. 마커 레이아웃에 다음과 같이 시계(독자가 만든 뷰) ClockView를 선언하고 그 아래에 텍스트뷰 2개를 선언한다.

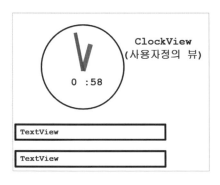

사용자정의뷰를 이용해 마커를 선택하면 ClockView를 보여주게 하자.

```xml
<?xml version="1.0" encoding="utf-8"?>
<!--❶ 수직방향으로 리니어 레이아웃 -->
<LinearLayout xmlns:android="http://schemas.android.com/apk/res/android"
    android:layout_width="match_parent"
    android:layout_height="wrap_content"
    android:orientation="vertical">         <!--❶ 수직방향 -->
    <!--❷ 사용자가 정의한 뷰-->
    <com.jungbo.j4android.googledistance01.ClockView
        android:layout_width="100dp"
        android:layout_height="100dp"
        android:id="@+id/flagimage"
        android:layout_alignParentStart="true"
        android:layout_alignParentTop="true"
        android:layout_gravity="center_horizontal"
        android:alpha="0.5" />
    <!--❸ 두 텍스트뷰를 붙이기 위해 수직방향 리니어 레이아웃 선언-->
    <LinearLayout
        android:layout_width="wrap_content"
        android:layout_height="wrap_content"
        android:layout_gravity="center"
        android:orientation="vertical">         <!--❸ 수직방향 -->
        <!--❹ 두 텍스트뷰를 선언 순서대로 붙인다.-->
        <TextView
            android:id="@+id/tvTitle"
            android:layout_width="wrap_content"
            android:layout_height="wrap_content"
            android:ellipsize="end"
            android:singleLine="true"
            android:textColor="#ff000000"
            android:textSize="14dp"
            android:textStyle="bold" />
        <TextView
            android:id="@+id/tvSnippet"
            android:layout_width="wrap_content"
            android:layout_height="wrap_content"
            android:textColor="#ff7f7f7f"
            android:textSize="14dp" />
    </LinearLayout>
</LinearLayout>
```

❶ ClockView, TextView, TextView를 아래로 붙이기 위해 수직방향의 리니어 레이아웃을 선언한다.

❷ 사용자가 만들 뷰는 "com.jungbo.j4android.googledistance01.ClockView"와 같이 "패키지.타입"으로 선언한다.

❸ ClockView 아래에 두 TextView를 묶어서 선언하기 위해 수직방향의 리니어 레이아웃을 선언한다.

❹ 두 TextView를 수직방향의 리니어 레이아웃에 선언한다.

맵 액티비티를 만들면 기본적으로 제공되는 기본 소스에 마커 이벤트를 등록한다.

[GoogleDistance04 – GoogleMapsActivity]

```
public class GoogleMapsActivity extends FragmentActivity implements OnMapReadyCall-
back {
private GoogleMap mMap;
@Override
protected void onCreate(Bundle savedInstanceState) {
    super.onCreate(savedInstanceState);
    setContentView(R.layout.activity_google_maps);
    SupportMapFragment mapFragment = (SupportMapFragment) getSupportFragmentManager()
        .findFragmentById(R.id.map);
        mapFragment.getMapAsync(this);
}

@Override
public void onMapReady(GoogleMap googleMap) {
    mMap = googleMap;
    showComponent();
}
public void showComponent() {
    // ❻ 마커를 누르면 시간을 보여주기 위해 어댑터를 등록한다.
    mMap.setInfoWindowAdapter(new MapInfoWindowAdapter());
}
// ❶ 마커를 선택하면 사용자가 만든 시계를 보이기 위한 어댑터를 구현한다고 선언한다.
private class MapInfoWindowAdapter implements GoogleMap.InfoWindowAdapter {
// ❷ 사용자가 정의한 마커 레이아웃 선언
private final View mInfoWindow;
// ❸ 사용자가 정의한 마커 레이아웃 생성
```

```
public MapInfoWindowAdapter() {
    mInfoWindow = getLayoutInflater().inflate(R.layout.map_info_window, null);
}
@Override
public View getInfoContents(Marker marker) {    // ④ 구현이 필요없다.
    return null;
}
@Override
public View getInfoWindow(Marker marker) {      // ⑤ 마커를 선택하면 이 메서드를 호출한다.
    return mInfoWindow;
    }
  }
}
```

❶ 기본으로 제공되는 것을 사용자가 만든 뷰로 보여주기 위해 윈도우 어댑터를 상속한다.

❷ 사용자가 정의한 마커 레이아웃을 선언한다.

❸ 사용자가 정의한 마커 레이아웃을 생성한다.

❹ 사용하지 않지만 InfoWindowAdapter 인터페이스에서 선언했기 때문에 구현한다.

❺ 마커를 선택하면 호출되는 getInfoWindow()를 구현한다. 마커를 선택하면 시계와 시간을 보여 주도록 구현해야 한다.

❻ 마커를 누르면 마커 뷰가 표시되도록 마커에 어댑터를 등록한다.

등록된 이벤트에 실제로 구현될 소스를 추가하자.

[GoogleDistance04 – GoogleMapsActivity]

```
public class GoogleMapsActivity extends FragmentActivity implements OnMapReadyCall-
back {
private GoogleMap mMap;
@Override
protected void onCreate(Bundle savedInstanceState) {
super.onCreate(savedInstanceState);
setContentView(R.layout.activity_google_maps);
SupportMapFragment mapFragment = (SupportMapFragment) getSupportFragmentManager()
```

```
        .findFragmentById(R.id.map);
mapFragment.getMapAsync(this);
}

@Override
public void onMapReady(GoogleMap googleMap) {
mMap = googleMap;
showComponent( );    // ❶ 국가별 위도, 경도 설정, ❸ 국가별 위도, 경도, 타임존 아이디 대입
}
public void showComponent( ) {
// 마커를 누르면 시간을 보여준다. 어댑터 등록
mMap.setInfoWindowAdapter(new MapInfoWindowAdapter( ));

// ❶ 국가별 위도, 경도 설정
LatLng seoul = new LatLng(37.5670, 126.9807);        // seoul 위도·경도 설정
LatLng austria = new LatLng(47.01, 10.2);            // austria 위도·경도 설정
LatLng newyork = new LatLng(40.714086, -74.228697); // newyork 위도·경도 설정
LatLng mexico = new LatLng(19.42847,-99.12766);     // mexico 위도·경도 설정
LatLng china = new LatLng(39.9075,116.39723);       // shanghai 위도·경도 설정
LatLng russia = new LatLng(55.75222,37.61556);      // russia 위도·경도 설정
// ❸ 국가별 위도, 경도, 타임존 아이디 대입. ❷를 호출.
addMyMarker(seoul,"Asia/Seoul");
addMyMarker(austria,"Europe/Vienna");
addMyMarker(newyork,"America/New_York");
addMyMarker(mexico,"America/Mexico_City");
addMyMarker(china,"Asia/Shanghai");
addMyMarker(russia,"Europe/Moscow");
// 일반 맵타입
mMap.setMapType(GoogleMap.MAP_TYPE_NORMAL);
// 서울 중심 세계전도
CameraUpdate update = CameraUpdateFactory.newLatLngZoom(seoul, 1);
mMap.animateCamera(update);
}

// ❷ 선언, 위도·경도, 타임존 아이디를 마커에 반영
public void addMyMarker(LatLng nation, String timezoneId) {
String nationtitle=String.format("%f, %f", nation.latitude, nation.longitude);
// 스니펫(힌트)에 타임존 아이디를 대입한다.
    mMap.addMarker(new MarkerOptions( ).position(nation)   // 국가 위도·경도
    .title(nationtitle)                                     // 위도·경도 표시
```

```
        .snippet(timezoneId));    // 타임존 아이디 "Asia/Seoul"
}
// 마커를 누르면 나타나는 기본뷰를 사용자가 만든 뷰로 바꾸기
private class MapInfoWindowAdapter implements GoogleMap.InfoWindowAdapter {
private final View mInfoWindow;
// 사용자가 정의한 마커 레이아웃 생성
public MapInfoWindowAdapter( ) {
    mInfoWindow = getLayoutInflater( ).inflate(R.layout.map_info_window, null);
}
@Override
public View getInfoContents(Marker marker) {
    return null;
}
@Override
public View getInfoWindow(Marker marker) {
    // ❹ 스니펫(힌트)에 대입한 타임존을 받는다.
    String timezoneId=marker.getSnippet( );
    // ❺ 사용자가 정의한 뷰
    ClockView cv=  (ClockView) mInfoWindow.findViewById(R.id.flagimage);
    cv.setTimezoneId(timezoneId);    // ❻ 타임존 넣기 "America/New_York"
    // 타임존 시간을 가져온다.
    String title=String.format("%s [%s]", cv.getTimes( ), marker.getTitle( )); // ❼ cv.getTimes( )
    타임존 시간 정보
    // ❽ 텍스트뷰에 시간을 표시한다.
    TextView tvTitle = (TextView) mInfoWindow.findViewById(R.id.tvTitle);
    tvTitle.setText(title);
    // ❾ 텍스트뷰에 타임존 아이디를 표시한다.
    TextView tvSnippet = (TextView) mInfoWindow.findViewById(R.id.tvSnippet);
    tvSnippet.setText(timezoneId);
    return mInfoWindow;
    }
  }
}
```

설명

❶ 국가별로 위도·경도를 설정한다.

❷ 국가별로 위도·경도, 타임존 아이디를 입력받아 맵에 등록(addMark)하는 메서드를 구현한다. 여러 국가의 정보를 입력하기 위해 addMyMarker( ) 메서드를 만든다. 스니펫(힌트-전체 내용 중 핵심이 되는 작은 내용)에 타임존을 대입한다.

❸ ❷를 호출하여 국가별 위도, 경도, 타임존 아이디를 대입한다.

❹ 스니펫(힌트)에 대입한 타임존을 받는다. 선택한 마커의 위도, 경도, 제목, 스니펫을 Marker marker 에서 얻을 수 있다.

❺ 사용자가 정의한 뷰 ClockView를 생성한다.

❻ 타임존을 ClockView에 입력한다. ClockView 객체는 타임존을 이용하여 국가별 시간 정보를 생 성한다.

❼ ClockView에서 국가별 시간을 얻는다.

❽ 텍스트뷰에 시간을 표시한다.

❾ 텍스트뷰에 타임존 아이디를 표시한다.

7.5.2 구글 타임존 API와 롱클릭을 이용하여 도시의 시간 보여주기

롱클릭을 하면 위도와 경도를 얻고, 이를 바탕으로 타임존을 얻어온다. 타임존을 이용하여 세계 시간 표를 만들어 보자. 롱클릭하면 마커(marker)들이 생성되고 마커를 선택하면 국가별 시간을 표시하게 한다. 맵에 관련된 서비스는 구글에서 제공하므로 구글 맵 서비스를 사용하는 방법도 익혀보자.

Map Activity를 선택하면 맵을 사용하기 위한 구글맵 서비스 라이브러리가 기본으로 포함된다.

[Gradle Scripts]−[build.gradle : module]의 아래를 보면 다음과 같은 라이브러리가 필요(dependencies: 의존)하다고 선언되어 있다. 'com.google.maps:google−maps−services:0.1.15'를 추가하자. 구글맵 웹서비스를 사용하기 위해 필요한 라이브러리다.

```
dependencies {
    compile fileTree(dir: 'libs', include: ['*.jar'])
    testCompile 'junit:junit:4.12'
    compile 'com.android.support:appcompat-v7:23.1.1'
    compile 'com.google.android.gms:play-services:8.4.0'
    compile 'com.google.maps:google-maps-services:0.1.15'
}
```

구글맵을 사용하기 위한 구글맵 API 키가 필요하다. [res]−[values]−[google−maps−api.xml]에 구글맵 API 키를 입력하는 방법은 앞에서 계속 사용했다. 또한 개발자의 핸드폰에서 구글맵 웹서버에 접근해 사용하려면 구글맵 (웹)서비스 API 키가 필요하다. 그 중에서도 타임존 API를 사용하려고 한다. 이를 얻는 방법은 다음과 같다.

1 개발자 콘솔화면으로 간다. https://console.developers.google.com

2 만든 Project가 있다면 사용해도 좋고, 새로 만들고 싶다면 [프로젝트 만들기]를 선택한다.

3 프로젝트 이름을 입력하고 [만들기]를 선택
한다.

4 [사용자 인증 정보]-[사용자 인증 정보 만
들기]를 선택한다.

5 [사용자 인증 정보 만들기]에서 API 키를 선
택한다.

6 API 키를 생성한다.

7 만들어진 API 키의 이름을 선택해서 수정한다.

8 키의 제한사항을 설정한다. 웹을 통해서 접근하므로 IP주소 제한을 선택한다. 특별한 주소가 없다면 IP주소를 입력하지 않아도 된다.

9 [라이브러리]-[Google Maps API]-[Google Maps Time Zone API]를 선택한다.

10 [대시보드]−[▶API 사용 설정]을 선택한다.

7.5.1과 소스가 동일하나 [GoogleDistance5−GoogleMapsActivity]의 onMapLongClick( ) 메서드를 구현하는 부분만 변경된다.

[GoogleDistance5−GoogleMapsActivity]

```
@Override
public void onMapLongClick(final LatLng latLng) {
// ① compile 'com.google.maps:google-maps-services:0.1.15'
// ② 구글API 컨텍스트 얻기
GeoApiContext context =
new GeoApiContext( ).setApiKey("콘솔화면에서 얻은 API KEY")


// ③ 변환 조심
//com.google.android.gms.maps.model.LatLng → com.google.maps.model.LatLng
   com.google.maps.model.LatLng mlatLng =
     new com.google.maps.model.LatLng(latLng.latitude,latLng.longitude);
// ④ 요청한 위치의 타임존을 얻을 수 있는 객체
PendingResult<TimeZone> req = TimeZoneApi.getTimeZone(context, mlatLng);
// ⑤ PendingResult를 이용하여 타임존을 얻는다. 아래 예외 처리한 것과 동일
// TimeZone txx=req.awaitIgnoreError( );    // ⑥ 예외체크 안하고 사용
// addMyMarker(latLng, txx.getID( ));       // ⑦ 롱클릭한 장소에 시계와 시간을 보여준다.
// ⑧ 위 소스 ⑥과 동일 결과
try {
    TimeZone txx=req.await( );             // ⑥ 예외 체크, 타임존 얻기
    addMyMarker(latLng, txx.getID( ));     // ⑦ 롱클릭한 장소에 시계와 시간을 보여준다.
} catch (Exception e) {}
}
```

❶ gradle.builder에 'com.google.maps:google-maps-services:버전'이 있는지 확인한다.

❷ API 키를 입력하여 구글API 컨텍스트를 얻는다.

❸ TimeZoneApi. getTimeZone()의 인자를 변경해야 한다. LatLng은 이름이 같지만 패키지가 다르므로 다른 객체다.

❹ google-maps-services가 제공하는 라이브러리다. 구글API 컨텍스트와 위도·경도 정보를 이용하여 타임존 객체를 동기나 비동기로 가져올 수 있는 PendingResult를 반환한다.

❺ PendingResult를 이용하여 타임존을 얻는다.

❻ 비동기가 아닌 동기로 타임존을 얻는다. awaitIgnoreError()는 예외 처리 과정이 필요없고, await()는 예외 처리가 필요하다. 여기서는 await()를 사용했다.

❼ 롱클릭한 장소에 시계와 시간을 표시한다.

❽ awaitIgnoreError()와 같이 동기 처리이지만 예외 처리 과정이 필요하다.

7.6 구글 Map을 이용해 우리나라와 세계 지진 정보 보여주기

구글맵을 이용하여 지진발생 위치를 표시해보자.

- **먼저 구글맵 앱을 만든다.**
  - ① [File]−[New]−[New Project], 어플리케이션 이름과 저장 위치를 선택한다.
    - 어플리케이션 이름: GoogleEarthQuakeMap1
    - 회사 도메인: j4android.jungbo.com
  - ② SDK를 선택한다.
  - ③ [Google Map Activity]를 선택한다.
  - ④ Activity 이름(MapsActivity)과 제목을 입력한다.

그리고 앞의 예제인 7.5 구글맵 사용하기를 참고하여 구글 API 키를 얻어 환경을 설정한다.

자동으로 작성된 기본 소스를 다음과 같이 수정하자. 마커를 설정하지 않으면 서울을 표시하지 않지만 서울을 중심으로 대한민국을 보여준다.

[GoogleEarthQuakeMap1−MapsActivity]

```java
@Override
public void onMapReady(GoogleMap googleMap) {
    mMap = googleMap;
    // 앞에서 사용한 설정
    LatLng seoul = new LatLng(37.5670, 126.9807);    // 서울로 위도·경도를 설정
    // mMap.addMarker    // 마커 표시 없음
    mMap.setMapType(GoogleMap.MAP_TYPE_NORMAL);
    CameraUpdate update = CameraUpdateFactory.newLatLngZoom(seoul, 6);
    mMap.animateCamera(update);
}
```

개발 흐름을 파악해보자.

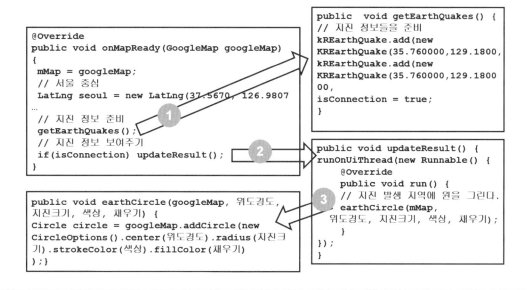

```
@Override
public void onMapReady(GoogleMap googleMap)
{
 mMap = googleMap;
 // 서울 중심
 LatLng seoul = new LatLng(37.5670, 126.9807
 …
 // 지진 정보 준비
 getEarthQuakes();
 // 지진 정보 보여주기
 if(isConnection) updateResult();
}
```

```
public  void getEarthQuakes() {
// 지진 정보들을 준비
kREarthQuake.add(new
KREarthQuake(35.760000,129.1800,
kREarthQuake.add(new
KREarthQuake(35.760000,129.18000
00,
isConnection = true;
}
```

```
public void updateResult() {
runOnUiThread(new Runnable() {
    @Override
    public void run() {
    // 지진 발생 지역에 원을 그린다.
    earthCircle(mMap,
    위도경도, 지진크기, 색상, 채우기);
    }
});
}
```

```
public void earthCircle(googleMap, 위도경도,
지진크기, 색상, 채우기) {
Circle circle = googleMap.addCircle(new
CircleOptions().center(위도경도).radius(지진크
기).strokeColor(색상).fillColor(채우기)
);}
```

▲ 지진 정보를 맵에 원으로 그리는 과정

❶ 지진 정보를 준비한다.
❷ 지진들을 표시하자. ❸을 지진 정보만큼 반복한다.
❸ 한 지진 정보를 원으로 표시하자.

세부사항 구현 순서는 다음과 같다.

① **지진 정보 준비** – 한 곳에서 발생한 지진 정보(위도, 경도, 시간, 위치, 크기)를 저장할 수 있는 객체 (KREarthQuake)로 만든다. 그리고 이 지진들을 저장할 수 있는 리스트를 만든다.

② **지진 표시** – 지진 정보를 성공적으로 준비했다면 지진 발생지들을 표시하자. 여러 정보를 화면에 직접 출력할 때 시간지연이 발생해도 문제가 없도록 화면 쓰레드(UiThread)에서 실행한다.

③ 하나씩 원으로 표시해서 모든 지진을 표시한다.

중요 메서드	설명
public void getEarthQuakes()	지진 정보를 준비한다. 지진 리스트에 지진들의 정보를 저장한다.
public void updateResult()	맵에 지진리스트에 있는 정보를 이용하여 원들을 표시한다.
public void earthCircle(GoogleMap googleMap, LatLng lat, double magni, int color, int fcolor)	어떤 한 지진 발생지점의 정보를 이용하여 원으로 표시한다. GoogleMap 지진을 표시할 맵, LatLng 위도경도를 포함한 지진 정보, magni 지진크기, color 원의 색상, fcolor 원 내부 색상(투명도 포함)

7.6.1 구글맵으로 지진진도를 반영한 대한민국의 지진분포 보여주기

KREarthQuake 클래스를 선언한다. 구체적인 방법은 '7.3.2 화면 이벤트 처리하기'를 참고하자.

MapsActivity 클래스에 멤버를 추가한다.

❶ 성공적으로 데이터를 준비했는지 판단하기 위한 boolean isConnection

❷ 한 지진 정보를 담은 KREarthQuake를 여러 개 저장할 수 있도록 ArrayList<KREarthQuake>를 선언한다. KREarthQuake은 지진 정보를 담을 수 있는 필통, ArrayList<KREarthQuake>는 지진(필통)을 여러 개 저장할 수 있는 지진들(가방)이다.

[GoogleEarthQuakeMap1 – MapsActivity]

```
public class MapsActivity extends FragmentActivity implements OnMapReadyCallback {

    private GoogleMap mMap;
    boolean isConnection=false;      // ❶ 성공적으로 데이터를 가져왔는가? yes=true
    private ArrayList<KREarthQuake> kREarthQuakes=new ArrayList<KREarthQuake>();
    // ❷ 여러 지진 정보 저장
```

순서대로 작성할 메서드를 추가하자.

❶ 지진 정보를 준비한다. getEarthQuake()

❷ 준비한 지진 정보를 맵에 원으로 표시한다. updateResult()

[GoogleEarthQuakeMap1 – MapsActivity]

```
@Override
public void onMapReady(GoogleMap googleMap) {
    mMap = googleMap;
    // 설정
    LatLng seoul = new LatLng(37.5670, 126.9807);      // 서울로 위도·경도를 설정
    // mMap.addMarker      // 마커 표시 없음
    mMap.setMapType(GoogleMap.MAP_TYPE_NORMAL);
    CameraUpdate update = CameraUpdateFactory.newLatLngZoom(seoul, 6);
    mMap.animateCamera(update);
    //----------- 추가 내용
    getEarthQuakes();                          // ❶ 지진 정보 준비
    Toast.makeText(this, "Ready~~~~", Toast.LENGTH_LONG).show();
    if(isConnection) updateResult();       // ❷ 지진 정보가 준비되면 맵에 보여주기
}
```

지진 정보를 준비한다.

지진 가방(kREarthQuakes)을 비운다. 지진 필통에 지진 정보를 넣은 후 지진 필통을 지진 가방에 저장한다. 지진 정보가 준비되면 isConnection을 true로 수정한다.

```
public void getEarthQuakes() {
    // 지진 가방을 비운다.
    kREarthQuakes.clear();
    // 지진 필통에 지진 정보를 넣고, 지진 가방에 지진 필통을 저장한다.
    kREarthQuakes.add(new KREarthQuake(35.760000,129.180000,"2016-09-23 18:21:42",
    "경북 경주시 남남서쪽 9km 지역",2.100000));
    kREarthQuakes.add(new KREarthQuake(35.760000,129.180000,"2016-09-22 03:22:32",
    "경북 경주시 남남서쪽 9km 지역",2.100000));
    kREarthQuakes.add(new KREarthQuake(35.760000,129.180000,"2016-09-22 00:01:30",
    "경북 경주시 남남서쪽 9km 지역",2.300000));
    // 소스 생략
    isConnection = true;    // 지진 정보가 준비되었다.
}
```

지진 정보가 준비되었다면 지진 정보를 맵에 원으로 표시한다. 정보 데이터를 화면 데이터에 반영할 때 시간이 지연되면 안드로이드가 작동하지 않는다. 그래서 정보 데이터를 화면에 반영할 때는 화면 쓰레드를 이용한다. 특히 비동기나 인터넷을 사용하면 반드시 UI 쓰레드를 사용한다. 다음 소스와 같이 화면에 반영할 소스를 입력한다.

```
runOnUiThread(new Runnable() {
    @Override
    public void run() {
        // 여기에 소스를 넣는다.
    }
});
```

지진 한 건씩 위도, 경도, 크기, 색상, 내부 색상을 입력하여 원을 그려서 모든 지진을 맵에 표시한다.

```
public void updateResult() {
    // 일반 데이터를 화면에 직접 반영할 수 없다.
    runOnUiThread(new Runnable() {
        @Override
        public void run() {
            // 지진 가방에서 한 개씩 지진 필통을 가져온다.
```

```
        for (KREarthQuake earth : kREarthQuakes) {
            // 위도·경도 KREarthQuake → LatLng
            LatLng loc = new LatLng(earth.getLatitude( ), earth.getLongitude( ));
            // 지진 발생지역에 원을 그린다.
            earthCircle(mMap, loc, earth.getMagnitude( ), Color.RED, 0x3aff0000);
        }
    }
});
}
```

한 지진 정보를 원으로 표시한다. 지진크기가 5.0 초과면 크기＊3000, 4.0 초과면 크기＊2000, 3.0 이상이면 크기＊1000, 3.0 이하면 크기＊500로, 원의 반지름 크기로 지진크기(세기)를 표시한다. 삼항연산자를 여러 번 사용하였다.

```
public void earthCircle(GoogleMap googleMap, LatLng lat, double magni, int color,
int fcolor) {
    Circle circle = googleMap.addCircle(new CircleOptions( ).center(lat)
                .radius(  magni>5.0? magni*3000 :
                         magni>4.0? magni*2000:
                         magni>3.0? magni*1000:   magni*500 )
                .strokeColor(color).fillColor(fcolor)
    );
}
```

참고 ▶ 위 소스를 if~else로 표현하면 다음과 같다.

```
public void earthCircle(GoogleMap googleMap, LatLng lat, double magni, int color,
int fcolor) {
    double mag=1.0;
    if(magni>5.0) {          mag=magni*3000;
    } else if(magni>4.0) { mag=magni*2000;
    } else if(magni>3.0) { mag=magni*1000;
    } else {                 mag=magni*500;}
    Circle circle = googleMap.addCircle(new CircleOptions( ).center(lat)
                .radius(  mag  ).strokeColor(color).fillColor(fcolor)  );
}
```

우리나라도 지진 안전지대가 아니라는 점을 알 수 있다.

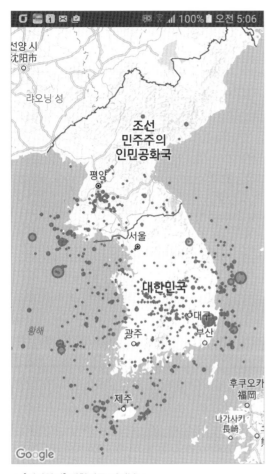

▲ [결과화면] 대한민국 지진분포

7.6.2 비동기를 이용하여 대한민국의 지진분포 보여주기

- [GoogleEarthQuakeMap2]

데이터가 매우 많거나, 본인의 스마트폰이 아니라 웹이나 웹서비스 등의 외부 자료를 사용할 때는 비동기 방법을 권장한다. 지진 정보를 웹에 요청(지진 정보를 달라)하고 결과(응답)가 올 때까지 시간이 지연되면 Activity는 실행을 멈춰버린다. 화면 액티비티에 데이터를 주고 반영할 때 시간이 지연되는 현상을 방지하기 위한 것이다.

비동기를 사용하면 외부에 요청하고 응답을 기다리는 동안 스마트폰이 다른 일을 할 수 있다. 다음 그림은 비동기 요청과 결과를 화면에 반영하는 과정을 보여준다. AsyncTask의 execute( ) 메서드를 통해 비동기로 요청하고 결과를 화면에 반영한다.

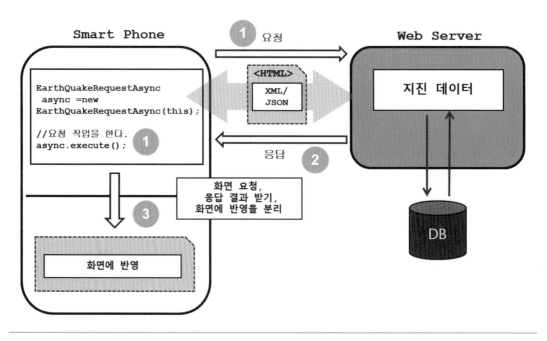

▲ 비동기 필요성과 실행순서

구체적인 실행과정이다. 이 과정은 정해진 규칙이므로 순서를 잘 익혀두어야 한다.

❶ execute( ) 메서드를 실행한다. execute( ) 메서드는 doInBackground( ) 메서드를 자동 호출한다.

❷ 이때 onPreExecute( ) (execute( ) 전) 메서드가 doInBackground( )보다 먼저 실행된다.

❸ doInBackground( ) 메서드가 실행된다.

❹ doInBackground( )가 끝나면 onPostExecute( ) 메서드가 실행된다. 이때 "onPostExecute (doInBackground( )의 결과값)"와 같이 doInBackground( )의 결과값이 onPostExecute( )의 매개변수(인자)로 자동대입된다.

❺ onPostExecute( )가 실행될 때 화면에 결과를 반영한다.

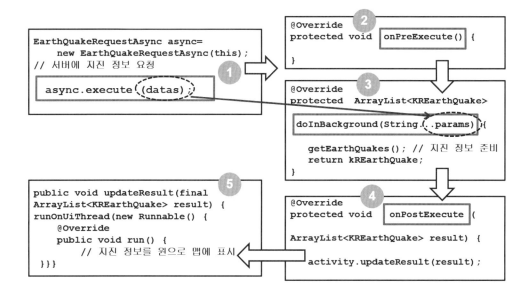

비동기 소스를 구현하자.

```
// ❶ 비동기는 AsyncTask를 상속한다.
public class EarthQuakeRequestAsync extends
        // ❷ doInBackground( )의 <인자, 리턴타입>
            // ❷ ArrayList<KREarthQuake> doInBackground(String...params)
    AsyncTask<String, Void, ArrayList<KREarthQuake>> {
    Activity activity;
    // ❸ 지진 목록
    ArrayList<KREarthQuake> kREarthQuakes=new ArrayList<KREarthQuake>( );
    public EarthQuakeRequestAsync(Activity ac){
        activity = ac;
    }
    @Override   // ❹ doInBackground( ) 인자, 리턴타입 결정
    protected ArrayList<KREarthQuake> doInBackground(String...params) {
    return kREarthQuakes;
    }
    @Override
    protected void onPreExecute( ) {
        super.onPreExecute( );
    }
```

```
    @Override    // ❺ doInBackground( )의 반환타입을 인자로
    protected void onPostExecute(ArrayList<KREarthQuake> result) {
        super.onPostExecute(result);
    }
}
```

설명

❶ EarthQuakeRequestAsync를 선언한다. 비동기는 AsyncTask를 상속한다.

❷ doInBackground( )의 <인자, 리턴타입>을 AsyncTask<인자, 리턴타입>으로 선언한다. doInBackground(String…)의 인자는 String, 결과 반환은 ArrayList<KREarthQuake>>이므로 extends AsyncTask<String, Void, ArrayList<KREarthQuake>>이다.

❸ 여러 지진 정보를 저장할 수 있도록 멤버에 ArrayList<KREarthQuake> kREarthQuakes를 생성하고 선언한다.

❹ doInBackground(String)의 인자는 String, 결과 반환은 ArrayList<KREarthQuake>>이므로 ArrayList<KREarthQuake> doInBackground(String...params)를 선언하고 kREarthQuakes를 반환한다.

❺ onPostExecute( )의 인자는 doInBackground( )의 반환타입으로 void onPostExecute (ArrayList<KREarthQuake> result)로 선언한다.

비동기를 구체적으로 구현하자.

[GoogleEarthQuakeMap2 – EarthQuakeRequestAsync]

```
public class EarthQuakeRequestAsync extends AsyncTask<String, Void, ArrayList
<KREarthQuake>> {
Activity activity;
ArrayList<KREarthQuake> kREarthQuakes=new ArrayList<KREarthQuake>( );
ProgressDialog progressDialog;    // ❶ 선언. 지진 정보를 모두 가져오기 전에 진행중임을 알려준다.
boolean isConnection=false;        // 지진 정보를 잘 가져오면 true
public EarthQuakeRequestAsync(Activity ac){
    activity = ac;
}
@Override
protected void onPreExecute( ) {
```

```java
        super.onPreExecute( );
        // ❶ 생성. 지진 정보를 모두 가져오기 전에 진행중임을 알려준다.
        progressDialog = ProgressDialog.show(activity, "Reading", "Reading Earthquake datas!");
}
@Override
protected ArrayList<KREarthQuake> doInBackground(String...params) {
        getEarthQuakes( );            // ❷ 호출. 지진 정보 준비
        return kREarthQuake;          // postExecute( )의 인자로 대입
}
public void getEarthQuakes( ) {    // ❷ 선언. 지진 정보
        kREarthQuakes.clear( );            // 지진 정보 저장장소를 청소
        kREarthQuakes.add(new KREarthQuake(
        35.760000,129.180000,"2016-09-23  18:21:42","경북  경주시  남남서쪽  9km  지역",2.100000));
        // 소스 생략
        isConnection = true;            // 지진 정보 준비 완료
}
@Override
protected void onPostExecute(ArrayList<KREarthQuake> result) {
        super.onPostExecute(result);
        if(isConnection) {
            if(activity instanceof MapsActivity) {        // ❸ 어떤 액티비티인가
            ((MapsActivity) activity).updateResult(result);    // ❹ 액티비티의 화면에 데이터 반영
            }
            progressDialog.dismiss( );    // 끝났으니 진행과정을 보여줄 필요 없음
        } else {
            progressDialog.dismiss( );
        } // else
    } // onPostExecute
}
```

---

❶ onPreExecute( )에서 지진 정보를 가져오고 있다는 진행과정을 표시하기 위해 progressDialog 를 준비한다.

❷ doInBackground( )에서 getEarthQuakes( )를 호출하여 모든 지진 정보를 읽어서 kREarth Quakes에 저장한다.

❸ doInBackground()에서 가져온 모든 지진 정보를 onPostExecute()에서 화면에 반영한다. 여러 Activity에서 같은 비동기를 사용할 경우 어떤 Activity인지 판단하기 위해 instanceof 키워드를 사용한다.

❹ onPostExecute()는 updateResult()를 호출하여 화면에 지진 정보를 넘겨준다.

화면을 구현하자. MapsActivity는 비동기 처리 객체를 선언하며 7.6.1 [GoogleEarthQuakeMap1-MapsActivity]와 거의 동일하다. [KREarthQuake]도 그대로 사용한다.

[GoogleEarthQuakeMap02-MapsActivity]

```
public class MapsActivity extends FragmentActivity implements OnMapReadyCallback {
    private GoogleMap mMap;
```

비동기 객체가 doInBackground()를 끝내고 onPostExecute()를 호출한다. 그리고 onPostExecute()에서 MapsActivity의 updateResult(result)를 호출한다. updateResult(result)는 비동기에서 얻은 지진 정보를 맵에 표시한다. 방아쇠(trigger- execute)만 당겨주면 정해진 순서대로 실행된다.

execute(datas) → onPreExecute() → A doInBackground(datas) → onPostExecute(A) → updateResult()

p.337의 비동기 그림을 다시 보면서 순서를 파악하면 [GoogleMapActivity01]와 동일하다는 점을 알 수 있다.

[GoogleMapActivity02-MapsActivity]

```
public class MapsActivity extends FragmentActivity implements OnMapReadyCallback {

private GoogleMap mMap;
private EarthQuakeRequestAsync async;     // ❶ 비동기 객체 선언

@Override
protected void onCreate(Bundle savedInstanceState) {
// GoogleMapActivity01과 동일 -기본설정
}

@Override
public void onMapReady(GoogleMap googleMap) {
```

```
mMap = googleMap;
    // GoogleMapActivity01과 동일 - 기본설정
Toast.makeText(this, "Ready~~~~", Toast.LENGTH_LONG).show( );
async = new EarthQuakeRequestAsync(this);   // ❷ 비동기 생성 → 준비
async.execute( );                            // ❸ 비동기 실행 → doInBackground( ) 호출
}
// ❹ 비동기의 onPostExecute( )가 모든 지진 정보를 넘겨주면서 호출
public void updateResult(final ArrayList<KREarthQuake> result) {
runOnUiThread(new Runnable( ) {
    @Override
    public void run( ) {
        for (KREarthQuake earth : result) {          // 지진을 하나씩
            double magnitude = earth.getMagnitude( );  // 지진세기
            LatLng loc = new LatLng(earth.getLatitude( ), earth.getLongitude( ));  //위도·경도
            if (magnitude >= 5.0) {
                // ❺ 호출, 지진의 크기에 따라 색상, 원지름을 다르게 그린다.
                earthCircle(mMap, loc, magnitude * 2000, Color.RED, 0x9aff0000);
            } else if (magnitude >= 4.0) {
                earthCircle(mMap, loc, magnitude * 1500, Color.RED, 0x7aff0000);
            } else if (magnitude >= 3.0) {
                earthCircle(mMap, loc, magnitude * 1000, Color.BLUE, 0x5a0000ff);
            } else {
                earthCircle(mMap, loc, magnitude * 500, Color.BLUE, 0x3a0000ff);
            }
        } // for
    } // run
}); // runOnUiThread
}
// ❺ 선언. 지진의 크기에 따라 색상, 원지름을 다르게 그린다. 여러 번 호출되기 때문에 메서드로 만든다.
public void earthCircle(GoogleMap googleMap, LatLng lat, double magni,
                        int color, int fcolor ) {
Circle circle = googleMap.addCircle(new CircleOptions( )
                    .center(lat)
                    .radius(magni)
                    .strokeColor(color)
                    .fillColor(fcolor) );
    } // earthCircle
}
```

❶ 비동기 객체를 선언한다.

❷ 비동기 객체를 생성해서 비동기 실행을 준비한다.

❸ 비동기를 실행한다.

❹ 비동기의 실행이 끝나면, 비동기에서 얻은 지진 목록을 updateResult( )에 넘겨준다.

❺ UpdateResult( )는 받은 지진 목록을 맵에 원으로 표시한다.

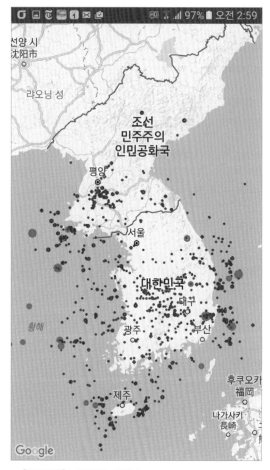

▲ [결과화면] 대한민국 지진분포

7.6.3 지진 정보 파싱 준비하기

웹에서 지진 정보를 가져오는 클래스를 흉내 내보자. 7.6.2 [KREarthQuake], MapsActivity를 그대로 사용한다.

웹에서 정보를 직접 가져오면 복잡할 수도 있으므로 중간과정을 만들어 보자.

[GoogleMapActivity03 – RequestFromKMA]

```
public class RequestFromKMA {
// ❶ 읽어온 지진 정보를 저장할 ArrayList를 선언한다.
private ArrayList<KREarthQuake> krEarthQuakes =new ArrayList<KREarthQuake>();
private boolean isConnection=false;
// ❷ 지진 정보를 저장하기 전에 청소
public RequestFromKMA() {
    krEarthQuakes.clear();
}
// ❸ 저장한 지진 정보를 반환한다.
public ArrayList<KREarthQuake> getKREarthQuake() {
    return krEarthQuakes;
}
// 모든 정보를 읽는데 성공했는가?
public boolean isConnection() {
    return isConnection;
}
// ❹ 지진 정보를 저장한다.
public   void getEarthQuakes() {
    krEarthQuakes.clear();
    krEarthQuakes.add(new KREarthQuake(35.760000,129.180000,
        "2016-09-23 18:21:42","경북 경주시 남남서쪽 9km 지역",2.100000));
    // 소스 생략
    isConnection=true;
    }
}
```

❶ 읽어온 지진 정보를 저장할 `ArrayList`를 선언한다.

❷ 생성자는 지진 정보를 저장하기 전에 `ArrayList`를 청소한다. clear( ) 이용.

❸ 읽어온 지진 정보를 외부에 반환할 수 있는 Get 메서드 `getKREarthQuake()`를 만든다.

❹ 지진 정보를 `ArrayList`에 저장하고, 성공하면 `isConnection=true`로 변경한다.

앞의 7.6.2 EarthQuakeRequestAsync를 수정하면 된다. AsyncTask를 상속해서 비동기의 필수 메서드만 구현한 EarthQuakeRequestAsync를 선언한다.

[GoogleMapActivity03 – EarthQuakeRequestAsync]

```java
public class EarthQuakeRequestAsync
    extends AsyncTask<String, Void, ArrayList<KREarthQuake>> {     // ❶ 비동기 선언
Activity activity;
// ❷ 지진 목록 저장 준비
ArrayList<KREarthQuake> kREarthQuakes=new ArrayList<KREarthQuake>();
ProgressDialog progressDialog;
boolean isConnection=false;

RequestFromKMA rfw;     // 웹에서 읽기
public EarthQuakeRequestAsync(Activity ac) {
    activity = ac;
}
@Override          // ❸ AsyncTask<doInBackground 인자, doInBackground 리턴타입>
protected ArrayList<KREarthQuake> doInBackground(String...params) {
  return kREarthQuakes;
}
@Override
protected void onPreExecute() {
    super.onPreExecute();
}
@Override          // ❹ doInBackground( )의 리턴타입, ArrayList<KREarthQuake> doInBackground( )
protected void onPostExecute(ArrayList<KREarthQuake> result) {
    super.onPostExecute(result);
} }
```

❶ doInBackground(String)의 인자는 String, 결과 반환은 ArrayList<KREarthQuake>>이므로 extends AsyncTask<String, Void, ArrayList<KREarthQuake>>로 선언한다.

❷ 여러 지진 정보를 저장할 수 있도록 멤버에 ArrayList<KREarthQuake> kREarthQuakes를 생성하고 선언한다.

❸ doInBackground(String)의 인자는 String, 결과 반환은 ArrayList<KREarthQuake>>이므로 ArrayList<KREarthQuake> doInBackground(String...params)를 선언하고 kREarthQuakes를 반환한다.

❹ onPostExecute()의 인자는 doInBackground()의 반환타입이다. void onPostExecute (ArrayList<KREarthQuake> result)로 선언한다.

비동기를 구체적으로 구현하자.

[GoogleMapActivity03 – EarthQuakeRequestAsync]

```java
public class EarthQuakeRequestAsync extends AsyncTask<String, Void, Array
List<KREarthQuake>> {

Activity activity;
ArrayList<KREarthQuake> kREarthQuakes=new ArrayList<KREarthQuake>();
ProgressDialog progressDialog;
boolean isConnection=false;

RequestFromKMA rfw;                   // 웹에서 지진 정보를 읽어오는 객체 선언

public EarthQuakeRequestAsync(Activity ac) {
    activity = ac;
}
@Override
protected void onPreExecute() {
    super.onPreExecute();
    rfw=new RequestFromKMA();     // ❶ 웹에서 읽어오는 객체를 생성
    progressDialog = ProgressDialog.show(activity, "Reading", "Reading Earthquake datas!");
}
@Override
protected ArrayList<KREarthQuake> doInBackground(String...params) {
    getEarthQuakes();             // ❷ 호출. 지진 정보를 가져와 멤버 kREarthQuakes에 저장
```

```
        return kREarthQuakes;
    }
    // ❷ 선언. 웹에서 읽어오는 객체를 이용하여 지진 정보를 가져온다.
    // 지진 목록 청소 → 지진 정보 가져오기 → 성공 여부 → 지진 목록에 지진 정보 저장
    public  void getEarthQuakes( ) {
        kREarthQuakes.clear( );          // 지진 정보 저장 전 청소
        rfw.getEarthQuakes( );           // 지진 정보 가져오기
        isConnection = rfw.isConnection( );          // 성공적으로 가져왔는가
        kREarthQuakes = rfw.getKREarthQuake( );      // 지진 정보 저장
    }
    @Override
    protected void onPostExecute(ArrayList<KREarthQuake> result) {
        super.onPostExecute(result);
        if(isConnection) {                // 웹에서 성공적으로 가져왔다면
            if(activity instanceof MapsActivity) {
                ((MapsActivity) activity).updateResult(result);     // ❸ 지진 정보를 화면에 반영
            }
            progressDialog.dismiss( );
        } else {
            progressDialog.dismiss( );
            // 생략
        }
    }
}
```

설명

❶ onPreExecute( )에 웹에서 지진 정보를 읽어오는 객체 RequestFromKMA를 생성한다.

❷ doInBackground( )에서 getEarthQuakes( )를 호출하고, 모든 지진 정보를 읽어서 ArrayList <KREarthQuake> kREarthQuakes에 저장한다. 여기서 getEarthQuakes( )는 웹에서 지진 정보를 읽어오는 객체를 이용하여 지진 정보를 가져온다.

❸ onPostExecute( )는 doInBackground( )에서 가져온 모든 지진 정보를 updateResult( )로 화면에 표시한다.

7.6.4 비동기와 HTML 파싱으로 지진분포 보여주기

웹에서 지진 정보를 가져오자. 7.6.3 [KREarthQuake]를 그대로 사용한다. MapsActivity는 7.6.3 GoogleMapActivity03의 MapsActivity를 두 줄 수정한다.

[GoogleMapActivity04-MapsActivity]

```
@Override
public void onMapReady(GoogleMap googleMap) {
// 소스 생략
async =new EarthQuakeRequestAsync(this);
// String [] datas2=new String [] {"2000-01-01", todate2(new Date( )), "2", "999"};
// ❶ 국내 지진 정보
String [] datas=new String [] {"2010-01-01", todate2(new Date( )), "5", "999"};
// ❶ 국외 지진 정보
async.execute(datas);     // ❷ 비동기의 doInBackground(datas)를 호출한다
}
// 년도-월-일 2016-09-28
public String todate2(Date dd) {
SimpleDateFormat sdf=new SimpleDateFormat("yyyy-MM-dd");
return sdf.format(dd);
}
```

설명

❶ 지진 정보를 얻기 위해 시기(언제부터 언제까지), 최소 지진세기, 최대 지진 정보 개수를 문자열 배열 ({" ", " "})로 만든다.

❷ 비동기를 실행시킬 때 이 정보를 대입한다. execute(datas)는 비동기의 doInBackground(datas)를 호출한다.

todate2(Date dd)는 java.util.Date를 받아서 "2016-09-28"처럼 오늘의 "년-월-일" 문자열을 반환한다.

웹에서 정보를 가져오기 위한 핵심 클래스를 구현하자. 지금까지 RequestFromKMA는 웹에서 읽어 온 것으로 가정하고 ArrayList에 준비한 객체를 저장해서 사용했다. 웹에서 제공하는 데이터는 HTML이나 XML, JSON 형태로 제공된다. 이런 데이터를 우리가 필요한 정보로 바꾸는 작업이 파싱이다. HTML을 정보로 바꾸는 초급 파싱과 XML, JSON을 정보로 바꾸는 중·고급 파싱이 있다.

이번에는 HTML을 파싱해서 지진 정보를 만드는 초급 파싱을 사용했다. 초급 파싱은 String 클래스의

메서드를 이용하므로 프로그래밍 연습에 도움이 크게 된다. 웹에서 정보를 가져오는 방법은 복잡해 보이지만 순서를 파악하면 의외로 간단하다.

[GoogleMapActivity03 — RequestFromKMA]

```java
public class RequestFromKMA {

private boolean isConnection=false;
private ArrayList<String> htmls=new ArrayList<String>( );      // 서버 응답 모두
private ArrayList<KREarthQuake> krEarthQuakes =new ArrayList<KREarthQuake>( );
// 지진 정보들

public RequestFromKMA( ) {
    htmls.clear( );
    krEarthQuakes.clear( );
}
public ArrayList<KREarthQuake> getKREarthQuakes( ) {
    return krEarthQuakes;
}
public boolean isConnection( ) {
    return isConnection;
}
public void getAllHtml(String newUrls) {   // ①
    htmls.clear( );
    // 웹에서 제공하는 문자열을 한 줄씩 받아서 htmls에 저장한다.
    // 문자열이 없는 줄은 저장하지 않는다.
}

public void getEarthQuakes(String msg) {   // ②
    krEarthQuakes.clear( );
    // ···.
    for (int i=0; i<htmls.size( ); i++) {
            if(  ……..  ) {
            // 파싱(찾기와 자르기)을 통해 지진 정보를 얻는다.
            // 하나의 지진 정보를 한 객체에 저장한다(위도·경도, 위치, 시간, 장소, 세기).
            KREarthQuake quake =new KREarthQuake(
            Latitude,
            longitude,
            time,
            location,
```

```
                magnitude);
                // 지진 정보 객체를 여러 개 저장한다.
                krEarthQuakes.add(quake); }      // ❸
            }
        }
    }
}
```

설명

❶ getAllHtml(서버경로) - 서버에서 제공하는 HTML을 한 줄씩 읽는다. 그리고 문자열이 있는 것만 ArrayList〈String〉 htmls에 저장한다.

❷ getEarthQuakes( ) - htmls에서 한 줄씩 읽으면서 파싱하여 지진 정보 객체 KREarthQuake에 넣는다.

❸ 지진 정보 KREarthQuake를 ArrayList에 저장하고, 모두 파싱해서 지진 정보 객체를 찾는다.

7.3.4의 파싱 RequestFromKMA, 비동기 EarthQuakeRequestAsync와 소스가 동일하다.

앞에서 국내 지진 정보를 사용했으니 이번에는 국외 지진을 맵에 출력해 보자. 국외 지진은 횟수가 많으므로 "2010-01-01" 이후부터 오늘까지의 지진만 출력되게 한다. 국외 경로는 http://www.kma. go.kr/weather/earthquake_volcano/internationallist.jsp에서 얻을 수 있다.

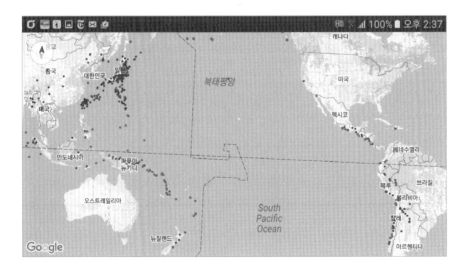

7.6.5 비동기와 JSON 파싱으로 지진분포 보여주기

이번에는 http://www.geonames.org/login에서 회원가입을 해야 한다. 회원으로 가입한 다음, 서비스 요청 경로에 "username=사용자아이디"를 붙여서 사용한다. http://www.geonames.org/export/ws-overview.html에서는 다양한 서비스를 제공한다.

▲ GeoNames 웹서비스

JSON 서비스를 쉽게 확인하기 위해 크롬 브라우저에 Postman을 설치하여 사용하면 편리하다. 크롬 웹스토어에서 포스트맨을 입력하면 쉽게 찾을 수 있다.

▲ 구글 크롬의 포스트맨앱

포스트맨에서 요청 경로를 입력하고 [send]를 누르면 지진 정보를 확인할 수 있다.

앞의 7.6.4에서는 개발자가 HTML을 직접 파싱하는 초급 파싱을 다루었다. 이제 데이터를 매우 편하게 읽고 사용할 수 있는 JSON을 이용해 지진분포를 표시해 보자.

방금 가입한 api.geonames.org에서 제공하는 예제를 살펴보자. 웹 브라우저의 주소창에 다음 경로를 입력해보면 JSON으로 된 메시지를 받을 수 있다. 단, 맨 마지막의 demo는 가입한 아이디로 바꿔서 입력해야 한다.

http://api.geonames.org/earthquakesJSON?north=44.1&south=-9.9&east=-22.4&west=55.2&username=demo

JSON의 기본 형태는 {"key" : "value"}이다. 즉, "key"를 이용해서 "value"를 찾을 수 있다. [ ]은 배열 또는 리스트로, 다시 말해 여러 개라는 의미다. 위에서 살펴본 JSON 메시지 예제는 크게 보면 {"earthquakes": [value] }로 구성되어 있고, 키(key)인 "earthquakes"는 배열값을 갖는다.

다음 예를 통해 더 자세히 살펴보자. {"key1" : "value1", "key2" : "value2"}처럼 { } 안에서 "키":"밸류"를 한 단위로 하고, 다른 "키":"밸류"와는 ","를 이용하여 분리한다. 밸류는 '키.키값'으로 찾을 수 있으며, 키는 반드시 "키"나 '키'처럼 " "나 ' '로 감싸야 한다. 밸류가 문자열일 때는 " "로 감싸고, 숫자형일 때는 감싸지 않는다.

```
{
"datetime": "2011-03-11 04:46:23",
"depth": 24.4
}
```

[JSON]

```
{"earthquakes": [
{
"datetime": "2011-03-11 04:46:23",
"depth": 24.4,
"lng": 142.369,
"src": "us",
"eqid": "c0001xgp",
"magnitude": 8.8,
"lat": 38.322
},
```

```
{
"datetime": "2012-04-11 06:38:37",
"depth": 22.9,
"lng": 93.0632,
"src": "us",
"eqid": "c000905e",
"magnitude": 8.6,
"lat": 2.311
}
// 생략
]}
```

위 소스에서 "datetime"은 두 번 '배열'되어 있고 배열은 0부터 시작되므로, 첫 번째 datetime은 earthquakes[0].datetime, 두 번째 datetime은 earthquakes[1].datetime이 된다.

earthquakes[0].datetime은 "2011-03-11 04:46:23"을 반환한다. earthquakes[1].datetime은 earthquakes의 [1번째]의 datetime으로 "2012-04-11 06:38:37"을 반환한다.

[GoogleMapActivity05 – EarthRequest]

```java
public class EarthRequest {
ArrayList<Earthquake> earthquakes=new ArrayList<Earthquake>();
boolean isConnection=false;

public boolean isConnection() {
return isConnection;
}
public ArrayList<Earthquake> getEarthquakes() {
return earthquakes;
}
public  void getEarth(String newUrls) {
    InputStream inputStream;
    URL url=null;
    try {
        // ❶ 주소 입력
        url = new URL(newUrls);
        // ❷ 주소에 연결
        HttpURLConnection urlConnection = (HttpURLConnection) url.openConnection();
        // ❸ 빨대를 꽂는다.
```

```
        inputStream = new BufferedInputStream(urlConnection.getInputStream( ));
        // ❹ 호스를 연결한다.
        BufferedReader reader = new BufferedReader(new InputStreamReader(inputStream,
            "utf-8"));
        StringBuilder sb = new StringBuilder( );
        String line = null;
        // ❺ EOF 끝이 나올 때까지 한 줄씩 읽어서
        while ((line = reader.readLine( )) != null)
        {
            sb.append(line.trim( ));      // 문자열을 붙임
        }
        inputStream.close( );
        // ❻ json 파싱
        parseTrackToJson(sb.toString( ));
        isConnection=true;
    } catch (Exception e) {
        boolean isConnection=false;
    }
}
// ❻ json 파싱을 통해 지진 문자열을 지진 객체로 만들어 지진 목록을 완성
private  void parseTrackToJson(String sjson) throws JSONException {
    earthquakes.clear( );
    // ❼ 지진 문자열을 JSON 객체로 변경한다.
    JSONObject jObject = new JSONObject(sjson);
    // ❽ earthquakes키로 밸류를 받는다.
    JSONArray jArray = jObject.getJSONArray("earthquakes");
    try {   // ❾ 파싱은 예외를 발생할 수 있으니 예외 처리한다.
                // ❿ earthquakes의 밸류 개수만큼 반복한다.
                for(int i=0; i<jArray.length( ); i++) {
                    // ⓫ earthquakes의 i번째 JSON 객체
                    JSONObject json=jArray.getJSONObject(i);
                    // ⓬ 하나의 JSON 객체에서 지진 객체 Earthquake를 하나 만든다. (호출)
                    Earthquake t=toEarth(json);
                    // ⓭ 지진리스트에 지진 객체를 넣는다.
                    earthquakes.add(t);
                }
    } catch (JSONException e) {
                // e.printStackTrace( );
    }
}
```

```
// ⑫ 하나의 JSON 객체에서 지진 객체 Earthquake를 하나 만든다. (선언)
public  Earthquake toEarth(JSONObject json) throws JSONException {
    Earthquake earth=null;
    // ⑭ 키에 대한 getXXX("키")로 타입에 맞춰 밸류를 얻는다.
    String eqid = json.getString("eqid");
    // ⑮ 지진세기 magnitue는 실수이므로 getDouble("키")로 밸류를 얻는다.
    double magnitude = json.getDouble("magnitude");
    double longitude = json.getDouble("lng");
    double latitude = json.getDouble("lat");
    String source = json.getString("src");
    String datetime=json.getString("datetime");
    double depth = json.getDouble("depth");
    // ⑯ JSON에서 얻은 지진 정보를 지진 객체에 대입하고 생성한다.
    earth=new Earthquake(eqid,magnitude,longitude,latitude,source,datetime,depth,"");
    return earth;
}
}
```

설명

웹에서 한 줄씩 읽어서 모든 문자열을 붙이는 방법은 다음과 같다.

❶ api.geonames.org 주소를 입력한다.

❷ 주소에 연결한다.

❸ 연결된 주소에 빨대를 꽂는다.

❹ 빨대에 호스를 연결한다.

❺ 끝날 때까지 한 줄씩 읽어서 모든 문자열을 붙인다.

이제 파싱을 시작하자.

❻ 웹에서 얻은 모든 문자열을 대입한다.

❼ 모든 문자열을 JSON 객체로 변환한다. JSONObject(문자열) 생성자에 문자열을 넣는다.

❽ JSON에서 [ ]는 배열이므로 "earthquakes"키는 여러 개의 밸류를 갖는다.

❾ 파싱은 예외가 발생할 수 있으니 예외 처리한다.

❿ "earthquakes"에 대한 밸류의 개수만큼 반복한다.

⓫ earthquakes의 i번째 JSON 객체를 찾는다. i번째 "{ }"가 하나의 JSON 객체가 된다.

⓬ 하나의 JSON 객체에서 지진 객체 Earthquake를 한 개 만든다.

⓭ 지진 객체를 지진 목록에 저장한다.

⓮ 키에 대한 getXXX("키")로 타입에 맞춰 밸류를 얻는다.

⓯ 지진세기 magnitue는 실수이므로 getDouble("키")로 밸류를 얻는다.

DTO에 대입한다.

⓰ JSON에서 얻은 지진 정보를 지진 객체에 대입하고 생성한다.

7.6.4 [GoogleMapActivity04−MapsActivity]와 동일하다. 서비스를 요청할 때 위도 범위, 경도 범위, 원하는 지진세기, 발생일 등 요청 파라미터를 경로에 붙여야 한다.

[GoogleMapActivity05−MapsActivity]

```
public class MapsActivity extends FragmentActivity implements OnMapReadyCallback {

    private GoogleMap mMap;
    EarthQuakeRequestAsync async;

    @Override
    protected void onCreate(Bundle savedInstanceState) {
        // 생략
    }
    @Override
    public void onMapReady(GoogleMap googleMap) {
        // 생략
        // ❶ 요청 파라미터
        String[ ]datas={"90","-90","180","-180","5","100", todate2(new Date( ))};
        async =new EarthQuakeRequestAsync(this);
        async.execute(datas);     // ❷ 비동기 → doInBackground(datas) 호출
        Toast.makeText(this, "Ready~~~~", Toast.LENGTH_LONG).show( );
    }
}
```

❶ 위도 북쪽, 위도 남쪽, 경도 동쪽, 경도 서쪽, 최소 지진세기, 최대 지진수, 기준일을 배열로 만들어 대입한다. 기준일이 있다면 기준일을 포함해서 과거 지진들을 현재에서 과거순으로 나열하고, 기준일이 없다면 지진세기가 큰 값에서 작은 값 순서로 나열한다.

❷ 비동기를 준비하고 실행한다. execute(data)는 doInBackground(data)메서드를 자동 호출한다.

7.6.4 [GoogleMapActivity04]와 동일하다. 요청경로와 파라미터가 달라진다.

[GoogleMapActivity05 – EarthQuakeRequestAsync]

```java
public void getEarthQuakes(String...params) {
    earthquakes.clear( );
    // params={"90", "-90", "180", "-180", "5", "100", "2016-09-03"};
    // ❶ execute(params)에서 대입한 값을 받아서 경로와 파라미터를 조립한다.
    String a=String.format("%s?%s%s%s%s%s%s%s%s",
                    User.GEOURL,
                    para("username", User. USERNAME),     // 사용자 키
                    para("&north", params[0]),             // ❷ &north=90
                    para("&south", params[1]),
                    para("&east", params[2]),
                    para("&west", params[3]),
                    para("&minMagnitude", params[4]),
                    para("&maxRows", params[5]),           // 날짜 빼면 지진세기순
                    para("&date", params[6])               // 이것이 있으면 날짜순
    );
    // ❸ 완성된 경로
//http://api.geonames.org/earthquakesJSON?username=xxxx&north=90&south=-90&east=180&west
=-//180&minMagnitude=5&maxRows=100&date=2016-09-03
    Log.i("doInBackground", "----------------------------------------------" + a);
    rfw.getEarth(a);    // 파싱
    isConnection=rfw.isConnection( );         // 문자열을 정상적으로 읽었나
    earthquakes =rfw.getEarthquakes( );    // 모든 지진 목록
}
```

❶ execute(params)에서 대입한 값을 받아서 경로와 파라미터를 조립한다.

❷ para("key","value")는 "key=value"로 만든다.

❸ 완성된 경로다.

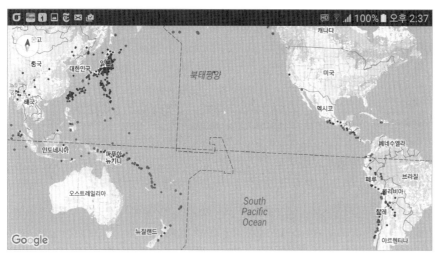

▲ JSON 파싱으로 얻은 세계 지진분포

7.6.4의 GoogleMapActivity04는 웹을 읽어와서 String을 이용한 초급 파싱이고, 7.6.5의 GoogleMap Activity05는 JSON으로 서비스하고 있는 자료를 받아서 더 쉽게 사용한 중급 파싱이다. 이 두 예제와 다른 안드로이드 앱들의 파싱 로직은 거의 동일하고, 세부적인 데이터 경로 정도만 다르다. 여기에서 보듯 안드로이드 프로그래밍은 거의 동일한 상태에서 일부 데이터 및 변수 등만 달리하는 경우가 많다. 이 특징을 잘 이해하면 앞으로 다른 앱을 만들 때도 도움이 많이 될 것이다.

7.7 빌보드 차트와 LastFM을 이용해 음악 정보 제공 앱 만들기

빌보드 차트에서 순위를, LastFM에서 해당 음원을 찾아서 들을 수 있는 앱을 만들어보자. 빌보드 차트에서 정보를 가져올 때는 HTML 파싱을, Last FM은 JSON 파싱을 이용한다. 독립적인 서비스들도 아이디어를 통해 조합하면 새로운 앱을 만들 수 있다.

7.7.1 비동기와 JSON 파싱으로 얻은 음악 정보를 리스트뷰로 보여주기

ListView에 오늘의 KPOP 순위 보여주기

음악 서비스 앱을 만들자. 우선 www.last.fm에 회원으로 등록(Join)한다. 그리고 http://www.last.fm/api에서 개발자 API 키를 받는다.

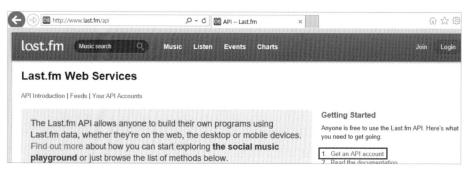

▲ last.fm API 키 받기

① [File]−[New]−[New Project], 어플리케이션 이름과 저장 위치를 선택한다.
- 어플리케이션 이름: J4AMusicChat01
- 회사 도메인: j4android.jungbo.com

② SDK를 선택한다.

③ [Empty Activity]를 선택한다.
- Activity 이름: TopTrackListMainActivity
- 레이아웃: activity_top_track_list_main
- 퍼미션: 〈uses−permission android:name="android.permission.INTERNET" /〉
- 앱 방향: 〈activity android:name=".TopTrackListActivity" android:screenOrientation="portrait"〉

다음 그림은 뮤직앱에서 스피너로 "음악의 종류"를 선택하고 "찾기" 버튼을 눌러 랭킹과 함께 가수, 곡 제목, 서비스 경로를 찾아서 리스트뷰로 표시한 것이다. "음악의 종류(TrarckTag)"를 스피너에서 "kpop"으로 선택해 찾은 현재 랭킹 50위까지의 곡이다.

▲ [결과화면] 리스트뷰로 보는 음악 순위

레이아웃을 그리자. 다음 그림을 참고하여 스피너, 이미지 버튼, 리스트뷰를 준비한다.

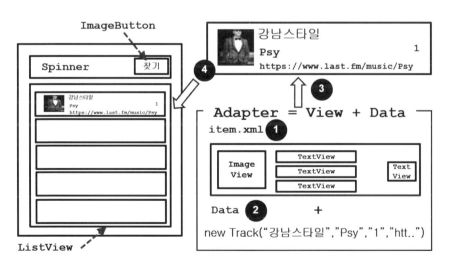

▲ 리스트뷰와 어댑터를 이용한 화면구성

다음은 TopTrackListMainActivity Activity의 레이아웃 소스다. [music003] 왼쪽은 [activity_top_track_list.xml]이고, 오른쪽은 [track_list_item.xml]이다.

[J4AMusicChat01−activity_top_track_list.xml]

```xml
<?xml version="1.0" encoding="utf-8"?>
<LinearLayout xmlns:android="http://schemas.android.com/apk/res/android"
    xmlns:tools="http://schemas.android.com/tools"
    android:layout_width="match_parent"
    android:layout_height="match_parent"
    android:paddingBottom="@dimen/activity_vertical_margin"
    android:paddingLeft="@dimen/activity_horizontal_margin"
    android:paddingRight="@dimen/activity_horizontal_margin"
    android:paddingTop="@dimen/activity_vertical_margin"
    tools:context=".TopTrackListActivity"
    android:orientation="vertical"
    android:background="#baebf9">

    <RelativeLayout
        android:layout_width="match_parent"
        android:layout_height="33dp"
        android:id="@+id/relativeLayout">
        <Spinner
            android:id="@+id/musickinds"
            android:background="@drawable/track_search_bar"
            android:layout_width="match_parent"
            android:paddingLeft="55dp"
            android:paddingRight="55dp"
            android:gravity="center_vertical"
            android:layout_height="33dp"
            android:spinnerMode="dropdown"
            android:layoutMode="clipBounds"
            android:layout_alignParentStart="true" />
        <ImageButton
            android:id="@+id/track_button"
            android:layout_width="wrap_content"
            android:layout_height="33dp"
            android:layout_marginLeft="-40dp"
            android:layout_gravity="right"
            android:background="@drawable/artist_search_onoff"
            android:layout_alignParentTop="true"
```

```
                android:layout_alignParentEnd="true"
                android:layout_alignBottom="@+id/musickinds" />


        </RelativeLayout>
        <ListView
            android:layout_width="match_parent"
            android:id="@+id/listView"
            android:layout_height="match_parent"
            android:gravity="center"
            android:layout_below="@+id/relativeLayout"
            android:layout_marginTop="5dp">
        </ListView>
    </LinearLayout>
```

ListView, GridView, Spinner는 어댑터를 이용하여 사용자가 화면을 변경할 수 있는 뷰(View)다. 리스트뷰의 아이템 한 개에 대한 레이아웃을 다음과 같이 설계한다. [music003]의 오른쪽 부분을 참고한다. 이미지뷰를 왼쪽에 놓고 텍스트뷰 3개는 중앙에, 1개는 오른쪽에 놓는다. 7.1의 list_flag_item.xml과 거의 비슷하다. [Design]을 활용하면 레이아웃을 쉽게 그릴 수 있다.

> **참고** ▶ 레이아웃을 옆이나 밑으로 놓을 때는 리니어 레이아웃, 상대적으로 크기가 다르거나 여러 개를 옆, 위, 아래로 놓을 때는 렐러티브(상대) 레이아웃을 사용한다.

[J4AMusicChat01 - track_list_item.xml]

```xml
<?xml version="1.0" encoding="utf-8"?>
<LinearLayout xmlns:android="http://schemas.android.com/apk/res/android"
    android:layout_width="match_parent"
    android:layout_height="match_parent"
    android:orientation="vertical">
    <RelativeLayout
        android:layout_centerVertical="true"
        android:paddingLeft="4dp" android:layout_width="wrap_content"
        android:layout_height="wrap_content"
        android:id="@+id/relativeLayout">
        <ImageView
            android:layout_width="50dp"
```

```
            android:layout_height="50dp"
            android:id="@+id/billImageView"
            android:src="@drawable/empty"
            android:layout_alignParentStart="true"
            android:layout_alignParentTop="true"
            android:layout_alignBottom="@+id/trackurl" />
    <TextView
            android:id="@+id/songname"
            android:layout_width="match_parent"
            android:layout_height="wrap_content"
            android:paddingBottom="0dip"
            android:paddingTop="5dip"
            android:text="TrackName"
            android:textSize="16sp"
            android:textStyle="bold"
            android:layout_marginLeft="4dip"
            android:layout_alignParentTop="true"
            android:layout_toEndOf="@+id/billImageView" />
    <TextView
            android:id="@+id/artistname"
            android:layout_width="match_parent"
            android:layout_height="wrap_content"
            android:paddingBottom="0dip"
            android:paddingTop="0dip"
            android:layout_marginLeft="4dip"
            android:text="ArtistName"
            android:layout_below="@+id/songname"
            android:layout_toEndOf="@+id/billImageView" />
    <TextView
            android:id="@+id/trackurl"
            android:layout_width="match_parent"
            android:layout_height="wrap_content"
            android:gravity="left"
            android:layout_marginLeft="4dip"
            android:paddingBottom="5dip"
            android:paddingTop="0dip"
            android:text="Track URL : "
            android:layout_below="@+id/artistname"
            android:layout_toEndOf="@+id/billImageView"
            android:textSize="8dp" />
```

```
    <TextView
        android:layout_width="30dp"
        android:layout_height="20dp"
        android:textAppearance="?android:attr/textAppearanceSmall"
        android:text="rank"
        android:id="@+id/billtxtRank"
        android:layout_below="@+id/songname"
        android:layout_alignEnd="@+id/songname" />
    </RelativeLayout>
</LinearLayout>
```

스피너, 이미지 버튼, 리스트뷰를 준비한다. 리스트뷰는 레이아웃 윤곽만 잡고 비어있는 상태다. 어댑 터는 아이템의 레이아웃에 각각의 노래 정보(가수이름, 랭킹, 곡이름, 서비스 주소)를 대입한다. 리스트뷰 는 목록의 개수만큼 어댑터를 이용하여 모든 노래를 보여준다.

어댑터(Adaptor)의 작동원리는 다음과 같다.

① 리스트뷰가 아이템의 레이아웃을 확인한다.

② 리스트뷰가 전체 아이템즈의 개수를 확인한다.

③ 리스트뷰가 0번째 위치(position)의 아이템을 만들기 위해 getView(position)를 호출한다.

④ getView(0)는 레이아웃의 컴포넌트를 생성해서 각 컴포넌트에 곡 목록의 0번째 노래 정보(데이터)를 대입한다.

⑤ ④와 같은 방법으로 리스트뷰는 getView(1)을 호출해서 레이아웃의 컴포넌트를 생성하고 곡 목록의 첫 번째 노래 정보(데이터)를 대입한다.

⑥ ⑤와 같은 방법으로 리스트뷰는 노래 목록의 개수만큼 getView(position)를 호출한다.

준비

www.last.fm의 APIKEY를 MusicUtil 클래스에 입력한다.

노래 정보를 저장할 객체를 만든다. 크롬의 포스트맨(postman) 앱을 이용하여 아래 경로의 서비스를 살 펴보자.

http://ws.audioscrobbler.com/2.0/?method=tag.gettoptracks&format=json&limit=50&api_key=yourkey&tag=kpop

JSON으로 된 서비스를 보면 tracks-track[name-artist-image-@attr]로 구성된 것을 알 수 있다.

```json
{
  "tracks": {
    "track": [
      {
        "name": "강남스타일",
        "duration": "222",
        "mbid": "882ce25d-51b9-4fe5-bbdf-16e661df0822",
        "url": "https://www.last.fm/music/Psy/_/%EA%B0%95%EB%82%A8%EC%8A%A4%ED%83%80%EC%9D%BC",
        "streamable": {
          "#text": "0",
          "fulltrack": "0"
        },
        "artist": {
          "name": "Psy",
          "mbid": "f99b7d67-4e63-4678-aa66-4c6ac0f7d24a",
          "url": "https://www.last.fm/music/Psy"
        },
        "image": [
          {
            "#text": "https://lastfm-img2.akamaized.net/i/u/34s/81af974f299a4c18ab3a7f3094894c18.png",
            "size": "small"
          },
          {
            "#text": "https://lastfm-img2.akamaized.net/i/u/64s/81af974f299a4c18ab3a7f3094894c18.png",
            "size": "medium"
          },
          {
            "#text": "https://lastfm-img2.akamaized.net/i/u/174s/81af974f299a4c18ab3a7f3094894c18.png",
            "size": "large"
          },
          {
            "#text": "https://lastfm-img2.akamaized.net/i/u/300x300/81af974f299a4c18ab3a7f3094894c18.png",
            "size": "extralarge"
          }
```

```
                ],
                "@attr": {
                    "rank": "1"
                }
            }]
        }
    }
```

필요한 정보를 담기 위해 전송 객체 Track을 만든다.

```
public class Track implements Serializable {      // [track]
    private String trackname="";                  // [track- name]
    private String trackurl="";                   // [track- url]
    private String artistname="";                 // [artist- name]
    private String artistmbid="";
    private String artisturl="";                  // [artist - url]
    private String imagesmallurl="";              // [image - #text- small]
    private String imagemediumurl="";             // [image - #text- medium]
    private String imagelargeurl="";
    private String imageextralargeurl="";
    private int rank=0;
    // 생성자 생략
    // get/set 메서드 생략
}
```

음악의 종류(TrackTag)를 ArrayList에 저장한다. 여기에서 얻은 음악 종류를 Spinner에서 선택한다.

```
package com.infopub.j4android.j4amusicchat01;
import java.util.ArrayList;
public class TrackTagList {
    public static ArrayList<String> readTags() {
        ArrayList<String> tracks=new ArrayList<String>();
        tracks.clear();
        tracks.add("60s");
        tracks.add("70s");
        tracks.add("80s");
```

```
        tracks.add("90s");
        tracks.add("kpop");
        return tracks;
    }
}
```

음악 서비스에서 제공하는 노래 정보와 이미지 정보를 가져온다. 어댑터에서 노래 정보와 이미지를 레이아웃에 대입해 한 아이템을 만들고, 같은 방법으로 노래 수만큼 반복해서 리스트뷰를 완성한다. 다음 그림은 음악 서비스에서 노래 정보와 이미지를 가져와서 리스트뷰를 완성하는 과정을 보여준다.

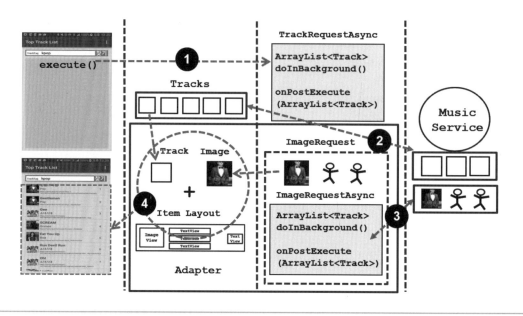

▲ 리스트뷰에 음악 서비스 정보를 표시하는 과정

구체적인 순서는 다음과 같다.

❶ TopTrackMainActivity의 "찾기" 버튼을 클릭하면 TrackRequestAsync 비동기를 실행(execute( ) 메서드 호출)한다.

❷ TrackRequestAsync 비동기가 실행되면 음악 서비스가 제공하는 각각의 곡을 Track에 담고, 모든 곡을 Tracks에 담아 TopTrackMainActivity에 저장한다.

❸ 어댑터에서 한 아이템에 대한 정보를 레이아웃에 붙이기 전에, ImageRequestAsync를 이용하여 Track에 저장된 각 곡에 대한 이미지를 음악 서비스에서 읽어서 ImageRequest에 저장한다.

❹ 어댑터는 `Tracks`에 저장된 음악 정보들과 `ImageRequest`에 저장된 이미지들을 하나씩 레이아웃에 붙여서 한 곡에 한 아이템을 만드는 방법으로 리스트뷰를 만든다.

여기서 눈여겨 볼 것은 먼저 비동기로 곡의 정보를 가져온 다음, 다시 곡의 정보를 이용하여 해당 곡의 이미지를 비동기로 가져온다는 점이다. 어댑터는 두 개의 비동기로 얻은 정보를 이용하여 곡의 정보와 이미지를 레이아웃에 맞춰 한 아이템을 완성한다. 이와 같은 방법으로 곡의 개수만큼 반복하여 리스트뷰를 완성한다.

다음 소스는 비동기를 이용하여 음악 서비스에서 곡들의 정보를 가져와서 액티비티에 노래 목록 (Tracks)을 저장하는 과정이다.

```java
package com.infopub.j4android.j4amusicchat01;

import android.app.Activity;
import android.app.AlertDialog;
import android.app.ProgressDialog;
import android.content.DialogInterface;
import android.content.DialogInterface.OnClickListener;
import android.os.AsyncTask;
import android.util.Log;

import org.json.JSONArray;
import org.json.JSONException;
import org.json.JSONObject;

import java.io.BufferedInputStream;
import java.io.BufferedReader;
import java.io.IOException;
import java.io.InputStream;
import java.io.InputStreamReader;
import java.net.HttpURLConnection;
import java.net.URL;
import java.util.ArrayList;
public class TrackRequestAsync extends AsyncTask<String, Void, ArrayList<Track>> {
    // ❶ 비동기 선언
    Activity activity;
    ProgressDialog progressDialog;
    boolean isConnection=false;
```

```java
ArrayList<Track> tracks = new ArrayList<Track>( );        // ❷ 노래 목록
public TrackRequestAsync(Activity ac){
    activity = ac;                                        // ❸ 비동기가 실행되는 액티비티
}
@Override
protected void onPreExecute( ) {
    super.onPreExecute( );
    progressDialog = ProgressDialog.show(activity, "Reading", "Reading Track datas!");
}
@Override
protected ArrayList<Track> doInBackground(String...params) {
    InputStream inputStream;
    String jsonString = "";
    String newUrls=MusicUtil.TOPTRACK+ params[0];
try {
    Log.i("doInBackground","----------------------------------------"+newUrls);
    URL url = new URL(newUrls);
    HttpURLConnection urlConnection = (HttpURLConnection) url.openConnection( ); // ❹ 연결
    inputStream = new BufferedInputStream(urlConnection.getInputStream( )); // ❺ 빨대 꽂기
    BufferedReader reader =
        new BufferedReader(new InputStreamReader(inputStream, "UTF-8"), 8); // ❻ 호스 연결
    StringBuilder sb = new StringBuilder( );
    String line = null;
    while ((line = reader.readLine( )) != null)
    {
        sb.append(line + "\n");        // ❼ 문자열 붙이기
    }
    jsonString = sb.toString( );
    inputStream.close( );
    parseTrackToJson(jsonString);      // ❽ 문자열을 JSON 객체로 변환, 그리고 Tracks 얻기
    isConnection = true;               // ❾ 정보 얻기 성공
} catch (Exception e) {
    Log.e("HTTP Request", e.getMessage( ));
    isConnection = false;
  }
  return tracks;
}
@Override
protected void onPostExecute(ArrayList<Track> result) {
    super.onPostExecute(result);
```

```
    if(isConnection) {
        if(activity instanceof TopTrackListActivity){
            // listview
            ((TopTrackListActivity)activity).updateTracks(result);  // ⑩ 액티비티에 Tracks 저장
        }
        progressDialog.dismiss( );    // 프로그래스 끝
    } else {
        progressDialog.dismiss( );
    }
}


private synchronized void parseTrackToJson(String json) throws JSONException {
    tracks.clear( );        // 저장하기 전에 청소
    JSONObject jObject = new JSONObject(json);                         // ⑪ 문자열을 JSON으로
    JSONObject topTracksObj = jObject.getJSONObject("tracks");  // ⑫ tracks
    try {
        JSONArray tracks = topTracksObj.getJSONArray("track");   // ⑬ "track":[LIst ], JSONArray
        for(int i=0; i<tracks.length( ); i++) {
            JSONObject track = tracks.getJSONObject(i);             // ⑭ track[0]
            String trackName = track.getString("name");            // ⑮ track name
            String trackUrl = track.getString("url");              // ⑯ track url
            JSONObject artistObj = track.getJSONObject("artist");// ⑰ artist
            String artistName = artistObj.getString("name");       // ⑱ artist name
            String artistUrl = artistObj.getString("url");         // ⑲ artist url
            String smaallimageUrl="";
            String mediumimageUrl="";
            String largeimageUrl="";
            String extralargeimageUrl="";
            int   rank=0;
            try {
                JSONArray imageUrls = track.getJSONArray("image");    // ⑳ image:[ ]
                for(int j=0; j<imageUrls.length( ); j++) {
                    JSONObject imageObj = imageUrls.getJSONObject(j);
                    // ㉑ size에 따라 이미지 크기 분류
                    if(imageObj.getString("size").equals("small")) {
                        smaallimageUrl = imageObj.getString("#text");
                    } else if(imageObj.getString("size").equals("medium")) {
                        mediumimageUrl = imageObj.getString("#text");
                    } else if(imageObj.getString("size").equals("large")) {
                        largeimageUrl = imageObj.getString("#text");
```

```
                } else if(imageObj.getString("size").equals("extralarge")) {
                    extralargeimageUrl = imageObj.getString("#text");
                }
            }
            JSONObject atrr = track.getJSONObject("@attr");
            rank = atrr.getInt("rank");   // ㉒ rank
        } catch (Exception e) {
            smaallimageUrl="";
            mediumimageUrl="";
            largeimageUrl="";
            extralargeimageUrl="";
        }
        // ㉓ Track 생성, name, url, image 대입
        Track t=new Track(trackName,trackUrl,artistName,artistUrl,smaallimageUrl);
        t.setImagemediumurl(mediumimageUrl);
        t.setImagelargeurl(largeimageUrl);
        t.setImageextralargeurl(extralargeimageUrl);
        t.setRank(rank);
        // ㉔ Tracks에 Track 저장
        this.tracks.add(t);
        }
    } catch (JSONException e) {
        e.printStackTrace( );
    }
  }
}
```

설명

❶ AsyncTask를 상속하여 비동기 작업을 선언한다. 동기는 요청하면 응답을 받을 때까지 다른 작업을 하지 않고 기다린다. 비동기는 요청에 대한 결과가 통보되므로 응답을 받을 때까지 다른 작업을 할 수 있다.

❷ 노래 목록(Tracks)을 저장하는 ArrayList를 생성한다.

❸ 이 비동기가 어느 액티비티에서 실행되고 있는지 알기 위해 Activity(모든 액티비티의 부모)를 생성자로 받는다.

❹ IO 공식 참조. 주소를 찾고 연결한다.

⑤ 주소지에 빨대(노드-수도꼭지)를 꽂는다.

⑥ 빨대에 호스(필터-기능제공)를 연결한다.

⑦ 호스에서 한 줄씩 가져와서 문장을 붙인다.

⑧ 문자열을 JSON으로 변환한 후, 노래 목록으로 저장한다.

⑨ 정보를 얻는데 성공했다.

⑩ 성공적으로 정보를 얻었다면 액티비티에 Tracks(노래 목록)을 저장한다.

⑪ 문자열을 JSON 객체로 변환한다.

⑫ JSON 서비스의 계층은 "tracks"가 가장 높다. "tracks" 키에 대한 밸류를 찾는다.

```
{
    "tracks": {
        "track": [ ]
    }
}
```

⑬ "tracks" 아래의 "track"은 "[ ]"로 리스트(배열)이기 때문에 JSONArray로 가져온다.

⑭ "track"의 개수만큼 반복하면서 "track" 아래의 객체를 찾는다.

⑮ "track" 아래 "name" 객체의 값을 가져온다.

⑯ "track" 아래 "url" 객체의 값을 가져온다.

⑰ "track" 아래 "artist" 객체를 찾는다.

⑱ "artist" 아래 "name" 객체의 값을 가져온다.

⑲ "artist" 아래 "url" 객체의 값을 가져온다.

⑳ "track" 아래 "image" 객체를 찾는다.

㉑ "image" 아래의 "size"에 따라 이미지 크기를 분류해서 이미지 주소를 얻는다.

㉒ "rank"를 얻는다.

㉓ Track 객체를 생성하고 **⑮**~**㉒**에서 얻는 값들을 대입한다.

㉔ Track을 노래 목록(Tracks)에 저장한다.

이미지는 가져오는 데 시간이 텍스트보다 훨씬 오래 걸린다. 이미지가 50개라면, 각 이미지를 순차적으로 가져오는 것보다 비동기 호출 50개를 작동시켜서 필요한 이미지를 각각 가져오게 하면 더 짧은 시간에 효율적으로 작업할 수 있다. 단, 저장할 맵은 하나이기 때문에 맵 하나에 쓰레드 50개가 동시 작업을 해야 하므로 쓰레드간 다툼으로 인한 오작동이 발생할 수 있다. 이를 방지하기 위해 동기화 (synchronized) 작업과 동기화된 맵(synchronizedMap)이 필요하다.

다음 소스는 비동기를 이용해 음악 서비스에서 곡들의 정보를 가져와서 액티비티에 노래 목록(Tracks) 을 저장하는 과정이다.

```java
package com.infopub.j4android.j4amusicchat01;
import android.graphics.Bitmap;
import android.graphics.BitmapFactory;
import android.os.AsyncTask;
import android.util.Log;
import java.net.URL;
import java.util.Collections;
import java.util.LinkedHashMap;
import java.util.Map;
public class ImageListRequest {            // ❶ 이미지를 가져와서 맵에 저장
private Map<String, Bitmap> images;
String ss="";
public ImageListRequest() {
images= Collections
    .synchronizedMap(new LinkedHashMap<String, Bitmap>(10, 1.5f, true));
    // ❷ 비동기도 쓰레드. 동시 작업 위해
}
public synchronized Bitmap loadImage(String smallImageurl) {
    if (images.containsKey(smallImageurl)) {
        return images.get(smallImageurl);  // ❸ 맵에 찾는 이미지가 있다면 가져감
    } else {
        new ImageRequestAsync( ).execute(smallImageurl);  // ❹ 맵에 찾는 이미지가 없다면 비동기로 찾기
        return null;
    }
}
class ImageRequestAsync extends AsyncTask<String, Void, Bitmap> {
// ❺ Nested 비동기, 이미지를 하나씩 찾음

    @Override
    protected Bitmap doInBackground(String... params) {
        ss = params[0];
        URL url = null;
        Bitmap bmp = null;
```

```
    try {
        url = new URL(ss);
        Log.i("ImageRequestAsync","-------------------------------"+ss);
        // ❻ 음악 서비스에서 이미지를 가져옴
        bmp = BitmapFactory.decodeStream(url.openConnection( ).getInputStream( ));
    } catch (Exception e) {
        e.printStackTrace( );
    }
    synchronized (this) {       // ❼ 이미지 하나당 하나의 쓰레드, Map 하나를 두고 동시 작업
        images.put(ss, bmp);    // ❽ 이미지를 찾았다면 맵에 저장
    }
    return bmp;
    }


    @Override
    protected void onPostExecute(Bitmap bmp) {
        super.onPostExecute(bmp);
    }
  }
}
```

설명

❶ 한 번의 비동기 호출은 하나의 이미지를 가져온다. 여러 이미지를 저장하기 위해 맵과 중첩(Nested) 비동기를 멤버로 갖는다.

❷ 비동기도 쓰레드다. 여러 쓰레드가 한 맵에 여러 이미지를 저장하려고 하면 쓰레드간 다툼으로 이미지가 파손되어 저장되는 등의 동시성 문제가 발생할 수 있다. 이를 방지하기 위해 동기화된 맵(한 쓰레드가 한 이미지를 저장 시, 저장을 마칠 때까지 다른 쓰레드는 기다림)이 필요하다.

❸ 맵에 찾는 이미지가 있다면 가져간다. 맵의 키는 이미지 주소(String), 밸류는 이미지(Bitmap)다.

❹ 맵에 찾는 이미지가 없다면 비동기를 실행해 이미지를 웹에서 찾는다.

❺ 중첩(Nested) 비동기 클래스를 선언한다. 한 번의 실행으로 한 이미지를 웹에서 가져온다.

❻ 음악 서비스에서 이미지를 가져온다. 연결된 빨대에서 읽어들인 Byte를 BitmapFactory를 이용하여 비트맵으로 변환한다.

❼ 여러 쓰레드가 한 맵에 동시에 접근하는 것을 방지하기 위해 동기화(synchronized)한다. 다음과 같이 메서드에 synchronized 키워드를 붙여도 된다.

```
@Override
protected synchronized void onPostExecute(Bitmap bmp) {
    super.onPostExecute(bmp);
    images.put(ss, bmp);
}
```

❽ 이미지의 주소와 이미지 비트맵을 맵에 저장한다.

어댑터에서는 노래 정보를 이용하여 비동기로 이미지를 얻은 후 레이아웃에 정보와 이미지를 대입하여 한 개의 아이템을 만든다. 이런 과정을 노래 목록의 개수만큼 반복하여 리스트뷰를 완성한다.

[J4AMusicChat01-TrackListAdapter]

```
package com.infopub.j4android.j4amusicchat01;
import android.app.Activity;
import android.content.Context;
import android.content.Intent;
import android.graphics.Bitmap;
import android.net.Uri;
import android.view.LayoutInflater;
import android.view.View;
import android.view.ViewGroup;
import android.widget.ArrayAdapter;
import android.widget.Toast;
import java.util.ArrayList;
public class TrackListAdapter extends ArrayAdapter<Track> implements View.OnClick
Listener {
    Activity context;
    ArrayList<Track> tracks;            // ❶ 노래 목록 Tracks
    ImageListRequest ira;               // ❷ 이미지가 저장된 맵
    public TrackListAdapter(Activity context, ArrayList<Track> tracks,ImageListRequest
ira) {
        super(context, R.layout.track_list_item, tracks);
        this.context = context;
        this.tracks = tracks;
        this.ira=ira;
    }
    public int getCount() {             // ❸ 노래의 개수
        return tracks.size();
    }
```

```java
public Track getItem(int position) {     // ❹ 노래 목록(Tracks) 중 position번째의 노래(Track)
        return tracks.get(position);
    }
    public long getItemId(int position) {
        return position;
    }
    public View getView(int position, View convertView, ViewGroup parent) {
        try {
            final TrackListViewHolder holder=null;
            LayoutInflater                    // ❺ 어댑터에서 레이아웃을 준비하기 위한 관습 코드
            inflater = (LayoutInflater) context.getSystemService(Context.LAYOUT_IN-
FLATER_SERVICE);
            if (convertView != null) {   // ❻ 뷰홀더가 있다면 뷰홀더를 사용
                holder = (TrackListViewHolder) convertView.getTag( );
            } else {      // ❼ 뷰홀더가 없다면 뷰홀더를 만든다. 하나의 아이템이 하나의 홀더
                // findViewById( ) 컴포넌트 생성 부분이 뷰홀더로 들어감
                holder = new TrackListViewHolder(convertView = inflater.inflate(R.layout.
                    track_list_item, null));
            }

            if(tracks.get(position).getImagemediumurl( )!= null) {   // ❽ 이미지 주소가 있을 때
                Bitmap bmp = ira.loadImage(tracks.get(position).getImagemediumurl( ) );
                // ❾ 저장된 이미지 찾기
                if(bmp != null) {
                    holder.billImageView.setImageBitmap(bmp);
                } else {
                    holder.billImageView.setImageResource(R.drawable.empty);
                }
            } else {    // 이미지 주소가 없다면 empty 이미지
                holder.billImageView.setImageResource(R.drawable.empty);
            }
            convertView.setOnClickListener(this);   // 하나의 아이템에 이벤트 등록
            holder.billtxtRank.setText(tracks.get(position).getRank( )+"");
            // ❿ 홀더를 이용하여 rank 대입
            holder.trackname.setText(tracks.get(position).getTrackname( ));
            // 홀더를 이용하여 track name 대입
            holder.artistname.setText(tracks.get(position).getArtistname( ));
            // 홀더를 이용하여 가수 대입
            holder.trackurl.setText(tracks.get(position).getTrackurl( ));
            // 홀더를 이용하여 곡 주소 대입
```

```java
                this.notifyDataSetChanged( );        // ⑪ 하나의 아이템에 대한 화면 반영
        } catch (Exception e) {
                e.printStackTrace( );
        }
        return convertView;
    }
    @Override
    public void onClick(View v) {
        TrackListViewHolder holder = (TrackListViewHolder) v.getTag( );
        String sf=String.format("%s",holder.artistname.getText( )+"\'s      "+holder.trackname.get
            Text( ));
        alert(sf);
        Intent intent = new Intent(Intent.ACTION_VIEW,   // ⑫ 웹, 전화, 액티비티, 서비스 이동은 인텐트 이용
                Uri.parse(holder.trackurl.getText( ) + ""));   // ⑬ 곡의 주소
        this.context.startActivity(intent);                      // ⑭ 곡의 주소로 이동
    }
    public void alert (String msg) {
        Toast.makeText(context, msg, Toast.LENGTH_LONG).show( );
    }
}


// 서로 독립된 클래스
class TrackListViewHolder {    // ⑮ 뷰홀더
    // public String   artistUrl="";
    public ImageView billImageView;
    public TextView billtxtRank;
    public TextView trackname;
    public TextView artistname;
    public TextView trackurl;
    public TrackListViewHolder(View view) {    // ⑯ 생성자에 findViewById
        billImageView = (ImageView) view.findViewById(R.id.billImageView);
        billtxtRank = (TextView) view.findViewById(R.id.billtxtRank);
        trackname = (TextView) view.findViewById(R.id.songname);
        artistname = (TextView) view.findViewById(R.id.artistname);
        trackurl = (TextView) view.findViewById(R.id.trackurl);
        view.setTag(this);
    }
}
```

❶ 비동기로 얻은 노래 목록(Tracks)을 저장하기 위해 선언한다. 노래 목록은 어댑터가 생성될 때 같이 입력받는다.

❷ 이미지가 맵으로 저장되어 있다.

❸ 노래의 개수를 구한다.

❹ 노래 목록(Tracks) 중 position번째의 노래(Track)를 가져온다.

❺ 어댑터에서 레이아웃을 준비하기 위한 관습 코드다.

❻ 뷰홀더가 있다면 뷰홀더를 사용한다. 어댑터는 레이아웃에 선언된 컴포넌트(여기서는 이미지뷰 1개, 텍스트뷰 4개)들의 객체들을 생성한 후 데이터를 대입하는 과정을 노래 목록의 개수만큼 반복한다. 이때 뷰홀더를 재활용해서 시간과 메모리를 절약할 수 있다.

❼ 뷰홀더가 없다면 뷰홀더를 만든다. 아이템 하나가 한 개의 뷰홀더 객체가 된다.

❽ 노래 정보에 이미지 주소가 있는지 파악한다.

❾ 이미지가 저장되어 있는 ImageListRequest에서 이미지를 찾아서 가져온다. 노래 정보에 이미지 주소가 없다면 empty.png를 보여준다.

❿ 홀더는 재활용을 위한 것이다. 홀더에 순위, 곡이름, 가수이름, 이미지 주소 등을 대입한다.

⓫ 어댑터에 입력된 정보를 반영한다.

⓬ 인터넷, 전화, 액티비티, 서비스 이동은 인텐트를 이용한다.

⓭ 곡의 주소를 입력한다.

⓮ 곡의 주소로 이동하여 브라우저로 보여준다.

⓯ 뷰홀더는 목록의 개수만큼 아이템을 생성한다. 이때 아이템의 모든 컴포넌트를 다시 생성하기보다 뷰홀더(뷰를 아이템 자리에 걸기)에 데이터만 대입하는 재활용 방법을 사용한다.

⓰ 보통 멤버만 선언하는데 여기서는 생성자에서 findViewById()를 이용하여 컴포넌트를 생성한다. 어댑터의 getView()에서 findViewById() 생성 소스를 뷰홀더의 생성자로 옮겼다고 보면 된다.

비동기를 실행시켜 노래 목록을 가져오게 하고, 어댑터를 이용하여 노래 목록을 리스트뷰에 보여주게
하자.

```
package com.infopub.j4android.j4amusicchat01;
import android.content.Context;
import android.os.Bundle;
import android.support.v7.app.AppCompatActivity;
import android.view.Menu;
import android.view.MenuItem;
import android.view.View;
import android.view.inputmethod.InputMethodManager;
import android.widget.AdapterView;
import android.widget.ArrayAdapter;
import android.widget.ImageButton;
import android.widget.ListView;
import android.widget.Spinner;
import android.widget.TextView;
import android.widget.Toast;
import java.util.ArrayList;
public class TopTrackListActivity extends AppCompatActivity {
    ArrayList<Track> tracks=new ArrayList<Track>();       // ❶ 노래 목록
    ListView listView;                                     // 리스트뷰
    TrackListAdapter lAdapter;                             // 어댑터
    private ImageButton tracksButton;                      // 이미지 버튼
    private Spinner musickindsSpinner;                     // 스피너
    private InputMethodManager inputMethodManager;   // 입력 부분에 키입력 화면이 올라와 있지 않도록
    private ImageListRequest ira;                          // 이미지가 저장되어 있다
    private ArrayAdapter<String> spinnerListAdapter = null;  // 스피너 어댑터

    @Override
    protected void onCreate(Bundle savedInstanceState) {
        super.onCreate(savedInstanceState);
        setContentView(R.layout.activity_top_track_list);
        setTitle("Top Track List");
        this.inputMethodManager = (InputMethodManager) getSystemService(Context.INPUT_
            METHOD_SERVICE);
        this.musickindsSpinner = (Spinner) this.findViewById(R.id.musickinds);  // 스피너
        this.tracksButton = (ImageButton)this.findViewById(R.id.track_button);  // 찾기 버튼
```

```
// ❷ 리스트뷰에 어댑터 설정하기
ira=new ImageListRequest( );        // 이미지 가져오는 비동기
listView = (ListView) findViewById(R.id.listView);      // 리스트뷰
lAdapter=new TrackListAdapter(this,tracks,ira);         // 어댑터
listView.setAdapter(lAdapter);      // 리스트뷰에 담당 어댑터 설정
// ❸ 스피너에 어댑터 설정하기
spinnerListAdapter = new ArrayAdapter<String>(      // 기본 스피너 어댑터
    this, android.R.layout.simple_spinner_item,        // 기본 스피너 아이템
    TrackTagList.readTags( ));      // ❹ 스피너에 보일 노래 종류(Track Tag)
spinnerListAdapter.setDropDownViewResource(android.R.layout.simple_spinner_
    dropdown_item);
musickindsSpinner.setAdapter(spinnerListAdapter);   // 스피너에 기본 어댑터 설정
// ❺ 버튼을 누르면
this.tracksButton.setOnClickListener(new View.OnClickListener( ) {
    @Override
    public void onClick(View v) {
        inputMethodManager.hideSoftInputFromWindow(tracksButton.getWindowToken( ), 0);
        // ❻ 노래 목록(Tracks)을 찾는 비동기 → 끝나면 ⑪ updateTracks( )로 돌아옴
        TrackRequestAsync lfmTask = new TrackRequestAsync(TopTrackListActivity.
            this);      // ❻ 비동기
        try {
            TextView txtView = (TextView) musickindsSpinner.getSelectedView( );
            String toptrackSong = txtView.getText( ).toString( );
            // ❼ 스피너에서 선택한 노래 종류
            lfmTask.execute(toptrackSong);     // ❽ 노래 목록 찾기 실행
        } catch (Exception e) {
            lfmTask.cancel(true);
        }
    }
});
// ❾ 리스트뷰의 한 곡을 선택하면
listView.setOnItemClickListener(new AdapterView.OnItemClickListener( ) {
    @Override
    public void onItemClick(AdapterView<?> parent, View view, int position, long
        id) {
        Track eq = (Track) parent.getItemAtPosition(position);
        // ❿ 하나의 아이템을 선택하면
        String sf=String.format("artist:%s \n  track:%s",eq.getArtisturl( ),eq.
            getTrackurl( ));
        alert(sf);  // 토스트 띄우기
```

```
            }
        });
    }
    public void alert (String msg) {
        Toast.makeText(getApplicationContext( ), msg, Toast.LENGTH_LONG).show( );
    }
    public void updateTracks(final  ArrayList<Track> toptrack){
    // ⓫ 비동기가 끝나면 노래 목록이 들어옴
        this.tracks=toptrack;    // ❶ 새로 가져온 노래 목록으로 변경
        runOnUiThread(new Runnable() {          // ⓬ 서브 쓰레드에서 화면 직접 접근 금지
            @Override
            public void run() {
                lAdapter.clear( );                 // 어댑터 청소
                lAdapter.addAll(toptrack);    // ⓭ 어댑터에 새롭게 찾은 노래 목록 넣기
                lAdapter.notifyDataSetChanged( );   // 화면에 반영
            }
        });
    }
    @Override
    protected void onDestroy( ) {
        listView.setAdapter(null);
        super.onDestroy( );
    }
}
```

설명

❶ 노래 목록을 저장하기 위해 선언한다. 비동기가 끝나면 새롭게 찾은 노래 목록으로 변경한다.

❷ 리스트뷰에 어댑터를 설정한다.

❸ 스피너에 어댑터 설정하기

❹ TrackTagList.readTags( )는 static 메서드로 객체 생성없이 사용했다. readTags( ) 메서드는 스피너에서 보여줄(dropdown) 노래 종류(TrackTag-70s, 80s, 90s, kpop, …)를 저장하고 있다.

❺ 버튼을 누르면 노래 목록을 찾기 시작한다.

❻ 노래 목록(Tracks)를 찾는 비동기를 생성한다. 끝나면 ⓫ updateTracks( )를 통해 찾은 노래 목록을 가져온다.

❼ 스피너에서 선택한 노래 종류(TrackTag)를 가져온다.

❽ 노래 목록을 찾는 비동기를 실행한다.

❾ 리스트뷰의 한 곡을 선택하면 토스트를 띄우려고 한다.

❿ 선택한 아이템 하나의 정보를 토스트로 보인다.

⓫ 비동기가 끝나면 비동기에서 찾은 노래 목록을 가져온다.

⓬ 서브 쓰레드에서 화면에 직접 접근할 수 없어서 UI 쓰레드를 사용한다.

⓭ 어댑터를 청소하고, 새롭게 찾아온 노래 목록을 넣고, 리스트뷰 화면에 반영한다.

7.7.2 비동기와 JSON 파싱으로 얻은 음악 정보를 그리드뷰로 보여주기

■ GridView로 오늘의 KPOP 순위 보여주기

① [File]−[New]−[New Project], 어플리케이션 이름과 저장 위치를 선택한다.
  - 어플리케이션 이름: J4AMusicChat02
  - 회사 도메인: j4android.jungbo.com
② SDK를 선택한다.
③ [Empty Activity]를 선택한다.
  - Activity이름: TopTrackGridMainActivity
  - 레이아웃: activity_top_track_grid_main
  - 퍼미션: 〈uses−permission android:name="android.permission.INTERNET" /〉
  - 앱 방향: 〈activity android:name=".TopTrackListActivity" android:screenOrientation="portrait"〉

다음 그림은 뮤직앱으로 스피너에서 "음악의 종류"를 선택하고 "찾기" 버튼을 눌러 이미지와 곡이름을 찾아서 그리드뷰로 표시하는 과정을 보여준다. "음악의 종류(TrarckTag)"를 스피너에서 "kpop"으로 선택해 찾은 현재 랭킹 50위까지의 곡이다.

[결과화면] 그리드뷰로 보는 음악 순위 ▶

레이아웃을 그리자. 다음 그림을 참고하여 스피너, 이미지 버튼, 그리드뷰를 준비한다.

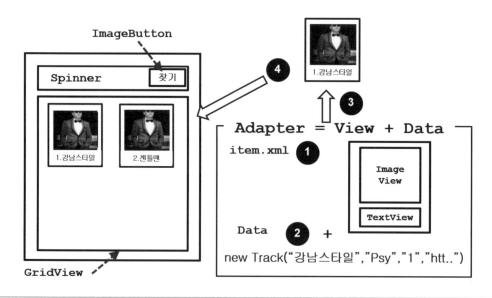

▲ 그리드뷰와 어댑터를 이용한 화면구성

TopTrackGridMainActivity Activity의 레이아웃 소스다. [music012] 왼쪽은 [activity_top_track_grid.xml]이고, 오른쪽은 [track_grid_item.xml]이다. [track_grid_item.xml]은 다음과 같이 7.7.1 [track_list_item.xml]에서 ListView만 GridView로 변경하면 된다. 한 줄에 5개의 이미지를 보여주도록 "numColumns=5"로 설정했다.

[J4AMusicChat02 – activity_top_track_grid.xml]

```xml
<GridView
    android:id="@+id/track_grid"
    android:layout_width="match_parent"
    android:layout_height="match_parent"
    android:gravity="center"
    android:numColumns="5"
    android:layout_gravity="center_vertical"
    android:layout_marginTop="10dp">
</GridView>
```

ListView, GridView, Spinner는 어댑터를 이용하여 사용자가 화면을 변경할 수 있는 뷰(View)다. 그리드뷰의 한 아이템에 대한 레이아웃을 다음과 같이 설계한다. [music012]의 오른쪽 부분을 참고하자. 이미지뷰를 중앙에 놓고 텍스트뷰를 밑에 놓는다.

[J4AMusicChat02−track_grid_item.xml]

```xml
<?xml version="1.0" encoding="utf-8"?>
<LinearLayout xmlns:android="http://schemas.android.com/apk/res/android"
    android:layout_width="wrap_content"
    android:layout_height="wrap_content"
    android:orientation="vertical">
    <ImageView
        android:layout_width="50dp"
        android:layout_height="50dp"
        android:src="@drawable/empty"
        android:id="@+id/imageView" />
    <TextView
        android:layout_width="match_parent"
        android:layout_height="match_parent"
        android:text=" . "
        android:id="@+id/textView"
        android:textSize="8dp" />
</LinearLayout>
```

음악 서비스에서 제공하는 노래 정보와 이미지 정보를 가져온다. 어댑터가 노래 정보와 이미지를 레이아웃에 대입시켜 하나의 아이템을 만들고, 같은 방법으로 노래 수만큼 반복해서 그리드뷰를 완성한다. 다음 그림은 음악 서비스에서 노래 정보와 이미지를 가져와서 그리드뷰를 완성하는 과정을 보여준다. 상세 설명은 리스트뷰의 [music006]과 동일하다.

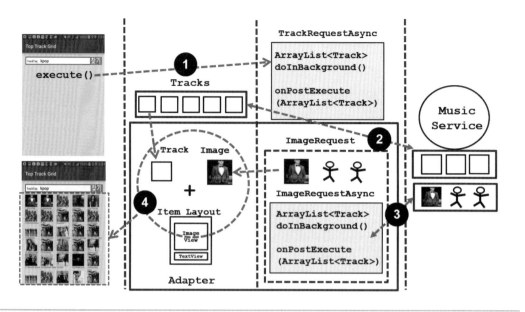

▲ 그리드뷰에 음악 서비스 정보를 보여주는 과정

비동기 작업은 모두 동일하다.

어댑터에서는 노래 정보를 이용하여 비동기로 이미지를 얻은 후 레이아웃에 정보와 이미지를 대입하여 한 아이템을 만든다. 이런 과정을 노래 목록의 개수만큼 반복하여 리스트뷰를 완성한다.

[J4AMusicChat02 – TrackGridAdapter]

```
package com.infopub.j4android.j4amusicchat01;
import android.app.Activity;
import android.content.Context;
import android.content.Intent;
import android.graphics.Bitmap;
import android.net.Uri;
import android.view.Gravity;
import android.view.LayoutInflater;
import android.view.View;
import android.view.ViewGroup;
import android.widget.ArrayAdapter;
import android.widget.ImageView;
import android.widget.TextView;
import android.widget.Toast;
import java.util.ArrayList;
```

```java
public class TrackGridAdapter extends ArrayAdapter<Track> {
    Activity context;
    ArrayList<Track> tracks=new ArrayList<Track>( );        // ❶ 노래 목록 Tracks
    ImageListRequest ira;                                    // ❷ 이미지가 저장된 맵
    public TrackGridAdapter(Activity context, ArrayList<Track> values, ImageListRequest
        ira) {
        super(context, R.layout.track_grid_item, values);
        this.context = context;
        this.tracks = values;
        this.ira=ira;
    }
    public int getCount( ) {    // ❸ 노래의 개수
        return tracks.size( );
    }
    public Track getItem(int position) {      // ❹ 노래 목록(Tracks) 중 position번째의 노래(Track)
        return tracks.get(position);
    }
    public long getItemId(int position) {
        return position;
    }
public View getView(int position, View convertView, ViewGroup parent) {
    try {
        TrackGridViewHolder holder;
        LayoutInflater     // ❺ 어댑터에서 레이아웃을 준비하기 위한 관습 코드
        inflater = (LayoutInflater) context.getSystemService(Context.LAYOUT_INFLATER_
SERVICE);
        if (convertView != null) {   // ❻ 뷰홀더가 있다면 뷰홀더를 사용
            holder = (TrackGridViewHolder) convertView.getTag( );
        } else {    // ❼ 뷰홀더가 없다면 뷰홀더를 만든다. 한 아이템이 한 홀더
            holder = new TrackGridViewHolder(
                convertView = inflater.inflate(R.layout.track_grid_item, null));
        }
        if(tracks.get(position).getImagesmallurl( )!= null) {    // ❽ 이미지 주소가 있을 때
            Bitmap bmp = ira.loadImage(tracks.get(position).getImagemediumurl( ));
            // ❾ 저장된 이미지 찾기
                if(bmp != null) {
                    holder.imageview.setImageBitmap(bmp);
                } else {
                    holder.imageview.setImageResource(R.drawable.empty);
                }
```

```java
        } else {
            holder.imageview.setImageResource(R.drawable.empty);
        }
        convertView.setOnClickListener(new GridListener(
        // Nested 클래스를 이용하여 이벤트 처리
            tracks.get(position).getTrackurl( ),
            tracks.get(position).getArtistname( ),
            tracks.get(position).getTrackname( ),
            tracks.get(position).getImagemediumurl( )));
        holder.textView.setText(tracks.get(position).getRank( ) + ".."
            // ❿ 홀더를 이용하여 rank 대입
                                          + tracks.get(position).getTrackname( ));
        if((position)%(MusicUtil.LINE/5)==0) {    // ⓫ 한 줄에 5개이므로 한 줄에 다섯 번 업데이트
            this.notifyDataSetChanged( );         // ⓫ 업데이트 횟수를 줄이기 위해 5로 나눔
        }
    } catch (Exception e) {
        e.printStackTrace( );
    }
    return convertView;
}
public class GridListener implements View.OnClickListener {
// ⓬ Nested 클래스로 이벤트 핸들러 객체를 선언
    String trackurl= "";
    String artistname;
    String trackname;
    String large;
    public GridListener(String trackurl, String artistname, String trackname,
            String large) {
        this.trackurl=trackurl;
        this.artistname=artistname;
        this.trackname=trackname;
        this.large=large;
    }
    @Override
    public void onClick(View v) {
        TrackGridViewHolder holder = (TrackGridViewHolder) v.getTag( );
        String sf=String.format("%s",artistname + "\'s  "+trackname);
        alert(sf);    // 토스트
        Intent intent = new Intent(Intent.ACTION_VIEW, Uri.parse(trackurl));
        // ⓭ 웹 이동 인텐트 이용
```

```
                    context.startActivity(intent);      // ⓴ 곡의 주소로 이동
            }
        }
        public void alert (String msg) {
            Toast.makeText(context, msg, Toast.LENGTH_LONG).show( );
        }
    }
}
// 뷰홀더. 서로 독립된 클래스
class TrackGridViewHolder {      // ⓯ 뷰홀더
    public ImageView imageview;
    public TextView textView;
    public TrackGridViewHolder(View view) {
        imageview = (ImageView) view.findViewById(R.id.imageView);
        textView = (TextView) view.findViewById(R.id.textView);
        view.setTag(this);
    }
}
```


설명

❶ 비동기로 얻은 노래 목록(Tracks)을 저장하기 위해 선언한다. 노래 목록은 어댑터가 생성될 때 같이 입력받는다.

❷ 이미지가 맵으로 저장되어 있다.

❸ 노래의 개수를 구한다.

❹ 노래 목록(Tracks) 중 position번째의 노래(Track)를 가져온다.

❺ 어댑터에서 레이아웃을 준비하기 위한 관습 코드다.

❻ 뷰홀더가 있다면 뷰홀더를 사용한다. 어댑터는 레이아웃에 선언된 컴포넌트(여기서는 이미지뷰 1개, 텍스트뷰 1개)들의 객체들을 생성한 후 데이터를 대입하는 과정을 노래 목록의 개수만큼 반복한다. 이때 뷰홀더를 재활용해서 시간과 메모리를 절약할 수 있다.

❼ 뷰홀더가 없다면 뷰홀더를 만든다. 아이템 하나가 한 개의 뷰홀더 객체가 된다.

❽ 노래 정보에 이미지 주소가 있는지 파악한다.

❾ 이미지가 저장되어 있는 ImageListRequest에서 이미지를 찾아서 가져온다. 노래 정보에 이미지 주소가 없다면 empty.png를 보여준다.

⑩ 홀더는 재활용을 위한 것이다. 홀더에 순위, 곡이름을 대입한다.

⑪ 한 줄에 5개의 아이템이 있어서 어댑터가 너무 많이 호출된다. 최신 정보를 5개당 한 번 반영하게 한다.

⑫ 내부(Nested) 클래스로 이벤트 핸들러 객체를 선언한다.

⑬ 인터넷, 전화, 액티비티, 서비스 이동은 인텐트를 이용한다.

⑭ 곡의 주소로 이동하여 브라우저에 표시한다.

⑮ 뷰홀더는 목록의 개수만큼 아이템을 생성한다. 이때 아이템의 모든 컴포넌트를 다시 생성하기 보다 뷰홀더(뷰를 아이템 자리에 걸기)에 데이터만 대입하는 재활용 방법을 사용한다.

비동기를 실행시켜 노래 목록을 가져오게 하고, 어댑터를 이용하여 가수 이미지를 그리드뷰에 보여주게 하자.

[J4AMusicChat01 – TopTrackGridActivity]

```java
package com.infopub.j4android.j4amusicchat01;
import android.app.Activity;
import android.content.Context;
import android.os.Bundle;
import android.support.v7.app.AppCompatActivity;
import android.view.View;
import android.view.inputmethod.InputMethodManager;
import android.widget.ArrayAdapter;
import android.widget.Button;
import android.widget.GridView;
import android.widget.ImageButton;
import android.widget.ImageView;
import android.widget.Spinner;
import android.widget.TextView;
import java.util.ArrayList;
public class TopTrackGridActivity  extends AppCompatActivity {
    GridView gv;
    ArrayList<Track> tracks=new ArrayList<Track>( );      // ❶ 노래 목록
    private TrackGridAdapter gAdapter;
    private ImageButton tracksButton;                     // 이미지 버튼
    private Spinner musickindsSpinner;                    // 스피너
    private InputMethodManager inputMethodManager;
    private ImageListRequest ira;                         // 이미지 저장
    private ArrayAdapter<String>  spinnerListAdapter = null;   // 스피너 어댑터
```

```java
@Override
protected void onCreate(Bundle savedInstanceState) {
    super.onCreate(savedInstanceState);
    setContentView(R.layout.activity_top_track_grid);
    setTitle("Top Track Grid");
    this.inputMethodManager = (InputMethodManager) getSystemService(Context.IN
        PUT_METHOD_SERVICE);
    this.musickindsSpinner = (Spinner) this.findViewById(R.id.musickinds);
    this.tracksButton = (ImageButton) this.findViewById(R.id.track_button);
    // ❷ 그리드뷰에 어댑터 설정하기
    ira = new ImageListRequest();     // 이미지 가져오는 비동기
    gv = (GridView) findViewById(R.id.track_grid);          // 그리드뷰
    gAdapter = new TrackGridAdapter(this, tracks, ira);  // 어댑터
    gv.setAdapter(gAdapter);     // 그리드뷰에 담당 어댑터 설정
    // ❸ 스피너에 어댑터 설정하기
    spinnerListAdapter = new ArrayAdapter<String>(
        this, android.R.layout.simple_spinner_item,
        TrackTagList.readTags());     // ❹ 스피너에 보일 노래 종류(Track Tag)
    spinnerListAdapter.setDropDownViewResource(android.R.layout.simple_spinner_
        dropdown_item);
    musickindsSpinner.setAdapter(spinnerListAdapter);
    // ❺ 버튼을 누르면
    this.tracksButton.setOnClickListener(new View.OnClickListener() {
        @Override
        public void onClick(View v) {
            inputMethodManager.hideSoftInputFromWindow(tracksButton.getWindowToken(), 0);
            // ❻ 노래 목록 찾기
            TrackRequestAsync lfmTask = new TrackRequestAsync(TopTrackGridActivity.
                this);
            try {
                TextView txtView = (TextView) musickindsSpinner.getSelectedView();
                String toptrackSong = txtView.getText().toString();
                // ❼ 스피너에서 선택한 노래 종류
                lfmTask.execute(toptrackSong);     // ❽ 노래 목록 찾기 실행
            } catch (Exception e) {
                lfmTask.cancel(true);
            }
        }
    });
}
```

```java
public void updateTracks(ArrayList<Track> toptrack){  // ❾ 비동기가 끝나면 노래 목록이 들어옴
    this.tracks=toptrack;
    runOnUiThread(new Runnable() {        // ❿ 서브 쓰레드에서 화면 직접 접근 금지
        @Override
        public void run() {
            gAdapter.clear( );
            gAdapter.addAll(tracks);      // ⓫ 어댑터에 새롭게 찾은 노래 목록 넣기
            gAdapter.notifyDataSetChanged( );
        }
    });
}
@Override
protected void onDestroy() {
    gv.setAdapter(null);
    super.onDestroy( );
}
}
```

설명

❶ 노래 목록을 저장하기 위해 선언한다. 비동기가 끝나면 이 노래 목록을 새롭게 찾은 노래 목록으로 변경한다.

❷ 그리드뷰에 어댑터를 설정한다.

❸ 스피너에 어댑터 설정하기

❹ TrackTagList.readTags( )는 static 메서드로 객체 생성없이 사용했다. readTags( ) 메서드는 스피너에서 보여줄(dropdown) 노래 종류(TrackTag-70s, 80s, 90s, kpop, …)를 저장하고 있다.

❺ 버튼을 누르면 노래 목록을 찾기 시작한다.

❻ 노래 목록(Tracks)를 찾는 비동기를 생성한다. 끝나면 ❾ updateTracks( )를 통해 찾은 노래 목록을 가져온다.

❼ 스피너에서 선택한 노래 종류(TrackTag)를 가져온다.

❽ 노래 목록을 찾는 비동기를 실행한다.

❾ 비동기가 끝나면 비동기에서 찾은 노래 목록을 가져온다.

❿ 서브 쓰레드에서 화면에 직접 접근할 수 없으므로 UI 쓰레드를 사용한다.

⓫ 어댑터를 청소하고, 새롭게 찾아온 노래 목록을 넣고, 그리드뷰 화면에 반영한다.

7.7.3 가수 이름으로 찾기

입력받은 가수의 곡 목록 보여주기
ListView+Spinner와 동일하다. 가수의 이름을 에디트 텍스트에
입력하고 [찾기] 버튼을 누른다.

▲ [결과화면] 가수 이름으로 찾기

7.7.4 빌보드 차트 랭킹 보기

4.13의 HTML 파싱 예제가 이 BillBoard Hot 100이었다.
HTML 파싱 외에 모두 7.7.1의 ListView와 동일하다.

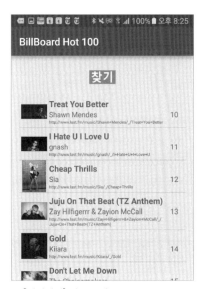

▲ [결과화면] 빌보드 차트 HOT-100

빌보드 차트의 가수를 선택하면 웹뷰로 가기 위해 BillboardAdapter의 이벤트 처리 부분만 확인한다. 빌보드 목록에서 가수를 선택하면 인텐트를 이용하여 웹뷰로 이동한다. 이때 가수이름("artist")과 곡이름("track")을 인텐트에 저장(putExtra( ))해서 웹뷰로 보낸다.

[J4AMusicChat04－BillboardAdapter]

```
public String tourl(String msg){
    return msg.replaceAll(" ","+");
}
@Override
public void onClick(View v) {
    BillboardViewHolder holder = (BillboardViewHolder) v.getTag( );
    if (v instanceof View) {
        String basicurls="http://www.last.fm/music/"+tourl(holder.artistname.get
            Text( )+"/_/"+tourl(holder.trackname.getText( )+""));
        alert(basicurls);

        Intent intent = new Intent(context, WebViewActivity.class);
        intent.putExtra("artist",tourl(holder.artistname.getText( ).toString( )));
        intent.putExtra("track",tourl(holder.trackname.getText( ).toString( )));
        context.startActivity(intent);
    }
}
```

웹뷰는 가수이름("artist")과 곡이름("track")을 인텐트에서 추출하여 서비스 주소("www.last.fm/music/가수이름/_/곡명")로 만들어 사용한다.

[J4AMusicChat04－WebViewActivity]

```
Intent intent=new Intent(this.getIntent( ));
String artist=intent.getStringExtra("artist");
String track=intent.getStringExtra("track");
```

7.7.5 빌보드 차트와 LastFM을 연동하여 음악 듣기

7.1~7.4까지 각각 만든 액티비티를 메인 액티비티를 중심으로 통합한다. 액티비티 이동은 인텐트를 이용한다. 메인 액티비티는 선택한 이미지에 따라 다른 액티비티로 이동했다가 다시 돌아온다.

① [File]-[New]-[New Project], 어플리케이션 이름과 저장 위치를 선택한다.

- 어플리케이션 이름: J4AMusicChat05
- 회사 도메인: j4android.jungbo.com

② SDK를 선택한다.

③ [Empty Activity]를 선택한다.

- Activity이름: MusicMainActivity
- 레이아웃: activity_top_track_list_main
- 퍼미션: ⟨uses-permission android:name="android.permission.INTERNET" /⟩

모든 액티비티, 서비스는 [AndroidManifest.xml]에 등록해야 한다. [AndroidManifest.xml]에 방향을 설정하고 모든 액티비티를 ⟨application⟩⟨/application⟩사이에 입력한다.

[J4AMusicChat05-AndroidManifest.xml]

```xml
<?xml version="1.0" encoding="utf-8"?>
<manifest xmlns:android="http://schemas.android.com/apk/res/android"
    package="com.infopub.j4android.j4amusicchat01">
    <uses-permission android:name="android.permission.INTERNET" />
    <application
        android:allowBackup="true"
        android:icon="@drawable/ic_launcher"
        android:label="@string/app_name"
        android:supportsRtl="true"
        android:theme="@style/AppTheme">
        <activity android:name=".MusicMainActivity" android:screenOrientation="portrait">
            <intent-filter>
                <action android:name="android.intent.action.MAIN" />
                <category android:name="android.intent.category.LAUNCHER" />
            </intent-filter>
        </activity>
        <activity android:name=".TopTrackListActivity"   android:screenOrientation="portrait" />
        <activity android:name=".TopTrackGridActivity"   android:screenOrientation="portrait"/>
        <activity android:name=".ArtistSearchActivity"   android:screenOrientation="portrait" />
        <activity android:name=".BillboardActivity"   android:screenOrientation="portrait"/>
        <activity android:name=".WebViewActivity"   android:screenOrientation="portrait"/>
    </application>
</manifest>
```

메인 액티비티에 이미지뷰 4개를 선언하고 이벤트를 등록하여 선택한 액티비티로 이동할 수 있도록 구현한다. 이미지뷰를 선택하면 TopTrackList, TopTrackGrid, ArtisSearch, Billboard 액티비티로 이동할 수 있게 한다.

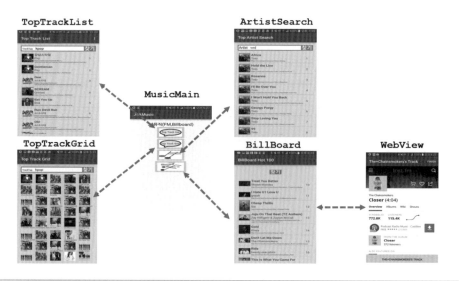

▲ 4개 뮤직 액티비티 사이의 이동

액티비티는 화면을 담당한다. 어댑터는 레이아웃과 데이터를 매핑하여 화면을 완성한다. 비동기는 웹에서 자원을 가져와 파싱을 거쳐 데이터로 저장한다.

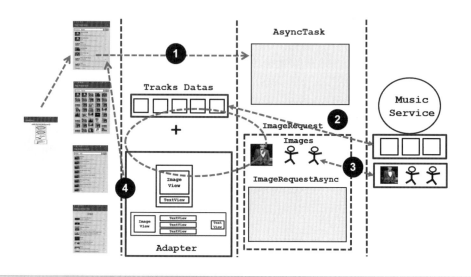

▲ 화면, 데이터, 데이터화 화면 조립, 비동기 사이의 관계

```
package com.infopub.j4android.j4amusicchat01;

import android.content.Intent;
import android.os.Bundle;
import android.support.v7.app.AppCompatActivity;
import android.view.View;
import android.widget.ImageButton;
public class MusicMainActivity extends AppCompatActivity {

    ImageButton trackListBtn;
    ImageButton trackGridBtn;
    ImageButton artisSBtn;
    ImageButton billboardBtn;

    @Override
    protected void onCreate(Bundle savedInstanceState) {
        super.onCreate(savedInstanceState);
        setContentView(R.layout.activity_music_main);
        setTitle("J4AMusic");
        trackListBtn=(ImageButton) this.findViewById(R.id.trackListBtn);
        // ❶ TopTrackListActivity로 이동
        trackGridBtn=(ImageButton) this.findViewById(R.id.trackGridBtn);
        // ❷ TopTrackGridActivity로 이동
        artisSBtn=(ImageButton) this.findViewById(R.id.artisSBtn);// ❸ ArtisSearchActivity로 이동
        billboardBtn=(ImageButton) this.findViewById(R.id.billBoardBtn);
        // ❹ BillboardActivity로 이동
        trackListBtn.setOnClickListener(new MusicListener() ); // ❺ 이벤트 등록
        trackGridBtn.setOnClickListener(new MusicListener() );
        artisSBtn.setOnClickListener(new MusicListener() );
        billboardBtn.setOnClickListener(new MusicListener() );
    }
    // Nested Class- EHO
    class MusicListener implements  View.OnClickListener { // ❻ 중첩 클래스로 이벤트 핸들러 객체 선언
        Intent intent;
        public void onClick(View v) {
            if(v.getId( )==R.id.trackListBtn) {
                intent = new Intent(MusicMainActivity.this,
                    TopTrackListActivity.class);          // ❼ 인텐트를 이용하여 액티비티 이동
```

```
        } else if(v.getId( )==R.id.trackGridBtn) {
            intent = new Intent(MusicMainActivity.this,
                    TopTrackGridActivity.class);
        } else if(v.getId( )==R.id.artisSBtn) {
            intent = new Intent(MusicMainActivity.this,
                    ArtistSearchActivity.class);
        } else if(v.getId( )==R.id.billBoardBtn) {
            intent = new Intent(MusicMainActivity.this,
                    BillboardActivity.class);
        }
        startActivity(intent);      // ❽ 선택한 액티비티로 이동
    }
  }
}
```

❶ 선택하면 **TopTrackListActivity**로 이동하게 하는 이미지 버튼을 생성한다. 곡의 종류(tag-70s, 80s, kpop, ..)에 따라 50곡을 **ListView**로 보여주는 액티비티다.

❷ 선택하면 **TopTrackGridActivity**로 이동하게 하는 이미지 버튼을 생성한다. 곡의 종류(tag-70s, 80s, kpop, ..)에 따라 50곡을 **GridView**로 보여주는 액티비티다.

❸ 선택하면 **ArtisSearchActivity**로 이동하게 하는 이미지 버튼을 생성한다. 가수 이름을 입력하면 가수의 50곡을 **ListView**로 보여주는 액티비티다.

❹ 선택하면 **TopTrackListActivity**로 이동하게 하는 이미지 버튼을 생성한다. 이번 주 빌보드 차트 hot100의 100곡을 **ListView**로 보여주는 액티비티다.

❺ 이벤트를 등록한다. 이미지 버튼을 선택하면 각 액티비티로 이동하게 한다.

❻ 중첩 클래스로 이벤트를 처리하는 이벤트 핸들러 객체를 선언한다.

❼ 액티비티, 서비스, 브로드캐스트리시버, 컨텐트 프로바이드의 4대 컴포넌트와 인터넷, 전화, 메시지로의 상호 이동은 액티비티를 이용한다.

❽ 선택한 액티비티로 이동한다.

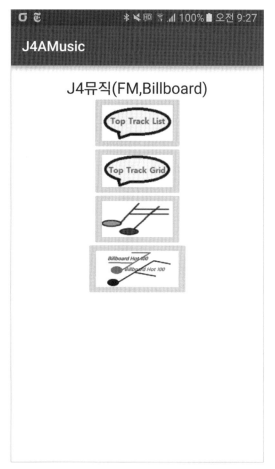

▲ 결과화면

7.7.6 웹뷰를 이용해 빌보드 차트와 LastFM 연동하기

> **참고** ▶ 아래 그림에서 첫번째 줄의 왼쪽 버튼은 last.fm 웹사이트 접속, 오른쪽 버튼은 빌보드 차트 Hot 100, 두번째 줄의 왼쪽 버튼은 빌보드 차트 200, 오른쪽 버튼은 빌보드 아티스트 접속을 위한 것이다. 나머지 3개는 Hot 100을 파싱해서 필자가 원하는 모양으로 바꾸었다. 보통 음원사이트 한 곳을 사용하는데, 필자는 두 개 이상의 음원사이트를 서로 이동할 수 있게 했다. 일종의 음악 전용 미니 브라우저처럼 만든 것이다.

웹뷰는 브라우저 역할을 하므로, 원하는 요소가 있는 주소만 연결하면 다양한 형태로 앱을 만들어 볼 수 있다.

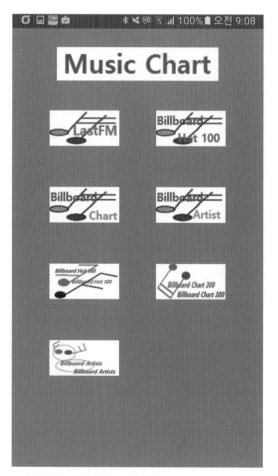

▲ 7개의 액티비티를 갖는 메인 액티비티

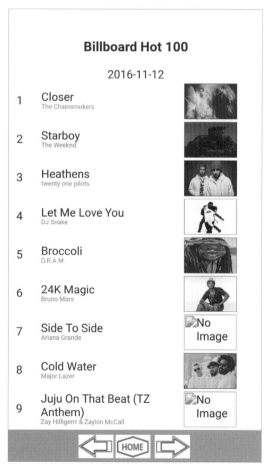

▲ 빌보드를 파싱한 후 자신이 원하는 형태로 바꾼 형태

첫 번째 그림부터 순서대로 MusicChartApps, MusicChartApps2, MusicChartApps3이다. 모두 한 앱에서 실행된 화면으로 MusicChartApps는 전체 화면 앱 화면이다. MusicChartApps2는 이미지 버튼을 만들어 각 액티비티로 이동할 수 있다. MusicChartApps3는 웹 앱과 웹 파싱 앱의 예제를 이용하여 빌보드 차트와 LastFM 음원 사이트를 연결하였다.

예제의 소스는 소스코드를 참고하자.

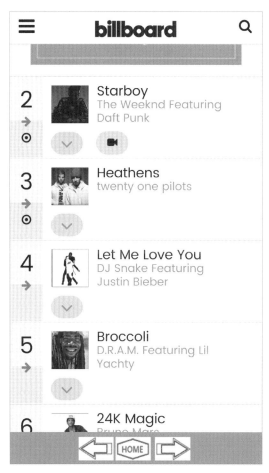

▲ 빌보드 차트를 웹으로 보여준 형태

7.8 음악 정보 제공 앱 업그레이드하기

1장부터 7장까지 배운 내용을 통해 만든 앱을 한 단계 더 업그레이드 해보자. 순위 및 목록은 빌보드와 LastFM에서 가져오고, 듣고 싶은 노래는 유튜브를 이용하면 앨범 이미지와 해당 영상을 더 빨리 띄우는 앱으로 만들 수 있다.

7.8.1 비동기 앱

빌보트 차트를 주별로 확인할 수 있다.

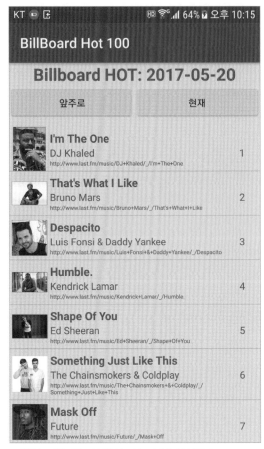

▲ 빌보드 차트를 파싱하여 리스트뷰에 보여주기

예제 소스코드의 BillBoarChartList001은 웹뷰를 이용하여 빌보드 차트에서 LastFM으로 이동한다.
예제 소스코드의 BillBoarChartList002는 웹뷰를 이용하여 빌보드 차트에서 유튜브로 이동한다.

J4AMusicChartYoutube는 웹뷰를 이용하여 빌보드 차트에서 유튜브로 이동한다.

▲ 빌보드 차트에서 유튜브로 이동하는 여러 화면을 보여준다.

7.8.2 이미지를 더 빠르게 반영하기

이 장에서 사용한 모든 앱의 [ImageListRequest.java]는 얻은 이미지를 리스트뷰나 그리드뷰에 바로 반영해서 보여주게 한다.

어댑터의 notifyDataSetChanged( )는 변경된 정보를 리스트뷰나 그리드뷰에 바로 반영한다.

```java
package com.infopub.j4android.j4amusicchat01;
import android.graphics.Bitmap;
import android.graphics.BitmapFactory;
import android.os.AsyncTask;
import android.util.Log;
import android.widget.BaseAdapter;
import java.net.URL;
import java.util.Collections;
import java.util.LinkedHashMap;
import java.util.Map;

public class ImageListRequest {
    private Map<String, Bitmap> images;
    String ss="";

    public ImageListRequest() {
        images=Collections
            .synchronizedMap(new LinkedHashMap<String, Bitmap>(10, 1.5f, true));
    }
    // loadImage(String smallImageurl) → loadImage(String smallImageurl, BaseAdapter
adapter)
    // 수정
    private BaseAdapter adapter;      // 어댑터를 선언한다.
    public synchronized Bitmap loadImage(String  smallImageurl, BaseAdapter adapter) {
    // ❶ 어댑터 추가
        this.adapter=adapter;          // 어댑터를 대입한다.
        if (images.containsKey(smallImageurl)) {
            return images.get(smallImageurl);
        } else {
            new ImageRequestAsync().execute(smallImageurl);
            return null;
        }
    }

    class ImageRequestAsync extends AsyncTask<String, Void, Bitmap> {
        @Override
        protected synchronized Bitmap doInBackground(String... params) {
            ss = params[0];
```

```
        URL url = null;
        Bitmap bmp = null;
        try {
            url  = new URL(ss);
            // Log.i("ImageRequestAsync","----------------------"+ss);
            bmp = BitmapFactory.decodeStream(url.openConnection().getInputStream());
        } catch (Exception e) {
            e.printStackTrace();
        }
        synchronized (this) {
            images.put(ss, bmp);
        }
        return bmp;
    }


    @Override
    protected void onPostExecute(Bitmap bmp) {
        super.onPostExecute(bmp);
        adapter.notifyDataSetChanged();    // ❷ 가져온 이미지를 보이게 한다.
    }
  }
}
```

설명

❶ 어댑터를 대입받아 멤버로 만든다.

❷ 어댑터를 이용하여 가져온 이미지를 리스트뷰나 그리드뷰에 반영한다.

```java
if(tracks.get(position).getArtist()!= null) {
    Bitmap bmp = ira.loadImage(tracks.get(position).getImagesrc(), this );
    // ❶ 어댑터를 대입한다.
        if(bmp != null) {
            holder.imageview2.setImageBitmap(bmp);
        }else {
            holder.imageview2.setImageResource(R.drawable.empty);
        }
} else {
    holder.imageview2.setImageResource(R.drawable.empty);
}
```

설명

❶ 어댑터를 대입한다.

모든 Adapter의 loadImage( ) 메서드에 어댑터를 대입하여 얻은 이미지를 바로 반영해서 보여주게 한다.

7.8.3 이벤트 핸들러를 사용한 야구게임

이벤트 핸들러의 대표적인 예를 연습하기에 좋은 야구게임이다. 별도로 제공되는 소스 코드에 해당 코드가 포함되어 있으니 이벤트 핸들러 학습 시 꼭 살펴보기를 권한다.

◀ 야구게임

자 바
F O R
안드로이드

부   록

| 부록 1 | 안드로이드 아키텍처

안드로이드는 어플리케이션(System Apps), 자바 API(Java API Framework)의 앱 레벨(App Level)과 Native C/C++ 라이브러리, 런타임, HAL(Hardware Abstraction Layer), Linux 커널의 시스템 레벨(System Level)로 나눌 수 있다. 앱 레벨은 안드로이드 개발에 필요한 클래스와 메서드, 컴포넌트 등 프로그램에 필요한 자바 소스로 된 라이브러리다. 시스템 레벨은 C/C++(Native)로 변경하거나 C/C++로 만들어진 라이브러리, 장치, OS(커널)로 구성된다. 이 책에서는 앱 레벨의 개발을 다루고 있다.

> **참고** ▶ 시스템 레벨은 NDK, 임베디드 프로그래밍을 한다.

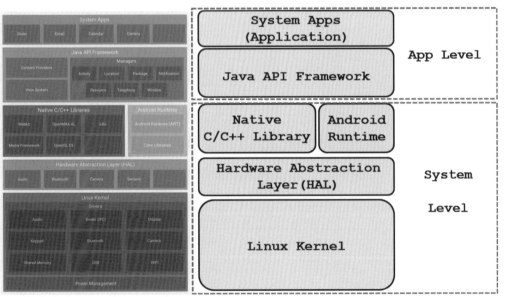

https://developer.android.com/guide/platform/index.html

▲ 안드로이드 아키텍처

안드로이드 앱 개발자는 어플리케이션 앱(System Apps) 레벨의 자바 API(Java API Framework)를 사용해서 원하는 앱 소스를 만들어 앱을 실행한다. 자바 API(Application Programming Interface)는 앱 개발자를 위해 구글이 제공하는 클래스와 메서드로 보면 된다. SPI는 스마트폰의 제조사(또는 3rdparty)가 확장하거나 구현해야 할 인터페이스나 추상 클래스 및 추상 메서드며, 스마트폰의 제조사가 확장하거나 구현한다.

개발자는 API를 이용하여 개발하고 실행한 후, SPI가 구현된 System Level 위에서 개발 소스를 실현(구현)시켜주는 관계인 것이다. 예를 들어, API의 Canvas를 통해 원과 라인을 그리는 API 메서드 (drawCricle( ), drawLine( ))를 이용하여 개발자는 drawClock( ) 메서드를 만들 수 있다. 이때 drawClock ( )을 사용자가 만든 메서드라고 한다. 그리고 사용자가 drawClock( )을 실행하면 스마트폰(System Level)이 시계를 사용자에게 보여준다.

> **참고** ▶ 제조사가 다르면 보여주는 화면과 장치 작동법, 장치에 따라 성능이 다를 수 있다.

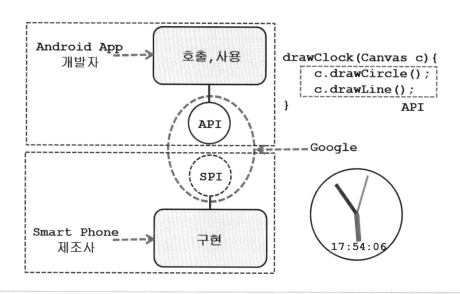

▲ 안드로이드 작동 원리

API는 자바로 되어 있으므로 안드로이드 개발자가 자바 프로그래밍에서 AWT나 SWING 같은 윈도우 프로그래밍을 제외한 자바의 기본 문법과 객체지향의 특징을 모두 사용할 수 있다.

자바 어플리케이션 개발은 자바로 코딩한다. 자바로 만든 소스를 컴파일(javac.exe)해서 자바 바이트코드로 만들고 JVM에서 실행(java.exe)한다. JVM은 OS(MS, Linux, Unix, …)에 상관없이 자바 바이트코드를 실행하기 위해 만든 가상의 OS다. MS사는 C#을 만들었는데 자바 바이트코드와 같은 역할의 IL 코드(Intermediate Language), JVM과 같은 역할의 CLR을 만들었다.

안드로이드도 자바와 C#처럼 바이트코드와 VM을 만들어서 소형 전자기기에 반영하기 위해 달빅 (dalvik) 바이트코드와 달빅 VM을 개발했다. 그런데 여기에 사용할 새로운 언어를 만들기 보다는 기존의 자바를 활용하면 좋겠다고 판단했다. 자바로 개발하고 컴파일하여 자바 바이트코드로 만든 후, 안드로이드에서 실행시키기 위해 자바 바이트코드를 덱스 컴파일러(dex compiler)로 컴파일하여 달빅 바이트코드로 만든 다음에 달빅 VM에서 실행시킨다.

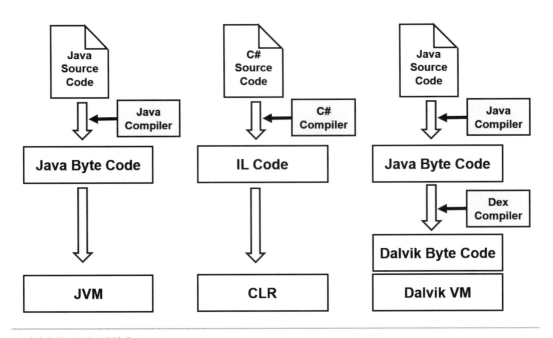

▲ 자바와 안드로이드의 관계

안드로이드 플랫폼은 안드로이드 아키텍처(422쪽 그림 참조)의 안드로이드 App(API 레벨, API 프레임워크) 레벨과 시스템 레벨을 모두 포함한다. 플랫폼 버전은 안드로이드 플랫폼의 버전을 표시한다. API 레벨은 시스템 레벨과 상호작용하는 안드로이드 App 레벨을 정수로 표시한 것이다. 안드로이드 버전이 6.0.1인 제품을 구입했다면 플랫폼 버전은 Android 6.0이고, API 레벨은 23이하를 사용해야 한다. 구글에서는 API 레벨 이하는 사용할 수 있다고 하지만, 제품에 따라 또는 너무 오래된 버전은 실행되지 않을 수 있다. API 레벨을 맞춰서 사용하는 것이 좋다.

플랫폼 버전	API 레벨	버전 코드
Android 7.0	24	N
Android 6.0	23	M
Android 5.1	22	LOLLIPOP_MR1
Android 5.0	21	LOLLIPOP
Android 4.4W	20	KITKAT_WATCH
Android 4.4	19	KITKAT
Android 4.3	18	JELLY_BEAN_MR2
Android 4.2, 4.2.2	17	JELLY_BEAN_MR1
Android 4.1, 4.1.1	16	JELLY_BEAN
Android 4.0.3, 4.0.4	15	ICE_CREAM_SANDWICH_MR1
Android 4.0, 4.0.1, 4.0.2	14	ICE_CREAM_SANDWICH
Android 3.2	13	HONEYCOMB_MR2
Android 3.1.x	12	HONEYCOMB_MR1
Android 3.0.x	11	HONEYCOMB
Android 2.3.4 Android 2.3.3	10	GINGERBREAD_MR1
Android 2.3.2 Android 2.3.1 Android 2.3	9	GINGERBREAD
Android 2.2.x	8	FROYO
Android 2.1.x	7	ECLAIR_MR1
Android 2.0.1	6	ECLAIR_0_1

▲ 안드로이드 버전과 API 레벨

안드로이드는 자바 어플리케이션과 달리, 액티비티의 상태에 따라 약속된 메서드가 자동으로 실행된다. 안드로이드 System 레벨(안드로이드 OS)의 상태에 따라 약속된 메서드를 호출하기 때문이다. 안드로이드 프로그래밍은 android.app.Activity를 직접 또는 간접적으로 상속받아 필요한 메서드를 오버라이딩한다.

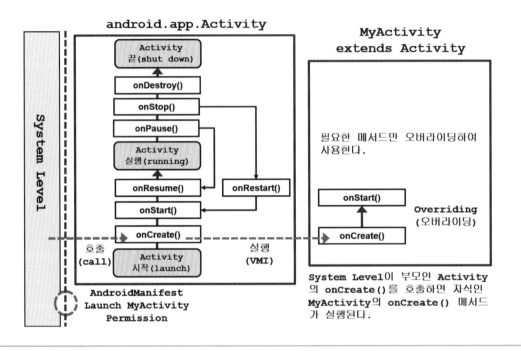

▲ 라이프 사이클과 오버라이딩

안드로이드 System 레벨은 액티비티를 생성할 때 onCreate( )를 호출한다. 개발자가 오버라이딩한 onCreate( ) 메서드를 실행해 화면을 보여주는 것이다. 이때 개발자는 필요한 상태를 고려해서 관련 메서드만 오버라이딩한다.

안드로이드 라이프 사이클 메서드가 정해진 순서와 상황에 따라 자동으로 실행되는 데에는 오버라이딩된 메서드가 참여하게 된다.

[Activity 라이프 사이클 관련 메서드]

```java
public class Activity extends ContextThemeWrapper implements Factory2, Callback, android.view.KeyEvent.Callback, OnCreateContextMenuListener, ComponentCallbacks2 {

    protected void onCreate(Bundle savedInstanceState) {
        throw new RuntimeException("Stub!");
    }

    protected void onStart() {
        throw new RuntimeException("Stub!");
    }

    protected void onRestart() {
        throw new RuntimeException("Stub!");
    }

    protected void onResume() {
        throw new RuntimeException("Stub!");
    }

    protected void onPause() {
        throw new RuntimeException("Stub!");
    }

    protected void onStop() {
        throw new RuntimeException("Stub!");
    }
    protected void onDestroy() {
        throw new RuntimeException("Stub!");
    }

    // 라이프 사이클 메서드 외 생략

}
```

에뮬레이터로만 사용하면 라이프 사이클을 이해하기가 어렵다. 스마트폰으로 직접 실행해보고 회전시켜보면 라이프 사이클을 쉽게 이해할 수 있다.

앱이 시작되면 onCreate( )가 호출되고 이어서 onStart( ), onResume( )이 실행된다. 그리고 앱이 실행 상태가 된다. 앱을 멈추거나 인터넷을 사용하기 위해 브라우저를 켜면, onPause( ), onStop( )이 호출되어 액티비티가 비활성 상태가 된다. 다시 화면을 선택하여 활성화하면 onRestart( ), onStart( ), onResume( )이 실행된다. 오래 사용하지 않는 경우에도 onPause( ), onStop( )이 호출된다. 앱을 끝내면 onDestroy( )가 실행된다.

실행 상태에서 회전하면 onPause( ), onStop( ), onDestroy( )가 실행되어 앱을 종료한 다음, 액티비티를 다시 시작해서 onCreate( ), onStart( ), onResume( )이 실행되므로 회전된 화면을 보여준다.

```
package com.infopub.j4android.dynamicsine2;
import android.os.Bundle;
import android.support.annotation.Nullable;
import android.support.v7.app.AppCompatActivity;
import android.util.Log;
import java.util.Date;
public class MainActivity extends    AppCompatActivity {
    @Override
    protected void onCreate(Bundle savedInstanceState) {
        super.onCreate(savedInstanceState);
        setContentView(R.layout.activity_main);
        Log.i("MainActivity","---------------------------onCreate   "+new Date( ));
    }
    @Override
    protected void onStop( ) {
        super.onStop( );
        Log.i("MainActivity","---------------------------onStop   "+new Date( ));
    }
    @Override
    protected void onDestroy( ) {
        super.onDestroy( );
        Log.i("MainActivity","---------------------------onDestroy   "+new Date( ));
    }
    @Override
    protected void onPause( ) {
        super.onPause( );
        Log.i("MainActivity","---------------------------onPause   "+new Date( ));
```

```
    }
    @Override
    protected void onResume( ) {
        super.onResume( );
        Log.i("MainActivity","-----------------------------onResume  "+new Date( ));
    }
    @Override
    protected void onStart( ) {
        super.onStart( );
        Log.i("MainActivity","-----------------------------onStart   "+new Date( ));
    }
    @Override
    protected void onRestart( ) {
        super.onRestart( );
        Log.i("MainActivity","-----------------------------onRestart   "+new Date( ));
    }
}
```

로그캣을 이용하면 라이프 사이클을 확인할 수 있다. 안드로이드 스튜디오 하단의 [Android Monitor]
를 선택하면 [logcat] 로그캣(로그용 콘솔 화면)을 볼 수 있다.

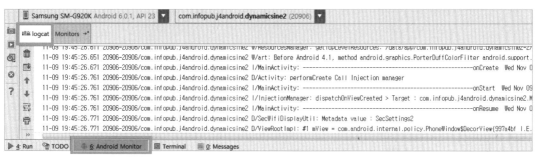

▲ 로그캣에서 라이프 사이클 메서드 확인하기

이 책에서는 화면을 보여주는 위주라 라이프 사이클을 그다지 고려하지 않아도 된다. 그러나 안드로
이드 게임, 오디오, 사진 촬영, 네트워크 프로그래밍과 관련해서는 라이프 사이클을 반드시 이해해 두
어야 한다.

안드로이드 프로그래밍은 이벤트 처리 시 익명 내부 클래스를 많이 사용하는데, 이벤트 처리 방법을 축약해서 사용할 수 있다. 이 방법을 람다(lambda)라고 한다. 람다 표현식은 한 개의 메서드만 갖는 인터페이스에서 시작한다. 한 개의 메서드를 갖는 인터페이스에 대해 '메서드를 호출한다'고 하면 어떤 메서드가 실행되는지 누구나 100% 알 수 있다.

[자바-LambdaTest.java]

```java
package kr.co.infopub.append;
public class LambdaTest {
    public static void main(String[] args) {
        // IPlus pi=new IPlus( );      // ❶ 인터페이스 생성은 에러
        // ❷ 선언하면서 인터페이스를 스스로 구현한다.
        IPlus pi=new IPlus( ) {        // ❸ 구현했으니 생성 가능
            @Override
            public int add(int a, int b) {  // ❹ 구현함
                return    a+b;
            }
        };
        // ❺ 생성했으니 호출해서 사용
        int c=pi.add(100, 200);
        System.out.println(c);
    }
    // ❻ 인터페이스 선언
    interface IPlus {
        int add(int a, int b);
    }
}
```

설명

❶ 인터페이스를 생성하려고 하면 에러가 발생한다.

❷ 선언과 함께 메서드 바디({ })와 함께 메서드를 구현할 수 있다.

❸ 구현을 하면 생성할 수 있다.

❹ 메서드를 구현한다.

❺ 생성된 객체의 메서드를 호출한다.

❻ 인터페이스를 선언한다.

[6.3.4]에서는 익명 내부 클래스를 이용하여 이벤트를 처리하였다. 여기서는 익명 내부 클래스를 람다 표현식으로 변경하여 구현하였다.

```java
package com.infopub.j4android.myevents;

import android.support.annotation.NonNull;
import android.support.v7.app.AppCompatActivity;
import android.os.Bundle;
import android.view.LayoutInflater;
import android.view.View;
import android.widget.Button;
import android.widget.EditText;
import android.widget.Toast;

import java.util.Date;

public class MainActivity extends AppCompatActivity {
    Button birthDatePicker, specifiedDatePicker;
    EditText txtbirthdate, txtthedate;
    @Override
    protected void onCreate(Bundle savedInstanceState) {
        super.onCreate(savedInstanceState);
        setContentView(R.layout.activity_main);
        showComponet();
    }
    public void showComponet() {
        // layout에 있는 컴포넌트 객체 생성
            birthDatePicker=(Button)findViewById(R.id.birthdate);
            specifiedDatePicker=(Button)findViewById(R.id.thedate);
            txtbirthdate=(EditText)findViewById(R.id.txtbirthdate);
            txtthedate=(EditText)findViewById(R.id.txtthedate);
            final Button showbio=(Button)findViewById(R.id.showbio);
```

```java
        // ---------------------------OnClickListener
        final String temps="Hello";
/*      View.OnClickListener omylietener =new View.OnClickListener() {
        // ❶ 핸들러 객체, 핸들러 메서드 제거
            @Override
            public void onClick(View v) {       // ❷ 인자가 한 개일 때는 ( ) 제거 가능
                if(v==birthDatePicker) {
                    MainActivity.this.txtbirthdate.setText(temps);
                }
            }
        };
        birthDatePicker.setOnClickListener( omylietener );*/
        //
        birthDatePicker.setOnClickListener( v -> {   // ❸ ( v) → 에서 ( ) 제거 가능
            if(v==birthDatePicker) {
                MainActivity.this.txtbirthdate.setText(temps);
            }
        });
        // anonymous inner class
/*          specifiedDatePicker.setOnClickListener(  new View.OnClickListener() {
            @Override
            public void onClick(View v) {
                if(v==specifiedDatePicker) {
                    txtthedate.setText(new Date( ).toString( ));
                }
            }
        });*/
        specifiedDatePicker.setOnClickListener(
            v->{
                if(v==specifiedDatePicker) {
                    txtthedate.setText(new Date( ).toString( ));
                }
            }
        );
        if(showbio!=null)
/*          showbio.setOnClickListener(    new View.OnClickListener() {   // ❹ 핸들러 객체
            @Override
            public void onClick(View v) {                                // ❺ 핸들러 메서드
                if(v==showbio) {
```

```
                    String st=String.format("%s! 오늘은 %s다.",txtbirthdate.getText( ),
                        txtthedate.getText( ));
                        txtbirthdate.setText("");
                        txtthedate.setText("");
                        Toast.makeText(getBaseContext( ),st,Toast.LENGTH_LONG).show( );
                    }
                }
            });*/
            showbio.setOnClickListener( v -> {
                if(v==showbio) {
                    String st=String.format("%s! 오늘은 %s다.",txtbirthdate.getText( ),
                        txtthedate.getText( ));
                        txtbirthdate.setText("");
                        txtthedate.setText("");
                        Toast.makeText(getBaseContext( ),st,Toast.LENGTH_LONG).show( );
                }
            });
        }
}// MainActivity
```

설명

❶ 핸들러 객체를 제거한다.

❷ 핸들러 메서드를 제거한다.

❸ 메서드의 인자(아규먼트)에서 아규먼트 타입을 제거할 수 있다. 아규먼트가 한 개라면 ( )를 제거할 수 있다. (View v)에서 (v)로, (v)에서 v로 축약한다. 아규먼트와 { } 사이에 →을 대입하여 축약되었다는 표시를 한다. v→{ }가 된다.

❹ 핸들러 객체를 제거한다.

❺ 핸들러 메서드를 제거한다.

OnClickListener 인터페이스는 onClick(View v) 한 개만을 갖는다. 이벤트 리스너를 등록할 때 이벤트 핸들러 메서드를 구현한 핸들러 객체를 생성한다. 이벤트 핸들러 객체가 한 개의 이벤트 메서드를 갖는다면 실행될 메서드를 확신할 수 있다. 따라서 핸들러 객체인 OnClickListener와 핸들러 메서드 onClick을 제거하고 → 기호로 축약해서 사용할 수 있다.

```
specifiedDatePicker.setOnClickListener( new View.OnClickListener() {
    @Override
    public void onClick(View v) {
        if(v==specifiedDatePicker) {
            txtthedate.setText(new Date( ).toString( ));
        }
    }
});
```

핸들러 객체인 OnClickListener와 핸들러 메서드 onClick을 제거한다.

```
specifiedDatePicker.setOnClickListener(
    (View v) {
        if(v==specifiedDatePicker) {
            txtthedate.setText(new Date( ).toString( ));
        }
    }
);
```

타입을 제거할 수 있다. 축약된 표시를 하기 위해 ( )와 { } 사이에 −〉를 대입한다.
축약된 람다 표현식이다.

```
specifiedDatePicker.setOnClickListener(
    (v) -> {
        if(v==specifiedDatePicker) {
            txtthedate.setText(new Date( ).toString( ));
        }
    }
);
```

아규먼트가 한 개일 때는 ( )를 삭제할 수 있다.

```
specifiedDatePicker.setOnClickListener(
    v -> {
        if(v==specifiedDatePicker) {
            txtthedate.setText(new Date( ).toString( ));
        }
    }
);
```

jackOptions 설정하기

안드로이드 스튜디오에서 람다 표현식을 사용하려면 JDK 8 이상이 필요하다. JDK 8이상인데 람다를 사용할 수 없다면 jackOptions를 설정해야 한다.

프로젝트에서 [Gradle Scripts]−[build.grade (Module app)]을 선택한 다음 jackOptions을 사용할 수 있게 설정(enabled true)하고, compileOptions이 1.8인지 확인한다.

```
android {
    compileSdkVersion 23
    buildToolsVersion "24.0.0"

    defaultConfig {
        applicationId "com.infopub.j4android.myevents"
        minSdkVersion 23
        targetSdkVersion 23
        versionCode 1
        versionName "1.0"
        jackOptions {
            enabled true
        }
    }
    buildTypes {
        release {
            minifyEnabled false
            proguardFiles getDefaultProguardFile('proguard-android.txt'), 'proguard-rules.pro'
        }
    }
    compileOptions {
        targetCompatibility 1.8
        sourceCompatibility 1.8
    }
}
```

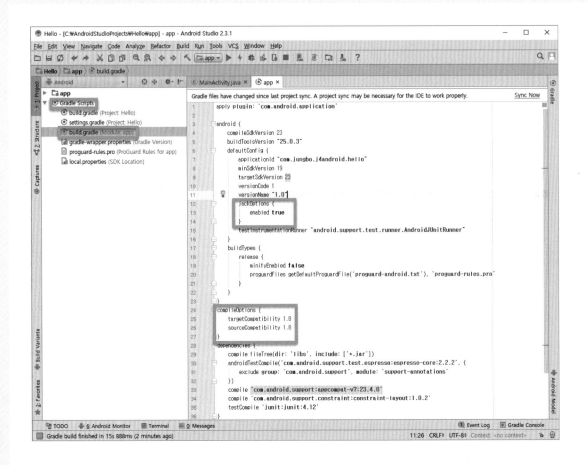

찾아보기